Kenneth Mori McElwain
ケネス・盛・マッケルウェイン【著】

日本国憲法の普遍と特異

その軌跡と定量的考察

The Universality and Originality of the Japanese Constitution in Quantitative Perspective

千倉書房

はじめに

◆日本国憲法の現在地

1946（昭和21）年11月に公布され1947年5月に施行された日本国憲法は、世界で最も古い未改正の現行憲法である。2020年時点において、世界の現行憲法が平均5.1年に1度の割合で改正されていることを考えると、70年以上も全く同じ内容であり続けている日本国憲法は、まさに異例の存在といっても過言ではなく、そこから様々な興味深い論点を析出することができる。

憲法が改正されなかったという事実は、日本の立憲民主主義体制について何を物語るのだろうか。単に戦後日本の平和、繁栄、安定を映して、根本的な改正の必要性に迫られなかったことを表しているのか。それとも世界的に見たとき、良かれ悪しかれこの憲法が構造的に非典型的であることを示しているのだろうか。

一方で、日本国憲法が過去70年以上、よい働きをしてきたとしても、今後も中長期的に有効であり続けるためには、内容を改善する必要はないのだろうか。憲法とは、国家が制定時に直面している、もしくは将来直面しうる問題への対処法を定めるものだが、時代がうつり国内・国外情勢が変われば、その内容も時代にそぐわなくなる可能性はある。日本国憲法が未改正なのは、すでに「最適」であるからなのか、それとも、当面及第点に達しているだけで、グローバルスタンダードから少しずつ取り残されているということなのか。

本書は、世界各国の憲法を実証的に分析することで、これらの疑問に答えようとするものである。日本国憲法の比較対象として、1789年以降制定された約900の成文憲法を扱う。その中には、現在施行されている194憲法典（現行憲法）に加え、大日本帝国憲法（明治憲法）など現存国の旧憲法664典、東ドイツやオーストリア＝ハンガリー帝国など消滅した国の憲法37典も含まれている。分析対象を可能な限り広くし、憲法の歴史的変遷から知見を得ることが、本書の目的である。

本書の主張は3つある。第一に、日本国憲法の最大の特徴が、非対称的な柔軟性にあるということである。日本国憲法は人権に関して多くの文言を費やす反面、統治機構（政治制度）の規定については法律に委ねていることが多い。世界的に見て、憲法改正の多くは政治制度にかかわるものであるが、日本の場合、それらは国会の単純多数で実現可能である。したがって、日本国憲法は他憲法に比べて改正の必要性が構造的に低いと言える。

第二に、日本国憲法は時代に取り残されているどころか、逆にグローバルスタンダードが日本国憲法に近づいているという点である。制定時、日本国憲法は他憲法より多くの権利を規定していたが、世界的に、新しい憲法ほど人権を多く保証する傾向がある。また、人権が多く明記されている憲法は、長続きする傾向を持ち、その内容や正当性が広く受け入れられていることを表している。日本国憲法が改正されずに70年以上も存続しているのは、潤沢な権利保証と関係していると考えられる。

第三に、改正の必要性が低いということが、改正が望ましくないということと同義ではない、と言うことである。日本国憲法の最大の特徴である政治制度の柔軟性は、代表制民主主義にとって諸刃の剣ともなり得る。筆者が特に問題視するのは、議会多数による選挙制度の恣意的運用であり、それは「一票の格差」や過度な選挙規制など、政権政党や現職議員に有利なシステムを作り上げてきた。具体的には、選挙制度の設計が国民の基本的権利と相反する場合、最高裁判所が介入する根拠と権限を明確に付与することで、日本の民主主義の性質を強化できると考える。

◆データによる憲法分析

まず、本書の中核である定量的憲法分析の手法と含意を簡単に紹介したい。今日、成文憲法を持たない国はイギリスなどの例外を除いてほとんどないが、歴史的に見ると多くの国は、基本的人権の範囲を議会多数で決定したり、議会運営をはじめとする政治プロセスを慣習に沿って行ったりしてきた。しかし20世紀に入ると、これらの規定を法令より上位に立つ成文憲法に明記することが一般的になった。それは、成文憲法を持つことが近代国家の象徴という理念の広まり、国家権力の濫用という史実からの教訓、民主化に伴う人権意識の変化、などを反映している。

成文憲法が最高法規とされる根本的な理由は、その制定や改正に特別多数が必要であることに拠る。そのため、成文憲法に規定されるのは「通常の多数決政治で変えるべきではない」、基本的な権利や政治制度などである。人権とは国家権力の限界、主に国家が侵害することができない自由権や政府が保障する義務を負う社会権を指し、統治機構には法律の制定や議員の選出など、国家権力の使いかたや権力が誤って使われたかどうかを判断し正す司法・裁判所が含まれる。

憲法が「国家権力の取扱説明書」であることについては、おおよその共通認識があるとしても、その具体的な内容や運用は様々である。主流の比較憲法学には、主に2種類の研究テーマがある。1つは、多くの憲法に明記されている規定の解釈が、社会構造や時代背景、または法的起源[★1]によってどう異なるかを検証することである。特に人権規定は比較的簡素で抽象的なものが多く、例えば言論の自由が保障されていても、それが名誉毀損や著作権、またはプライバシーや秘密保護とどう天秤にかけられるのかを、明確に説明している憲法は少ない。2つ目は珍しい条文、もしくは新しい権利や統治機構が初めて規定された事例を取り上げることだ。これには銃を保持する権利を設けたアメリカ合衆国憲法修正第2条や、「平和条項」とも呼ばれる日本国憲法第9条が当てはまる。憲法の文言や解釈幅を、基本理念や社会背景の視点から分析するには、このような質的手法はとても重要である。

しかし、これらのアプローチにも限界はある。1つは、成文憲法に必ずしも明記されていないトピックはあまり注目されないことであり、例えば政治制度などがそれに当てはまるだろう。政府の選出や権力の行使についてのルールは、どのような国家体制でも必要だが、具体的な内容は法律で制定したり慣行に則って行われたりすることも多い。統治機構の制度設計や、それが政策に与える影響の検証は、政治学では中心的なテーマであるが、憲法規定の有無についての研究は比較的少ない。

もう1つの問題は、比較事例の選択が限られていることである。20世紀以降に民主化した国々は、当然ながら、より古い、確立された民主主義国家から法的なインスピレーションを得ている。日本国憲法の比較研究では、歴史的に上流に位置するアメリカ、ドイツ、フランス等の制度がよく参考にされる。

少し異なるのが、自国の過去と現在を比較するアプローチであり、例えば憲法解釈の経年的な変革や旧憲法との規定の違いの分析を含む。ここで留意しなければいけないのは、憲法の内容と解釈には歴史的文脈が多大な影響を及ぼしていることである。ジェンダー意識、階級や門地などの社会的地位、または政教分離に関する規範は、時代とともに大きく変化しており、同じ権利についても19世紀の憲法典で未規定であることと20世紀の憲法典で未規定であることでは意味合いが異なる。同様に、国の社会構造の違いも考慮する必要がある。少数民族の権利や文化的権利の意義は、日本のような比較的均質な国よりも、米国やインドのような多様な社会の方がはるかに大きい。

どのような方法論にも長所と短所がある。少ない数の憲法を深く定性的に比較すれば、それらの内容と施行について重要な洞察を得ることができる。憲法制定の背景や目的はどの国においても複雑なので、そのコンテキストを考慮して比較対象を選ぶことは当たり前とも言える。しかし、比較範囲を狭めすぎると、より一般的な憲法理念の理解を阻害する可能性もあり得る。例えば、アメリカ、イギリス、ドイツ、フランスのような大国の経験は、アイルランドやスウェーデンのような国際的影響力が弱い国や、東ヨーロッパやアフリカの新民主主義国には当てはまらないかもしれない。研究者の関心は自然に「主要」なケースに向かうが、憲法が全ての国にとって大切な法源や象徴であることを鑑みると、視野を広く持つことも大切だと思われる。

本書の手法は、憲法の質的な検証よりも、計量分析を含めた定量的な比較に重きを置く。18世紀以降制定された世界の900以上の憲法典をデータ化し、パターンを観察し、仮説を立て、実証分析を行う。この方法論は、時代や地域によって異なる憲法内容の変遷や、日本国憲法の特徴や異質性をより鮮明に見出すことが可能だと考える。

◆本書の構成

憲法の意義や価値を評価するには、まず逆の問いである、「成文憲法を持たないと、どのような不具合が生じるのか」について考えることが有効だと思われる。第1章は、この問いを中心に、概念的な「実質的意味の憲法」と成文化された「形式的意味の憲法」の違いを紹介する。前者は、主権者が求める権利や目標とする社会、さらにそれを達成するために必要な政治権力と統治機構を指す。後者は、それら人権や政治制度を、単純過半数では改正できない、硬性な成文憲法に規定するかどうかの判断を表している。実質的意味の憲法は民主主義国家にも専制主義国家にも存在するが、それを成文化するかどうかは、歴史的背景や制定過程に影響される。例えば、民族・宗教による社会対立や戦争・内乱の経験は、主権者に異なる問題意識を植えつけ、その結果、異なる内容の憲法が生み出される。

成文憲法に関する議論や対立は、施行されたあとも続く。どんなに優れた憲法でも、その後の国の歩みによって、改正する必要性が生まれる可能性がある。例えば、人口動態や規範意識の変化により、求められる権利が変わったり、経済的・軍事的・社会的危機の発生により、政治制度の不備が明らかになったりする。保証されている権利の範囲や国家の構造など、実質的な意味の憲法を改正する要求は、時間の経過とともに増幅する可能性も高い。しかし改正の形態は、それらの項目が成文憲法に規定されている度合いに依存しており、実質的意味の憲法を変えるために形式的な意味の憲法を改正する必要があるとは限らない。

この点を踏まえ、第2章では、憲法典を変更するための二つの経路、すなわち、「改正 (amendment)」と「再制定 (replacement)」について考える。前者は、憲法に規定された改正ルールに沿って、憲法典の内容を部分的に変更するものであり、後者は、主権者の定義の抜本的な変更や、憲法の改正方法そのものの改定を含む、より広範な憲法の書き換えである。

憲法の変革を計量的に分析すると、2つの異なるパターンが識別できる。まず、部分的改正のほとんどは、統治機構に関するものである。政治制度の変更には様々な理由があり、エリートの利益を守るための憲法操作や、政策決定の効率化や社会構造の変質に適応するための変化などが含まれる。統治機構は、本質的な良し悪しよりも、むしろ政策アウトプットの質によって有権者に評価される傾向があり、そのため多くの場合、変更は大がかりなものとはならず、微調整にとどまる。対照的に、憲法の再制定・書き換えの主な要因は、人権に関する条項と関係している。統治機構と異なり、人々は公と私の境界線を規定する人権を本質的に重んじる傾向が強い。国民は、権利が欠如している、もしくは明記された人権が十分に守られていないと感じた時、憲法の根本的な改変を求める。

興味深い点として、憲法の部分的改正と全体的再制定には補完関係があり、定期的な改正は、再制定される確率を低減し、成文憲法の寿命を伸ばすという事実が挙げられる。これは適度なアップデートが憲法の適応性を保つことを示唆するが、ここで注目されるべきは日本国憲法の特異性である。第3章では、未改正の憲法が短命の傾向を持つなら、なぜ日本国憲法は70年以上も存続できているのかを検証する。他憲法と比べ、日本国憲法は具体的に保証されている自由権や社会権が多く、「私」への国家の過度な介入を制限しつつ、幸福追求や文化的な生活などの社会経済的権利を幅広く保障している。これらを比較の観点から見ていくことで、なぜ国民の多くが憲法を尊重し、なぜ70年以上も日本国憲法が存続しているかを説明する手がかりを得ることができるだろう。対照的に、統治機構の細部は法律に委ねられており、地方分権や選挙制度など政府機関の構造は、国会の単純多数で変えることが可能である。既に触れたように、憲法の部分的改正のほとんどが統治機構に関係していることを鑑みると、日本国憲法は改正の構造的必要性が低いことになる。

ただし、改正が直ちに必要ないとしても、「より良い憲法」を目指すことに意味はある。憲法の改正を評価するにあたり、筆者が重視するのは、求める変革と改正内容が一致しているかどうか、そして改正によるリスクやマイナス効果を十分把握し対処しているかどうかである。その検証にあたっては、具体的な憲法改正案の精査に加え、他国の経験から「ベストプラクティス」を読み解くことも参考になるだろう。仮に制定時の環境や目標と日本国憲法が適合していたとしても、長らく未改正であることにより、基本的人権に対する世界的な規範の変化や、効率的な政治制度に関するイノベーションの潮流から取り残されている可能性はある。

そこで第4章では、日本国憲法は他憲法に似てきているのか、それとも経年的に相違しているのかを検証する。データが示すのは、日本国憲法がより「普通」になってきている現実である。世界的に見て、制定年が遅い憲法ほど、規定されている内容が日本国憲法に似てきている。その主な理由は人権規定にある。日本国憲法は、制定時には世界的に珍しいほど多くの権利を保証していたが、他憲法でもそれらを規定することが一般化している。

第5章では、国家緊急権の観点から憲法の適応性を見ていく。成文憲法は、不測の事態に対処するために、3つの安全弁を用意している。1つ目は第2章で示すように、憲法の改正を認めることである。2つ目は、第3章で日本の事例を軸として解説する、権利や統治機構を法律に委ね、「実質的意味の憲法」の改正ハードルを下げることである。3つ目の安全弁は、緊急事態の手続きを明文化することである。これは、差し迫った危機に対処するために、通常の憲法手続きに一定期間の例外を設け、政府の権限を強化するものである。緊急事態条項を憲法に盛り込むことは、2011年の東日本大震災後や、最近では新型コロナウィルスへの対応として大きな注目を集めている。筆者は、日本国憲法には第2の安全弁が効いているため、緊急事態条項を設ける必要性は低いと考えている。緊急時に必要と考えられている手続き、特に知事や地方自治体の裁量は、通常の法律で変更可能であるからだ。それでも緊急事態条項を加えるなら、どの状況で緊急事態を宣言できるか、発令と承認はどの機関がするのか、さらに緊急時にはどのような権限が政府に与えられるのかについて、厳格に規定する必要性があることにも留意したい。これらの原則をもとに、自由民主党（自民党）の2012年憲法改正案と、他憲法に見られる国家緊急権のグローバルスタンダードを比較する。

統治機構に関する規定の緩さは、日本国憲法に柔軟性を持たせる一方で、国会多数による制度操作を可能にする諸刃の剣でもある。統治機構の露骨な恣意的運用や小細工は、有権者の顰蹙を買い、選挙での敗北につながる恐れがあるため、政治アクターは避けようとすると想定できる。しかし、有権者と代表者の選好が根本的に乖離し、党利党略の衝突を避けられないのが、選挙制度の設計である。国会に選挙制度の細部を決定させることは、従業員（国会議員）に雇用と解雇の基準を選ばせていることを意味する。そこで第6章では、日本の選挙制度における2つの問題と、それを改善するために必要な、具体的な憲法改正案を提示する。1つ目の問題は、1970年代以降から顕著になった「一票の格差」、すなわち国会の構成が選挙区ごとの人口分布を反映していない問題である。2つ目は、選挙運動（キャンペーン）の過度な制限により、候補者の情報を得ることが難しくなり、効果的な民主代表制が損なわれていることである。戦後の日本政治史、特にこれら問題に関する最高裁判所判例は、国会多数による選挙制度の恣意的な操作が、有権者の公正で効果的な代表を選ぶ権利と常に緊張関係にあったことを物語っている。筆者の提案は、選挙制度に対して、最高裁判所に介入する権限を明示的に付与することによって、国会議員の裁量を狭めることである。

国家が持つ、国民の権利や利益を守るための強い力は、濫用・悪用の恐れと常に裏腹なものである。成文憲法は、国家権力を抑制と均衡によって縛るものであり、その条項を絵空事に終わらせないためには、為政者が規定を破ることを躊躇しなければならない。それには、有権者が憲法の重要性を重んじ、いざとなれば、それを守らない政府にペナルティを課さなければならないのである。

では日本人は、どのような憲法を理想とし、日本国憲法をどう評価してきたのだろう。最終章では憲法に関する既存の、そして独自の世論調査分析を紹介し、どのような憲法改正が国民に求められ、認められるかを考えていく。

註

★1——法的起源は法制度の起源（legal origins）を指しており、主に英米法系のコモンローとヨーロッパ大陸法系のシビルローに分けられることが多い。

日本国憲法の普遍と特異
その軌跡と定量的考察

目次

日本国憲法の普遍と特異

その軌跡と定量的考察

第1章

憲法の形と軌跡

1▸ 憲法の性質は変化するか

理想的な国家は、領土を侵略から守り、秩序を維持し、市民の自律し満たされた生活を保障する。しかし、これらを成し遂げられるほどの国家権力は、為政者に悪用されるリスクもあり、例えば、権力を濫用してエリートを富ませ、反体制派を罰し、国民の総意を無視することもありえる。また、国家が国民の意思に耳を傾けたとしても、公共の福祉（多数の意思）と個人の自由をどう天秤にかけるかが、根本的な問題として残る。その解決には、異なる利害を調整する意思決定のメカニズム＝統治機構と、国家が超えてはいけない一線＝人権を確立する必要がある。

その役割を果たすのが、「国家権力の取扱説明書」である成文憲法だと言える。憲法は、国家権力の範囲とその行使について明確なガイドラインを設けることで、政府の行動を国民が精査し、必要であれば選挙などを通して罰することを可能にする。特に規定されるべきは、不明瞭な慣習に任せておけない、根本的な権力の限界や運用方法であろう。事実、ほとんどの国は成文憲法を有しており、その維持と尊重は民主主義に不可欠だと考えられている。

このような成文憲法の定義は、ほとんどの憲法関連書籍の第1章に書かれており、一定の理論的合意を示している。より注目すべきは、実際の憲法の内容の多様性である。世界的な潮流として、19世紀の憲法典は権利や制度の基本的構造のみを定めたものが多かったが、20世紀には規定をより細かく列挙した憲法が増えてきた。この傾向の1つの現れとして、国家権力の取扱説明書たる憲法は顕著に長くなっている。世界の成文憲法を英訳し、その語数を数えてみると、現行憲法の中央値（2013年時点）は1万6331語（ワード）で、1950年の中央値の9172語を大きく上回っている。また、国家間の憲法でも長さに違いがある。現在最も短いのはモナコ憲法の3814語だが、日本国憲法も4998語しかなく、世界で5番目に短い。対照的に最も長いのはインド憲法で、1949年の制定時に7万3664語だったものが、2013年には14万6385語に増えている。

これらの違いは、政策の優先順位や社会的規範、または憲法の性質の変化を反映している。例えば、言論の自由は基本的な権利であり、民主政治を維持するために不可欠であることに、異論を唱える人は少ないだろう。また、気候変動と環境汚染は国民の健康や生活の質に対する脅威であり、これに政府は何らかの対応を取る義務を負うと考える人は、近年増加傾向にある。しかし、両者を同等に憲法で保障すべきか否かは、別の問題である。憲法に明示的に規定するということは、議会の単純過半数ではこの問題を変えることができない、つまり「通常の民主政治」からそれを取り除くことを意味し、権利や制度の定着に繋がる一方で、変化する社会ニーズに政策を適応させるための柔軟性を損なう可能性がある。結局のところ、憲法による保障がないからといって、政府が通常の立法を通して国民の利益を守ることが妨げられるとは限らない。憲法に何かを規定するかには様々なトレードオフがあり、各国の事情に必然的に影響される。1940年代後半に日本とインドが置かれた状況は同じではないし、明治時代の大日本帝国憲法と戦後の日本国憲法が起草された際に、日本が直面した圧力や利害も同じではない。

本書の目的は、18世紀以降に制定された世界の900以上の憲法がどのように変遷してきたかを定量的に検証し、その知見をもとに、日本国憲法の特異性を解明することにある。日本国憲法は世界最古の未改正憲法で、1947年に施行されて以来、一語一句変えられていない。これは一方で、戦前の教訓を生かし、戦後の民主主義と平和を確立した憲法への国民の尊敬の念を反映していると言える。他方で、改正がないということは、規定の硬直化や、グローバルスタンダードに比べて内容が劣化していることを意味しているかもしれない。本書は日本国憲法の改正を絶対的に提唱するつもりも、また、反対するつもりもない。しかし、たとえ日本国憲法が優れた憲法であったとしても、他国の歴史を参考にして、それをより良い取扱説明書にできるのかどうか、検討するべき余地はあると考える。

同時に、本書では憲法の変化体形や変化内容についても考察する。現行憲法のほとんどは、国家機能の低下や市民の意識変化に伴う改変を許しているが、その手順は、国の置かれた状況や時代背景によって異なる。第一に挙げられるのは、条文の意味と限界を、新たな問題に適応するよう再解釈することである。第二は、現行憲法に認められている正式な手続きを踏んで、新しい機能や用途を付け加えたり、古くなったものを部分的に改正したりすることである。第三は、戦後に大日本帝国憲法（明治憲法）を日本国憲法に置き換えたように、憲法を完全に新しいものに再制定することである。

どの改変の道を辿るかは、憲法の内容に強く影響される。例えばインドやドイツの憲法のように、人権や抑制・均衡の制度を詳細に規定し、為政者の裁量を最小限にしている憲法について考えてみよう。為政者は狭い裁量しか持たないため、解釈の柔軟性が制限されており、政治・社会環境の変化に対応するためには、より頻繁に憲法典を改正することが必要となる。他方で、アメリカや日本の憲法のように、国家権力の限界や用途を大まかにしか定義していない短い憲法は、その細部の決定を通常の法律、すなわち、議会の過半数に委ねている。これらは、より柔軟に新しいニーズへ適応することを可能にしているが、同時に、為政者による権力の濫用や意見の不一致による不確実性を招くリスクも無視できないだろう。

本書では、憲法の制定後の歩みは、制定時の内容に左右されると論じる。例えば、日本国憲法は、政治制度の細部を法律に委ねている条文が多く、この点をより詳細に規定している憲法に比べて、改正の必要性が低い。他国では憲法改正を要する、政治的・社会的変化への対応も、日本では法律を改正することで可能になる。しかし、日本国憲法はただ短いわけではない。1947年以前の憲法に比べ、多くの個人的自由や社会的権利を確約しており、それは現代憲法と比較しても遜色ない。人権に関する規定が多いことは、国家権力をより制限していることを意味し、世界的に見ても、民主主義を定着させる傾向がある。言い換えれば、日本国憲法が世界で一番古い未改正の憲法である所以は、統治機構規定が簡略化されていることと人権の規定率が高いことにある。

本書は、憲法の構造と変革との関係を定量的に検証する点で、既存の憲法分析とは一線を画している。ここで扱うデータは、世界の憲法文書を収集および分析し、それらを公開するアメリカのNPO、Comparative Constitutions Project（CCP）のデータベースに集録された、1789年以降に制定された900以上の成文憲法である[★1]。CCPには各憲法の制定年と改正年に加え、その内容に関する800以上の変数が含まれる。このデータを使い、なぜ憲法の内容は時代背景により違い、それが部分的改正の頻度や再制定のリスクとどう相関しているかを解明することとする。また、この手法を通して、理論的に定義されてきた「理想の憲法」と、実際の「憲法の軌跡」との関係も考察する。

第1章ではこの定量的憲法分析を紹介するべく、まずは世界の憲法の構造について、データを使用し概観する。具体的には、憲法の内容と、①制定の時代背景、②制定過程の多元性、との関連性を考察する。時代背景は、世界規範の変化を反映しており、憲法に現れうる項目・メニューの範囲に影響を与えている。同時に、憲法の構造は、その作成者・制定者の選好を反映しており、君主に制定された欽定憲法、国民に制定された民定憲法、君主と国民の合意による協約憲法は、それぞれ書かれている内容が異なる[★2]。このように憲法が同一でない要因を明らかにすることで、なぜその変化が異なる手続き・頻度で行われるか、よりよく理解できると考える。

2▸ 成文憲法の普及

立憲民主主義論の根底には、人々は自由で充実した生活を望んでいる、という前提があるが、これには2つの側面がある。1つは、自らの意見を表明したり、好きな人と結婚したり、望む職業に就いたりするなど、自分のやりたいことを自由に追求することだ。もう1つの側面は、他者の権利の行使により自らの権利が侵害されることからの自由であり、例えば言論の自由を認めても、誹謗中傷は罰するべきかもしれないし、信仰の自由を認めても、他者の積極的な改宗勧誘は制限するべきかもしれない。同様に、満たされた人生の定義には複数の要素があり、「衣食住」のような物的満足度の保障や、「文化資産」や「環境保全」のような公共財や社会的投資も含まれる。

当然のことではあるものの、個人の努力のみで自由や充実した生活を手に入れることは難しい。その結果、個人が持つ自由の一部を国家に委任する、もしくは放棄することで、社会共同体として物理的安全性や公共財を享受できるようになる。例えば、国家は犯罪を抑止し罰するための警察や裁判所、最低限度の生活に必要な社会保障システム、そして、国防のための軍隊などを確立できる。しかし、個人は費用を払わずとも公共財より便宜を受けることが可能であることから、ただ乗り（free-riding）を阻止するために、市民から税金を強制的に徴収する権限を国家に与える（市民は所有権を一部放棄する）必要がある★3。

しかし、国民を守り、権利を保障するだけの力を持つ国家は、その力を略奪的に利用することもできる。為政者は常に国民の総意に従うとは限らず、公権力を利用して自らの富を追求したり、反体制派を処罰して権力の座に留まったりすることも可能だ。このように国家権力が暴走する危険性を低減するためには、その権限を立法、行政、司法などの国家機関に分散し、また、中央政府と地方政府間で分割する手段がある。

憲法学ではこれらの基本的権利や政治制度を「実質的意味の憲法」と呼ぶ。これは民主主義国のみに存在するものではなく、例えば君主国における継承順位や軍事政権における指揮系統も、実質的意味の憲法の一部と捉えることができる。民主主義国では代表者の選出や法の制定と執行に関する規則が特に重要だが、ルールの確立のみでは権力濫用のリスクを払拭することはできない。例えば、社会の少数派が人数に比例して代表権を与えられたとしても、多数派の数の暴力による経済的・社会的利益の侵害を防ぐことはできない。「少数派」というと宗教的・民族的マイノリティを連想しやすいが、どの国にも存在する少数派は富裕層であり、彼らは政府による不当な財産の没収のリスクを背負う。このような再分配は、為政者のポケットに入るものもあれば、公共福祉や安全保障の向上のために正当化されるものもある。

少数派の権利を多数派から守るための方法の1つは、基本的人権や統治機構を法律（過半数）で定めるのではなく、改正に特別多数（過半数以上）が必要な、法律よりも上位の法規範に規定することだ。憲法学ではこれを「形式的意味の憲法」、もしくは成文憲法や憲法典と呼ぶ。

成文憲法の必要性は、政治学者や法学者により長く提唱されてきた。改正しにくい憲法に権利や制度を規定することで、それらが安定的に存在することになり、その結果、個人が他人の行動を予測し、効用や幸福を最大化する長期的な計画や行動をとることが可能になる★4。例えば、所有権・財産権が簡単に覆されるようなことがあってはならないのは、それが投資を奨励し、経済成長を強化するからである。また、言論や投票の自由は民主主義の維持に不可欠の要素であるため、多数派の利害とは関係なく、成文憲法で保護する必要がある。同様に、為政者が保身のために民主的な説明責任（アカウンタビリティー）を怠るのを防ぐため、代表者の選出や解任のルールも、憲法である程度規定すべきだろう。

現在、世界のほとんどの国に、基本的人権と政治制度を規定した成文憲法がある。注目すべき例外としてイギリス、イスラエル、ニュージーランドがあるが、これらにも成文・不文法源からなる実質的意味の憲法は存在する。図1-1は、18世紀以降の、世界の民主国家の総数と世界の憲法典の総数を示している★5。

憲法典の普及は、2つの歴史的趨勢を反映している。第一に挙げられるのは、帝国の崩壊と独立運動の成功の後制定された、新しい国家の出現であ

図1-1　成文憲法と民主主義

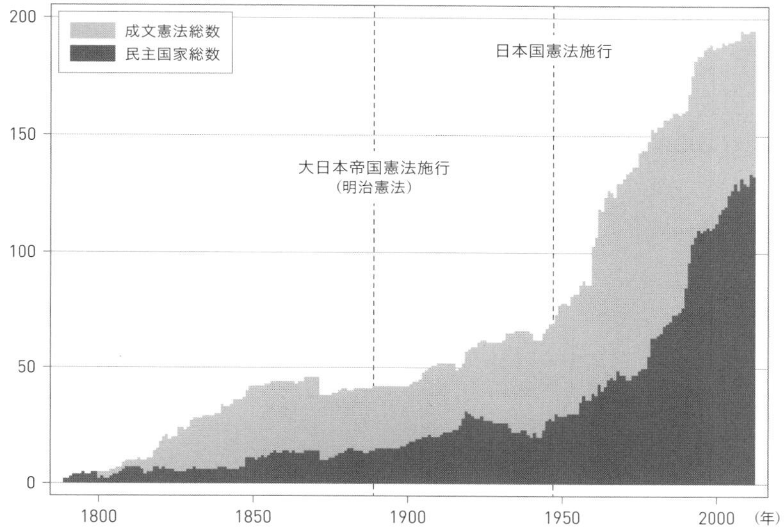

出典：Comparative Constitutions Projectとポリティ指標をもとに計算。

る。西ヨーロッパでは民主化と立憲主義が密接に結びついており、19世紀初頭から憲法の数が増えていった。1830年前後の憲法の増加は、スペインとポルトガルによる帝国主義の終結後、中南米に独立国が形成されたことを反映している。1950年以降の伸びは、アフリカとアジアにおける脱植民地化と国家設立に伴う憲法制定と関係している。ソ連の崩壊と東欧諸国の再独立も、1990年代に新しい憲法を生み出した。

第二に、図1-1は権威主義国家であろうと憲法を持っていることを示している。Julian Go (2003) は、政治体制間で憲法の目的に違いがあることを指摘する一方で[★6]、成文憲法を持つこと自体が近代国家の前提条件だという世界的規範の広まりを反映していると主張する。さらにLaw and Versteeg (2011) は、憲法を採択する動機の1つは、大国の優先事項との合致を示すことであると示唆している。すなわち、大国の憲法の規定を模倣することによって、小国は、大国からの援助、外国投資、そして大国との外交関係を獲得することを望んでいる[★7]。

ここで留意すべき大切な点は、成文憲法を持つことと、それを尊重することは同義ではなく、法令上（de jure）と事実上（de facto）の憲法仕様を区別する必要があることである。CCPデータセットには、2013年に196憲法が含まれており、そのうち96%は言論の自由を明記している。同じように、憲法の90%は「民主主義」について言及している。しかし、ポリティ指標のデータセットによると、2013年の民主化率はわずか66%だ。言論の自由は1977年ソ連憲法、1922年中国憲法や1889年明治憲法にも明記されているが、それが実現されていたとは言い難い。Law and Versteeg（2013）は、権威主義的憲法を2つのタイプに区別しており、少数の権利しか約束しないがそれらを順守するものもあれば（例：サウジアラビア、カザフスタン）、多くの権利を約束するがほとんどを無視するものもある（例：ロシア、ナイジェリア）[★8]。

実質的意味の憲法には成文憲法の他に、憲法に準じて細かい規定を定める憲法附属法令（国会法、内閣法、条約）や、異なるケースに憲法をどう適応するかについて説明する法解釈（特に最高裁・憲法裁判所による判例）も含まれる。では、成文憲法には、敢えてどのような事項が規定されるべきなのだろうか。国家は、理想的には、社会、民族、経済的緊張に直面した場合でも、基本的人権を守るべきである。そのためには、成文憲法に過半数の意思を反映する「通常の政治」で解決できない、また、犯されるリスクのある権利や制度を明記する必要がある。だが、個人の権利と政府の権限・義務とのバランスは、時代や国によって異なる。すなわち、たとえ成文憲法の必要性と目的が共有されていたとしても、憲法典の内容は、時代・国・地域で異なるものであり、それは以下の2つの歴史的要素と関係している。

1つは国固有の歴史である。憲法に権利や統治機構を明示的に記述するという選択は、憲法制定者にとって、これらの規定が重要だったことを示している。多民族国家であれば少数派の権利・参政権について多く規定し、また、戦争を体験した国は政軍関係について細かく規定するべきかもしれない。しかし、少数派の保護や政軍関係に関する規定度合いは、憲法制定のプロセスに市民がどの程度関わっていたかにもよる。民主的に起草・批准した憲法ほど、より細かく人権に配慮すると考えることができる[9]。

もう1つは世代及び時代によって変わる倫理観や共通問題だ。規範意識の変化や環境汚染のような新しい問題の登場で、憲法に規定される権利の範囲は増え、より細かくなっている。例えば、1950年には41%の憲法しか男女の平等を保障していなかったが、現在では89%にのぼる。また、新しい憲法ほど議会に女性比率のクォータを設けたり、賃金の平等を義務付けたりしている。このような社会への積極的な介入は、各国の歴史とも関係しているが、憲法が制定された時代の世界的規範意識や大国からの同調圧力によって変わる傾向がある。

これらの点に留意しつつ、憲法典とはどのような構造をしているのかを、本章では明らかにする。それは、現代憲法の軸である4つの項目、すなわち、①憲法典の意図や目標を解説する前文、②政府の権限を限定する自由権、③政府の義務を規定する社会権、④立法府、行政府、司法府などの統治機構の構造と権力に分けられる。憲法を改正するためのプロセスも重要な憲法の構成要素であるため、この点については第2章で詳細に論じることとする。各項目の詳細は憲法典によって異なるものの、制定プロセスや時代とともに、それがどのように変化してきたか、データを使い解説する。

3 ▸ 前文に見る憲法典の目的

近代立憲主義思想において、国家は人権の保障のために設立された機構であり、その統治権も人権保障の目的の範囲内でのみ行使されうるものである[10]。この目標を達成するためには、法の支配(rule of law)、すなわち国民の権利と自由を擁護するための国家権力の制約が必要である[11]。ただし、国民主権や法の支配は抽象的な概念でもあり、それらの具体的な解釈は、常に歴史および政治的文脈の影響を受ける。憲法は、自国が過去に直面した問題を解決し、将来直面すると予想される問題を回避するように設計されている。例えば、新しく独立した国々は、脆弱な政治制度や民族的アイデンティティに関する対立など、植民地主義の遺産を憂慮することが多い。また、独立国家の連合として出現した国では、新たに権限を与えられた中央政府と、既存している地方政府の独立性と利益との間に、適切な力の均衡を見出さねばならない。少なからぬ事例において、憲法の起草には敗戦、内乱、または政治的腐敗といった危機が引き金になっていることが多く、それらの度合いにより規定される権利の範囲と政治制度の種類が変わると考えられる。

憲法の歴史的背景を理解するには、憲法自体にその目的がどのように記述されているかを確かめることが有用である。憲法の権威の源泉は何であろうか——神、君主、イデオロギー、もしくは民意なのか。従来の憲法典（または憲法典がない状態）にはどのような問題があり、新しい憲法典では、その問題をどう解決するのか。民主主義、平等、国民統合、平和など、国民の目的と価値について、どのようなことが言及されているのか。これらの内容は、一般的に憲法の前文で明らかにされている。

ここでは、Constitute Projectのウェブサイトからダウンロードした193の現行憲法の英語翻訳を分析する。「前文」は、憲法において、番号が付された条項に先行する全ての文章として定義される。

まず注意すべき点は、憲法に必ずしも前文が存在するとは限らないことである。現存する憲法のうち31典（16%）には前文が存在せず、直接第1条より始まる。この中には、ベルギー憲法（1831年制定）やオランダ憲法（1848年制定）等のかなり古くから存在する憲法が含まれる。実際、古い憲法に前文が含まれる確率は比較的低く、前文のない憲法の平均制定年は1959年であるのに対し、前文を含む憲法のそれは1986年である。他方、前文の有無と憲法の全体的な長さとの間に、統計的に有意な関係はない（すなわち、長文の憲法には、前文が備わる傾向がある訳ではない）。

さて、現存する憲法の前文の長さの平均は274語（中央値＝193）だが、そのうち日本国憲法は294語で世界第48位である[★12]。現在、最も長い前文を持つのは、イラン憲法（1979年制定）の3207語であり、エジプト（2014年）の1259語、およびタイ（2017年）の1170語がそれに続く。統計的に見ると、憲法が制定される10年ごとに、予想される前文の長さは5.7%長くなる。興味

表1-1　憲法前文で言及される話語・概念

		言及率	平均回数	日本	民主制定*	制定年*
		トップ3				
国名	name	94%	4.6	3		
憲法	constitution	94%	2.4	3	−	
人々・国民	people	91%	3.5	11		+
		歴史背景				
独立	independent	52%	1.0	0		+
歴史	history	35%	0.6	0		+
植民地	colony	13%	0.2	0		
戦争	war	2%	0.0	1		
		民主的価値観				
民主主義	democracy	77%	1.4	0		+
自由	free	72%	1.8	1		+
平和	peace	60%	0.9	4		+
平等	equal	52%	0.8	0		+
		伝統的価値観				
神**	deity	50%	0.7	0		
文化	culture	46%	0.7	0		+
伝統	tradition	27%	0.4	0		
道徳	moral	14%	0.1	1	−	

出典：Constitute Project. 記述統計と分析結果は、前文のある憲法に限定される。

* 民主制定、制定年は、$p < 0.05$の水準で統計的に優位である場合にのみ表示される。 制定年のポリティ指標が6以上の場合、民主化制定を1とする。

**「神」は、“god”、“Allah”、“Jesus”、“Buddha”の合計数。 完全ではないものの、世界の主要な宗教のほとんどを網羅する。

深いことに、民主主義の下で制定された憲法は前文が短く、非民主的に制定された憲法よりも約24.1%少ない語数となる傾向がある。

次に、前文に盛り込まれている概念、価値観、歴史的背景について検討する。これには多様なトピックが存在するが、表1-1は、歴史的背景や価値観を反映した概念を、言及率、すなわち、その概念が1度でも言及された割合、により並べたものである。平均回数は、これらの概念が前文に登場した数の平均であるが、特別に、日本国憲法での登場回数も付記している。さらに、制定年及び制定時に国が民主的であるかどうかが、言及率に統計的に優位な正（+）と負（−）の効果を及ぼすかも推定した★[13]。

第一に、最も多く言及される3つの概念について検討する。最も頻繁に使用されるのは「国名」であるが[★14]、これは、恐らく驚くべき結果ではない。国名は、前文毎に平均4.6回、そして、前文を持つ全ての憲法の93.8%で言及され、最も頻繁に現れるのはクロアチア憲法の39回、そして中華人民共和国憲法の37回である。その普遍性を鑑みると、政権のタイプや時期による、国名への言及確率に違いはないと言える。「憲法」という概念も、全憲法の93.8%に含まれているが、その言及頻度は、タイ憲法の33回とイラン憲法の13回を筆頭に、平均2.4回とやや少ない。興味深いことに、民主的に制定された憲法で言及される可能性は8.6ポイント低いことも指摘できる。3番目は「人々・国民」で、全憲法の90.7%（平均3.5回）に含まれ、イラン憲法（33回）および中華人民共和国憲法（27回）において、最も頻繁に言及される。この概念は、より新しい憲法で頻繁に言及されており、10年新しくなる毎に1.4ポイントの増加が見られる。ちなみに、日本国憲法の前文では、「日本」と「憲法」にはそれぞれ3回、「人々・国民」には11回言及されており、後者は平均を大きく上回っていることが指摘できる。

次に、独立過程や新憲法以前の歴史を含む、憲法策定の歴史的背景を示す概念を見てみよう。表1-1では、「独立」（言及率＝51.9%）、「歴史」（35.2%）、「植民地」（13.0%）、および「戦争」（2.5%）という4つの概念を取り上げている。「独立」、そして「歴史」はより新しい憲法で言及される傾向にあり、「独立」については、10年毎に4.9ポイント、「歴史」は10年毎に6.1ポイントより多く言及されることが明らかになった。「歴史」に関しては、新しい憲法において、振り返る「歴史」がより長いことに由来すると考えられる。「独立」は、東ヨーロッパ、旧ソビエト連邦、サブサハラアフリカ、東アジア、東南アジア、南アジアなど、比較的最近独立した地域でより多く見られ、インドネシア憲法の7回が最高である。この4つの概念のうち、日本国憲法で言及されるのは「戦争」のみであり、「政府の行為によつて再び戦争の惨禍が起ることのないようにすることを決意し…」とする前文の最初の文で言及されている。

次に、立憲民主主義に関連する概念が言及される頻度を分析する。ここでは、「民主主義」(前文の76.5%に含まれる)、「自由」(72.2%)、「平和」(59.9%)、及び「平等」(52.5%)の4つの概念を取り上げる。これら概念の言及率は全て、憲法が民主主義体制の下で制定されたかどうかとは関連していない。これは、独裁国においてさえ、これらの理想を語らざるを得ないと考えられていることを示唆する。実際、フランスの1848年憲法において世界で初めて言及された「民主主義」は、今日では中華人民共和国憲法で(9回)、「平等」はベリーズ憲法及びエリトリア憲法(4回)において最も多く言及されているが、これらは憲法制定時に民主的ではなかった国々である。ここで挙げた概念は、第二次世界大戦後に広まった規範を反映していると考えられる。特に、「平和」(10年毎に8.6ポイントより多く言及される)および「民主主義」(6.4ポイント)の言及率は、新しい憲法ほど高い。また、第二次世界大戦後起草された日本国憲法には、とりわけ「平和」への共鳴が見られ、世界で最も多い4回の言及が見られる。

最後に、国の伝統や文化を示す概念について検討する。最も広く言及される概念は「神」(50.0%)であり、「文化」(46.3%)、「伝統」(27.2%)、「道徳」(13.6%)がそれに続く。これらへの言及率は、政治体制の種類もしくは憲法制定時期の影響をあまり受けない。制定時の政治体制に影響を受ける唯一の概念は「道徳」であり、民主主義体制において言及される確率が15.6ポイント低い。「文化」への言及は、より新しい憲法に見られる特徴であり、10年毎に言及される確率が9.2ポイント高くなる。興味深いことに、「神」という言葉は歴史上かなりコンスタントに現れている。この比率は中南米(89.7%)と中東(60%)で特に高いのに比べ、東・東南アジアは26.7%、北米・西ヨーロッパは33.3%、東欧・旧ソ連圏は21.4%である。

以上の分析から、前文は主に時代背景を現すことが示された。新しい憲法は、実際の政治体制に関わらず、民主主義に関するより多くの原則を含む、より長い前文を擁する。では、このように前文が時代的潮流(トレンド)を反映しているとして、その内容は憲法の役割や機能に影響を与えるのだろうか。長谷部は、前文について、「少なくとも立法や解釈の指針としての役割は果たしうるとする見解」とする通説を示している★15。また、人々は憲法を尊ぶが故に、それを施行する傾向にあると考えれば、前文が主に政治的宣言だとしても、立憲主義的には価値があると言える。「本の表紙」、すなわち、前文をより魅力的にすることにより、目的を達成することができるのならば、それを含める価値があると言えよう。

しかし、実際に人権を守り、また、そのために政治制度を構築するという憲法の能力に関する根本的な問題には、前文の後にある憲法の本文を見ることによってのみ答えることができる。次に、この点を明らかにする。

4▸ 人権の発展

近代的立憲主義において、個人の権利を守ることは、憲法規範の価値序列において最重要のものとして位置づけられている。芦部によると、最高法規としての成文憲法は「人間の自由・権利をあらゆる国家権力から不可侵のものとして保障する規範を中心として構成される」★16。さらに、長谷部は、人権を憲法に規定することで、「社会全体の利益を理由とする政府の行為の正当性を覆す『切り札』としての働きがある」としている★17。

しかし、人権の種類は多様であり、その重要性や歴史的発展に基づいて分別する必要がある。前文のバリエーションと同様に、2つの側面が重要な役割を果たす。第一に挙げられるのは時代背景であり、特に個人の自由と社会的平等の折り合いに関して、人権概念がグローバル規範の進化とともにどのように変化しのたかという点である。権利が「進化」または「成長」するという考え方は、日本国憲法第97条でも言及されている。

> 「この憲法が日本国民に保障する基本的人権は、人類の多年にわたる自由獲得の努力の成果であつて、これらの権利は、過去幾多の試錬に堪へ、現在及び将来の国民に対し、侵すことのできない永久の権利として信託されたものである。」

第二の側面は、国家の歴史とその国の社会構造である。富、民族、宗教、文化に基づいた区分を持つ社会、もしくは政治的弾圧や内戦の歴史的記憶を持つ社会では、比較的同質でかつ経済的に繁栄している社会とは異なる権利が憂慮される。しかし、その憂慮が実際に憲法上の保護をもたらすかどうかは、憲法が制定された政治過程に依存する。すなわち、民主主義体制下で起草され、制定された憲法は、独裁体制下の憲法よりも幅広い権利を保護すると仮定される。

本節ではこの「人権の発展」、特に時代や政治体制による権利の変動に焦点を当てる。ここでは、1977年にチェコの法律家カレル・ヴァサクが提唱した「三世代の人権」の枠組みを引用するが、この枠組みは、人権の拡散に関する社会科学研究の多くに影響を与えてきたものである★18。ヴァサクの理論は、1789年のフランス革命の3つの原則であり、現在のフランスの国是でもあり続けている自由、平等、友愛（Liberty, Equality, Fraternity）の概念に基づいて構築されている。

「第一世代」は市民的・政治的権利を軸とする。王政・専制主義に対し、18世紀から個人の自由がより積極的に提唱されるようになり、国家は国民＝主権者に許されている範囲を超えて個人の生活に立ち入るべきではないとされた。代わりに、国民は国政へ積極的に参加するようになるが、民主主義が機能するために、国民の自由と平等が確保される必要がある★19。この原則には二つの核心が存在する。第一に、投票や立候補のような参政権のみならず、思想や表現、集会の自由を含む、国民が国政へ参加する個人の自由である。第二に挙げられるのは、政府の不当な行動や逮捕から個人を守るために、人身の自由もしくは法的・物理的な安全の保障を行うことである。これには、適正手続に基づく公平な裁判や拷問・隷従・残酷な刑罰の禁止が含まれる。前者は政治問題に参加して影響を与える自由であり、後者は政府の不当な行動や逮捕から個人を守るものである。

CCPデータセットを使い、これらが憲法で明記されている歴史的傾向を調べてみよう。表1-2は、第一世代の中核的な権利が、1900年、1950年、2013年時点の憲法で規定されている割合と、日本国憲法で保障されているかを示している。半数以上の憲法がその権利を規定しているセルには、灰色

表1-2　人権第一世代の規定率

		1900年	1950年	2013年	日本国憲法
政治参加	投票（voteun）	25%	42%	65%	○
	集会（assem）	75%	84%	97%	○
	表現（express）	65%	82%	96%	○
	思想（opinion）	20%	59%	84%	○
人身自由	拷問（torture）	35%	41%	79%	○
	残酷な刑罰（cruelty）	25%	36%	83%	○
	法の下の平等（equal）	70%	86%	99%	○
	公平な裁判（fairtri）	5%	7%	55%	○

出典：Comparative Constitution Projectデータ。丸括弧内＝CCPデータセットでの変数名。

で網掛けされている。政治参加に関する4変数を見てみると、投票権（普通選挙を明記）と思想の自由以外は、1900年の段階で憲法の大多数に明記されており、思想に関しては第二次世界大戦後になり過半数を超えている。対照的に、人身保障に関する権利は、法の下の平等以外は比較的遅く一般化したが、すべての権利は2013年までに過半数の憲法典に規定されている。ちなみに、これらは全て日本国憲法で保障されている。

20世紀以前は、形式的には民主代表制であっても、参政権を持つのはエリート、特に土地所有者の男性に限られていたケースがほとんどであった。富裕層は国家に対して、外国の侵略からの防衛と有効な国際貿易の交渉を求めたものの、税率の引き上げを必要とする社会保険や公共財の提供などは必要としなかった。

しかし、「平等」の原則に基づいたヴァサクの「第二世代の人権」は、参政権の拡大により広まりだす。労働者階級に選挙権が与えられ始めた第一次世界大戦後から、資本主義の高度化＝工業化による貧富の格差に対する不満が政治にも現れ始めた★20。神聖不可侵の所有権や経済活動の自由は、社会的・機会的弱者の「貧乏・空腹である自由」と同意義でもあり、新たに参政権を与えられた貧困層の投票者は、より積極的な福祉国家を要求し始めた。個人の権利だけでは「真に人らしい生活を保障する役割を果たしていない」

表1-3　人権第二世代の規定率

		1900年	1950年	2013年	日本国憲法
経済	公正な報酬（remuner）	5%	43%	47%	×
	組合・団結権（jointrde）	5%	45%	76%	○
	ストライキ権（strike）	0%	27%	52%	×
	職業選択の自由（occupate）	30%	34%	56%	○
	安全な労働環境（safework）	0%	32%	40%	×
社会	生活水準（standliv）	0%	25%	21%	○
	休息・余暇の権利（leisure）	0%	48%	40%	×
	医療提供（provhlth）	0%	38%	51%	○
	教育無償（edfree）	53%	73%	68%	○
	高齢者財政支援（finsup_1）	5%	45%	63%	×

出典：Comparative Constitution Projectデータ。丸括弧内＝CCPデータセットでの変数名。

という社会主義思想の広がりも、人権の範囲に変化をもたらした★[21]。一般に社会権または生存権と呼ばれるこれらの新しい権利は、「平等」を促進するために国家が積極的に経済や社会に介入し、それを個人が求めることができると謳った。

表1-3は、第二世代の人権を経済面と社会面に分けて示したものである。前者は労働者の権利の拡大を指し、労働基準や報酬の保護や、組合やストライキを通した団体交渉に関連する。後者は社会格差に関わる問題で、最低限の生活基準を保障するため政府が公教育や医療を提供する義務を示す。これらの権利は20世紀以前の憲法典にはほとんど明記されていないが、普通選挙が憲法で制定されると共に増え始め、20世紀後半には一般化し始める。これは、普通選挙以前から憲法典に指定されている「第一世代の人権」とは異なるパターンであり、これにより、日本国憲法がこれらの全ての権利を保障しない理由も説明される。

最も新しい「第三世代の人権」、すなわち、連帯・発展の権利（collective-developmental rights）は第二次大戦後の脱植民地化とともに広まり始めた。ただし、この定義は曖昧であり、ここ70年で広まり始めた新しい権利全般を指す場合もある。第一世代が自由（liberty）、第二世代が平等（equality）の理念に則るとするなら、第三世代は「友愛」(fraternity) である。個人の権利というよりは、社会団体や社会全体の権利であり、これは2つにわけられる。1つは Inglehart が定義する脱物質主義 (post-materialism)、すなわち、経済発展が人々の生活・生存に対する懸念を軽減するにつれて、彼らの意識は文化・歴史遺産の保護や良質な環境の中で生活を営む権利のような、「生活の質」の保障に向けられる★22。もう1つは、少数派あるいは差別されるグループの権利に対する憲法意識の変化だ。1950年代半ばから、言語の保護や民族集団の政治的権利、さらには性や宗教の「法の下の平等」に対する規定が大きく増加している。ジェンダーや民族の不平等は新しい問題ではないが、近年マジョリティーの規範的 (normative) な意識変化から、これらは根本的な権利の侵害だという概念が共有され始められる。このような新しい問題や構造的な差別や不均等の是正を目的に、「第三世代」の人権は拡大しつつある。

これらの権利の大部分は20世紀中頃より前には言及されなかったが、近年急速に言及率が上昇している。政府の義務の拡充を目的とした第二世代人権と異なり、連帯的な人権を優先する第三世代人権の拡大は、普通選挙の制定よりも広まり始めるのが遅かった。ただ、2013年の制定率を比較すると、第三世代の方がより多くの憲法に規定されている。日本国憲法は、性別と人種に基づく平等を除き、これらの権利のほとんどを規定していない。これは、民族や言語の多様性に関係し、日本社会の比較的均質な性質を多分に反映している。

次に、以上の傾向をまとめて評価する。各世代の権利について、表1-2、1-3、1-4で説明されている変数を使用して、平均言及率を明らかにした。図1-2は、1850年から2010年までのこれらの傾向を示しており、灰色部分は民主主義比率 (ポリティ指標が6以上) である。まず、第一世代の人権は一貫して民主主義比率よりも高い割合で言及されており、政治参加がエリートのみに制限されていた時代においても、この権利が評価されていたことを示唆している。対照的に、第二世代と第三世代の人権への言及率は、双方ともに、第二次世界大戦前には民主主義比率を下回っており、政治体制のみでは憲法がどのように権利を保護するかを説明できないことを示している。しか

表1-4　人権第三世代の規定率

	1900年	1950年	2013年	日本国憲法
言語保護（langprot）	5%	11%	47%	×
民族自決（selfdet）		2%	15%	×
文化保護（cultrght）		36%	66%	○
環境（env）		16%	79%	×
平等：ジェンダー（equalgr_1）		41%	89%	○
平等：人種（equalgr_4）	5%	34%	78%	○
平等：言語（equalgr_5）		5%	40%	×
平等：信仰（equalgr_6）	5%	39%	67%	○

出典：Comparative Constitution Projectデータ。丸括弧内＝CCPデータセットでの変数名。

図1-2　人権の普及

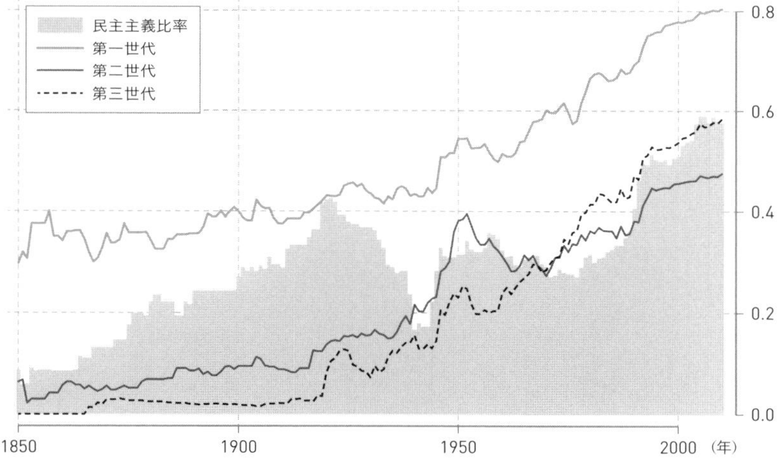

出典：Comparative Constitutions Projectをもとに計算。

し、1945年以降、これらの権利と民主主義は非常に密接に関連するようになる。1950年以前の民主主義比率と第二世代の人権への言及率の相関係数は0.64だが、その後、0.94へと変化する。また、第三世代の人権の場合にも、相関係数は0.56から0.87に上昇する。これは、世界人権宣言（1948年）

や女子差別撤廃条約（1981年）などの国際的な条約の批准を含む、基本的人権に関する規範の世界的な広まりによるものだと考えられる。ただし、前述のように、これらの権利の憲法上の言及と実際の履行を区別するよう注意せねばならない。

5▸ 統治機構の規定

長谷部★[23]によると、「国家は、その領域内における正当な実力の行使を独占しており、国民の生命・自由・財産を奪い取る力を持っているため、その権限を限定する必要性も大きい。」人権を擁護するためには、以下の2つの優先事項のバランスを取ることができる政治制度の設計が不可欠である。第一に、政府は「代表的」である必要があり、その行動が公共の福祉に即したものとなるように、その構成員（例えば国会議員）は市民の選好を反映するべきである。第二に、権力が少数の人々に過度に集中し過ぎないように、権力が「制限」された政府でなければならない。確立された民主主義体制下の人々にとっては、第一の優先事項、特に普通選挙の確立こそが最初に思い浮かぶものかもしれない。しかし、多くの国では、君主制、軍国主義、独裁的な支配の歴史を鑑みて、憲法起草時の議論が、第二の優先事項にも集中することが多い。

問題は、この2つの目標をどのように達成するかである。権力分立は、「国家の統治権を性質に応じて異なる国家作用に「区別」し、それを異なる国家機関に「分離」した上で、互いに「抑制・均衡」させる発想」である★[24]。国家作用は、主に立法権、行政権、司法権の三権を指し、国家機関は、内閣、国会、裁判所などこれらの権力を持つ組織である。国家権力を細分化し、異なる機関に分け与えることにより、新しい政策を打ち出すためには複数の関係者の同意が必要になり、政府の行動が国益や民意に反するリスクを抑えることができる。

実際には、権力分立＝チェックアンドバランスの具体的な制度は、国によって様々であるが、大きく分けると、多数決型（majoritarian）とコンセンサス型（consensual）がある★[25]。前者は多数党の支持を基にした中央集権的な政府が典型で、後者は連立政権や強い地方分権によって権威を分散する。特に重要な違いは、大統領制と議員内閣制において、行政府と立法府がどのようにして選出されるのかという点、そして、それらがどのように独立した権限を行使するのかという点である。米国には、連邦議会と大統領が独立して選ばれる大統領制が存在する。ただし、立法権などにおいて、それらの権限は重なっており、議会は法律を審議して可決する一方、大統領は法律を拒否することができる。重要なのは、議員、そして大統領の任期が決まっており、弾劾などの特別な状況を除いて、どちらも相手を辞任させることができないことである。対照的に、英国や日本は議院内閣制であり、そこでは、直接選挙により選ばれる唯一の国家機関としての議会が、指名投票により間接的に内閣を設立する。この制度では、各機関の存続は、他に依存することになる。すなわち、内閣は解散選挙という手段を用い、脅すことで議会と交渉できる一方、議会は内閣不信任案を通して内閣に圧力をかけることができる。

理想的な権力分立については、民主代表制と政策柔軟性両方の観点で議論されてきたが、ベストプラクティスについてコンセンサスはない。例えば、Lijphartは少数派の権利を守るため、分裂した社会においては多極共存的な権力分担制度、特に比例代表制選挙制度を採用することを推奨する★[26]。しかしながら、Horowitzは多極共存主義が文化的・民族的な相違を強化する可能性があると指摘し、その代わりに連邦制を勧めている★[27]。同様の意見の相違が大統領制のメリットについて存在する。Juan Linzは1970・1980年代のラテンアメリカにおける民主主義の衰退を、大統領制でしばしば見られる分割政府（大統領と議会の多数派が異なる政党に属する）の場合に、行政府と立法府の二重の正当性が対立することに帰すると論じる★[28]。Stepan and Skachは同様に、新しい民主国家に議院内閣制を奨励し、行政府と議会がお互いを解任できる能力（解散総選挙と不信任投票）が政策妥協を産むと主張する★[29]。他方で、行政府と立法府を大統領制のように分けることに政策的価値もある。拒否権をもつ政治アクター（veto player）の数が増加するにつれて、すべてのアクターが合意する政策変更の範囲が狭まり、立法や憲法の合意の生存力が向上し、それによって政策的不確実が減る★[30]。

統治機構は人権と異なり、その内容は時代よりも各国固有の歴史や状況に基づいている。1つの要因は植民地の遺産だ。大英帝国に統治されていた国は、イギリスの制度である議院内閣制を、また、フランス圏ではフランスの大統領制を採用する傾向がある。同様に、イギリス圏では小選挙区制を採用する傾向があるが、フランス圏では比例代表制が好まれる★[31]。

異なる制度のメリットを議論するよりも、ここでは統治機構が憲法典にどのように成文化されているかを分析する。伝統的に、国家作用のルールの多くは、規範もしくは慣習に基づくものであった。しかし、民主化・普通選挙の導入後、有権者が新たな社会権を要求するようになった結果、政府の権力が増大し、権力者と大衆双方が、統治機構や政策立案手順の明示化を求め始めた。Versteeg and Zackinによると、これらは為政者が己の利益を優先することを防ぐため、為政者の裁量を狭めることを目的としている★[32]。結果として、政治アクター間の相互作用などが成文化されるようになった。

この議論を踏まえ、統治機構の中核である立法府・行政府・司法府の形態や選出方法がどこまで憲法典に明記されているか比べてみよう。

最初に、憲法が行政府、すなわち執行府を規定しているか否かについて考察する。このためには、まず国家元首と政府の長とを区別する必要がある。行政府の機能は、立法府が可決した法律を、官僚や公務員の支援を受けて実施することであり、また、外交を司る主要な国家機関としても機能する。政府の長とは前者＝行政府の長を指し、大統領制では大統領、議院内閣制では総理大臣がその職を果たす。国家元首の定義はより曖昧で、伝統的には後者＝対外的代表権をもつポジションだが、現在では実質的な権限がなくても、国家・国民を代表する象徴的なポジションも役割に含まれる。大統領制では、大統領が国家元首・政府の長の両職を兼任することが多いが、議院内閣制では不信任案による総理大臣の突然の退任が考えられるので、政府の空白を避けるため、別に国家元首を指定する憲法が多い。例えば、共和制のアイルランドやドイツは、権力が制限されている大統領がおり、立憲君主制のイギリスは、国王・女王がその役割を果たす。フランスやフィンラン

図1-3 行政府の規定率

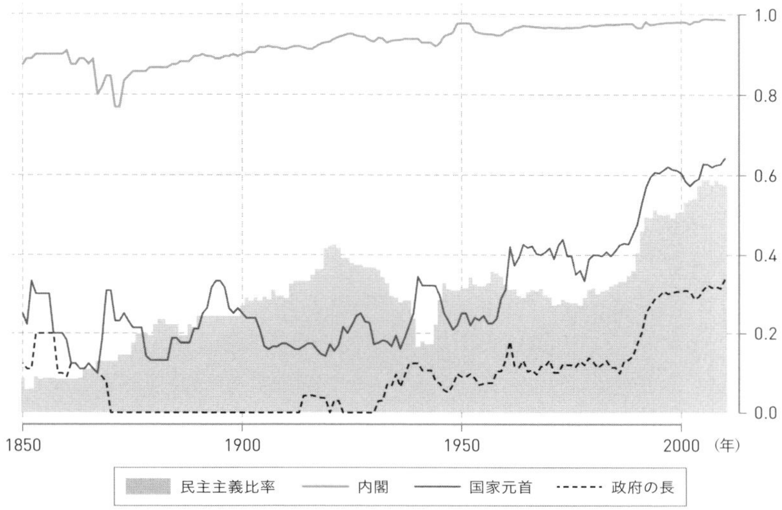

出典：Comparative Constitutions Projectとポリティ指標をもとに計算。

ドのように大統領と総理大臣を両方選び、権力を分散する半大統領制（semi-presidentialism）もある[★33]。同時に、個人（大統領または首相）に行政権が公式に付与されるか、また、集団（内閣）に付与されるかによっても異なる。日本国憲法を含む一部の憲法は、内閣に行政権を与えている。首相は、内閣の長として、事実上、政府の長を務めている。

図1-3は、3つの行政機関の職位に関する規定率を示している。1950年以前は、国家元首もしくは政府の長を明示的に規定している憲法は少なかったものの、ほとんど全ての憲法が内閣に言及していた。首相は内閣の主要な行為者であるものの、国によってその権限は異なり、それは必ずしも憲法に定められている訳ではない。日本国憲法では、「内閣」という言葉は35回現れるが、そのうち12回は「内閣総理大臣」を指す。実質的な権限は内閣に付与されており、第73条では外交関係の処理や条約の締結や予算の作成などが規定されている。しかし、国務大臣の罷免は総理大臣が任意で行えること

から、実質的に首相が内閣を掌握していると言える。

対照的に、第二次世界大戦以降の国家元首と政府の長への言及率の高まりは、民主主義の広がりと相関している。絶対君主制の衰退により、国家元首と行政府の長を正式に分離し、どちらがどの行政権を保持しているかを明確にする必要が生じた。図1-3には示されていないものの、王族の世襲を通じて元首を選択する憲法の割合は、1900年の25.0%から2013年の15.1%に低下した。直接選出された元首は、それに伴い35.0%から56.9%に増加した。残りのケースでは、一般的に、議会が元首を選定する。

この点、日本は複雑なケースである。明治憲法では天皇が正式に国家元首と明記されているが、日本国憲法にはそのような明確な規定はない。他方で、天皇は大使の信任状を受け取ったり、国賓を宮中晩餐会でもてなしたり、形式的・儀礼的な意味で元首の役割を果たしていると言える[★34]。

立法府の構造も同様に多様である。今日、全ての憲法典は立法府を規定しているが、その正確な構造は時間とともに劇的に変化している。1950年には二院制が一院制をはるかに上回っていたが(68.2%対31.8%)、現在、多数の国では二院制ではなく一院制が取られている(43.2%対56.9%)。一院制はヨーロッパで特に一般的になっており(62.9%)、これには、デンマークやスウェーデンなど二院制から切り替わった国や、エストニア、ラトビア、ハンガリーなどの旧東欧諸国の多くが含まれる。他方で、立法府での代表者の選択方法における変化はあまり見られない。図1-4が示すように、現行憲法の95.2%では、市民による選挙を通じて議員を選ぶことを下院に要求しているが、上院の割合は39.7%にすぎない。この割合は、1900年以降大幅に変更されていない。それ以外の上院では、議員が国家元首によって任命されるか、地方政府によって選択されるか、または様々な手順の組み合わせにより選ばれる。

普通選挙が普及し始めた第一次世界大戦以降、特に増えたのが、民主主義には欠くことの出来ない「政党」に関する規定である。政党の存在を明記する憲法典は、1900年には1つもなかったが、2013年には83.6%にまで上昇している。日本国憲法は政党について言及していないが、それが制定された

図1-4　立法府の規定率

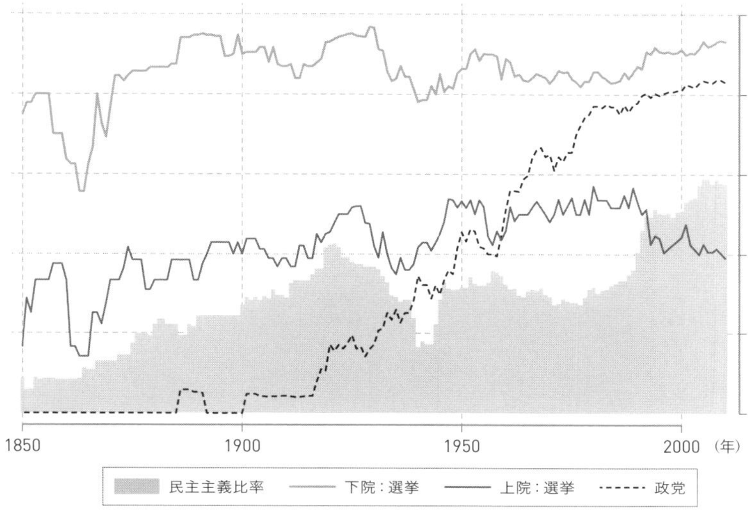

出典：Comparative Constitutions Projectとポリティ指標をもとに計算。

1946年には全憲法の33.3%しか政党について規定しておらず、当時としては一般的なものであったことがわかる。ほとんどの場合、政党の要件や構造について細かく言及せず、フランス憲法(第4条)のように、政党を結成する権利のみ保障している。しかし、顕著な例外もある。例えばドイツ(連邦共和国)基本法(第21条)は、自由で民主的な基本秩序を侵害する政党を禁止している。さらに、ポルトガル(第51条)やメキシコ(第41条)など、選挙運動における公的資金調達を通じて、政党活動を積極的に支援するものもある。

最後に、司法制度はどうだろうか。1900年にはすでに、全ての憲法典が司法の存在を規定しており、最高裁や憲法裁判所にのみ言及するものもあれば、下級裁判所の詳細を規定するものもある。図1-5は、裁判所の存在というよりも、その権限の憲法規定率を分析するものである。薄灰線は司法府の独立(independence)が保障されている比率、点線は司法府に憲法を解釈する権限を与えているかを示す。両者は時代と共に着実に増加しているが、

図1-5　司法府の規定率

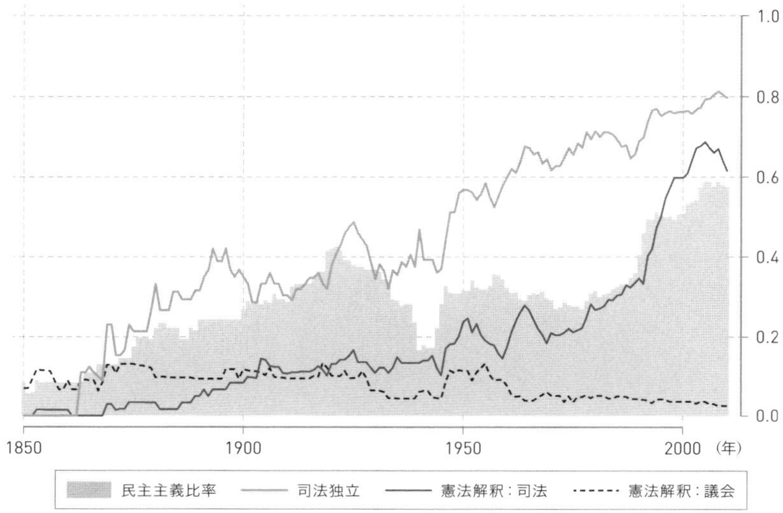

出典：Comparative Constitutions Projectとポリティ指標をもとに計算。

1870年代以降の憲法の大部分には裁判制度が規定されていたにもかかわらず、その独立性に関する規定は、第二次世界大戦後に初めて過半数を超える。独立した裁判所制度は、多数派による「数の暴力」に対して必要な防波堤だと見なされているが、多くの政治システムは、憲法そのものにその権力を記すことには慎重であった。

この考えは、憲法解釈の正式な権限、すなわち、様々な国家機関が行政命令や法律の合憲性に異議を申し立てる権限に関連する。図1-5が示すように、第二次世界大戦以前は、憲法の20%が議会または裁判所に審査権限を与えていたが、議会の比率は徐々に低下し、現在ではわずか2.6%である。対照的に、裁判所の比率は急速に増加しており、現在62.8%である。これは、通常の司法制度とは別に、専門の憲法裁判所が設置されたことを反映している。憲法裁判所は、1950年には9.1%の事例にしか見られなかったが、2013年には51.4%に昇っており、その広がりは旧独裁主義国で目立つ。安西・巻・宍戸は、ナチズムにより合法的な支配による人権侵害が行われたことを示した上で、権利を列挙するだけでなく、強力な違憲審査制を持つ必要性を主張している★[35]。例えば、旧ソビエト連邦憲法は多くの権利を明記していたものの、それらが厳密に施行されることはなかった。ソ連崩壊後に独立・民主化した国々は、憲法遵守を目的に、行政府と立法府を牽制する能力と権限を持つ独立した司法機関を設立するようになった★[36]。

6▸ 憲法再考

憲法の内容は過去200年間に劇的に変化し、より新しいものは、権利の規定、そして制度的な抑制と均衡の面で、より明確になっている。上記で指摘した点を要約すると、

- 前文の内容は、政治体制よりもむしろ、憲法制定時期に依存する。より新しい憲法は、自由や平等のような立憲民主主義に関連する概念を列挙することが多いが、これらが実際の民主主義レベルに関連しているという証拠はない。実際、非民主的に制定された憲法ほど、道徳のような伝統的価値観に言及する長い前文を伴う傾向が存在する。
- 普通選挙前の憲法では「自由」に重きが置かれたが、これは増税を要する、政府による積極的な社会への介入を嫌う、富裕層の選好を反映していた。政府は外交や国防に専念するものであり、憲法に規定されたのは①政治に参加する権利と②公平な裁判制度であった。
- 普通選挙とともに、非富裕層の選好、すなわち「平等」も政治・憲法に反映されるようになった。特に産業革命・資本主義における格差是正を求め、公共財を提供する政府の義務を増やし、①経済面＝労働者の権利、②社会面＝医療、教育、社会保障の提供が規定される。
- 第二次大戦後、数の暴力を助長する民主主義に対する（マイノリティの）不満、また人権に対する規範の変化により、新しい権利、すなわち「友愛」が規定され始める。例として、①ジェンダー・人種・宗教の

平等、②脱物質主義：環境権や文化保存に関する規定が見られた。

- 権利の拡大と共に、統治機構もより細かく制定されるようになり、政府の長の選出方法や司法の独立に関する規定が極めて一般的になる。また、統治機構に付随的なものだと見なされていた政党の機能や組織も明記するようになる。だが全体的には、人権と比較すると、さほど時代による変化は見られない。統治機構に関する規定は「フリーサイズ」ではないため、その国の歴史、政治力学、社会構造により違いが見られる。

より一般的には、実質的な憲法の内容に関する選好は、必ずしも形式的な意味の（成文）憲法の内容にまで及ぶとは限らない。政府の権力と、その権限への制約とのバランスをとる方法で制度を設計することはできるが、全てが憲法に含まれる必要があるということではない。しかし、この決定は、実質的・形式的な意味の両方で、憲法がどのように変化するかに影響を及ぼす。すなわち、憲法典に規定されていないものは、一般的に、通常の法律で規定されるため、改革のハードルが低く、より頻繁に変更されるのである。

本章における、各国の憲法制定時の目的やその内容の分析を基礎として、次章からは、憲法の変革について詳しく分析する。憲法は長期継続を想定の上、設計されるが、現実には、その変化の形や頻度にはかなりのばらつきがある。一つの要因は、憲法制定後の国家の歴史である。人口動態の変化は、都市部と農村部または多数派と少数派の分裂を変化させる。また、経済的・軍事的・社会的危機は、現状の憲法の不十分性をより明白にする可能性がある。これは時間の経過とともに増加する可能性が高いため、平均的に、実質的意味の憲法の変更需要は増加する可能性がある。ただし、それは形式的な意味での憲法の変更が必要かどうかとは別の議論である。なぜなら、それは憲法上の規定の詳細さの程度に依存するからである。

註

★1——Elkins, Zachary and Tom Ginsburg. 2021 “Characteristics of National Constitutions, Version 3.0.” *Comparative Constitutions Project*. Last modified: May 20, 2021. Available at comparativeconstitutionsproject.org.

★2——芦部信喜著、高橋和之補訂『憲法（第7版）』岩波書店、2015年、7頁。

★3——長谷部恭男『憲法（第6版）』新世社、2014年、9頁。

★4——長谷部前掲書、8頁。

★5——本書で使う憲法データは、Comparative Constitutions Projectから得ている。また、「民主主義国」は、ポリティ指標が−10から10のスケールで6以上の累計である。ポリティ指標は政治学で広く使われているデータセットで、執政者の選出方法を中心として、政府の権限に対する制約や政治参加の度合い等を示すものである。

★6——例えば、民主国家においては、基本的人権と統治機構を明文化する憲法が求められる可能性がある一方、共産主義国は、社会をどのように組織すべきかのビジョンを提示するイデオロギー宣言として憲法を制定するケースが多い。Go, Julian. (2003) “A Globalizing Constitutionalism? Views from the Postcolony, 1945-2000.” *International Sociology* 18 (1):71-95.

★7——Law, David, and Mila Versteeg. (2011) “The Evolution and Ideology of Global Constitutionalism.” *California Law Review* 99 (5):1163-1257.

★8——Law, David, and Mila Versteeg. (2013) “Sham Constitutions.” *California Law Review* 101 (4):863-952.

★9——Eisenstadt, Todd A., A. Carl LeVan, and Tofigh Maboudi. (2017) *Constituents Before Assembly: Participation, Deliberation, and Representation in the Crafting of New Constitutions, Comparative Constitutional Law and Policy*. Cambridge: Cambridge University Press.

★10——長谷部前掲書、87頁。

★11——芦部前掲書、13〜14頁。

★12——歴史的に存在した全ての憲法中、934語の前文を持つ明治憲法は、7番目に長い。歴史上、最も長い前文は、ユーゴスラビア（1974-1991）憲法の6164語である。

★13——ロジスティック回帰モデルを援用して、そのトピックが1度でも現れる確率を推定した。説明変数として、制定年及び制定時の政治制度が独立変数としてモデルに含まれる。表1-1は、その推計結果を示したものである。民主主義制定と制定年については、結果が$p < 0.05$レベルで統計的に優位である場合にのみ正（+）と負（−）の効果を記載した。

★14——この概念には、国の名前（例：フィリピン）及び国民の総称（例：フィリピン人）を含む。

★15——長谷部前掲書、24〜25頁。

★16——芦部前掲書、12頁。

★17——長谷部前掲書、10頁。

★18——Karel Vasak, “Human Rights: A Thirty-Year Struggle: the Sustained Efforts to give Force of law to the Universal Declaration of Human Rights”, *UNESCO Courier* 30:11, Paris:

United Nations Educational, Scientific, and Cultural Organization, November 1977
http://www.globalization101.org/three-generations-of-rights/

★19――芦部前掲書、37頁。

★20――Lehmbruch, Gerhard (1985). "Constitution-making in Young and Aging Federal Systems." *The Politics of Constitutional Change in Industrial Nations: Redesigning the State*. K. G. Banting and R. Simeon. London, The MacMillan Press Ltd: 30-41.

★21――長谷部前掲書、12頁。

★22――Inglehart, Ronald (1977). *The Silent Revolution: Changing Values and Political Styles Among Western Publics*. Princeton, NJ, Princeton University Press.

★23――長谷部前掲書、10頁。

★24――安西文雄、巻美矢紀、宍戸常寿『憲法学読本(第2版)』有斐閣、2014年、245～246頁(第3版、2018年)。

★25――アレンド・レイプハルト著、粕谷祐子、菊池啓一訳『民主主義対民主主義――多数決型とコンセンサス型の36カ国比較研究』勁草書房、2014年。

★26――Lijphart, Arend (2004). "Constitutional Design for Divided Societies." *Journal of Democracy* 15(2): 96-109.

★27――Horowitz, Donald L. (2002). "Constitutional Design: Proposals Versus Processes." *The Architecture of Democracy: Constitutional Design, Conflict Management, and Democracy*. A. Reynolds. Oxford, Oxford University Press: 16-36.

★28――Linz, Juan J. (1994). "Presidential or Parliamentary Democracy: Does It Make a Difference?" *The Failure of Presidential Democracy: The Case of Latin America*. J. J. Linz and A. Valenzuela. Baltimore, Johns Hopkins University Press: 3-87.

★29――Stepan, Alfred and Cindy Skach (1993). "Constitutional Frameworks and Democratic Consolidation: Parliamentarism versus Presidentialism." *World Politics* 46(1): 1-22.

★30――Tsebelis, George (2002). *Veto Players: How Political Institutions Work*. New York, Princeton University Press and Russell Sage Foundation.

★31――Taagepera, Rein (2002). "Designing Electoral Rules and Waiting for an Electoral System to Evolve." *The Architecture of Democracy: Constitutional Design, Conflict Management, and Democracy*. A. Reynolds. Oxford, Oxford University Press.

★32――Versteeg, Mila and Emily Zackin (2016). "Constitutions Unentrenched: Toward an Alternative Theory of Constitutional Design." *American Political Science Review* 110(4): 657-674.

★33――レイプハルト前掲書、94～95頁。

★34――芦部前掲書、47頁。

★35――安西・巻・宍戸前掲書、54頁。

★36――Go前掲論文。

第2章

憲法が変わるとき

1▸ 憲法が変わるということ

憲法の変化には3つの形態が考えられる。

第一に、憲法典はそのままだが、解釈（interpretation）が変わることで実質的に変更されるケースである。例えば日本国憲法第9条で認められる自衛権の範囲は、2014年の閣議決定で従来の「専守防衛」から「集団的自衛権の行使の容認」に改められた。また最高裁は日本国憲法に明記されていないプライバシーの権利を、包括的基本権とも言える「幸福追求権」（憲法第13条）をもとに、判例で限定的に容認している★1。ただし、この様な変化は憲法学の世界で長らく議論されてきた事象ではあるものの、客観的にデータ化し多国間比較を行うことが難しいため、本書では詳細には立ち入らない。

第二に、憲法に条文を補足・削除するなど、部分的に改正（amendment）することが挙げられる。定義上、「改正」とは憲法に記されている改正条項に則っての変化に限られる。日本国憲法では第96条に明記されており、衆参両議院の3分の2以上の賛成で改憲案が発議され、国民投票で過半数以上の賛成が得られれば改正されることになっている。改正頻度は国により異なり、1度も改正されていない日本国憲法から100回以上改正されているインド憲法まで様々である。

第三の変化の形態は、憲法の再制定（replacement）である。これは憲法を新しく制定することであり、以前の憲法典の「終」を意味する。改正頻度同様、これまでに制定された憲法の総数もまた、国によってかなり異なる。1831年以来同じ憲法を保持し続けているベルギー、1889年と1947年の2度、憲法を制定した日本、1791年以降、15もの成文憲法を作成したフランス[★2]、1844年から30以上も憲法を制定したドミニカ共和国[★3]など、この事例もバラエティーに富む。

憲法の「改正」と「再制定」の違いは、条文変化の量ではなく、形式や質で区別することができる。Comparative Constitutions Project（CCP）のデータベースを制作したElkins, Ginsburg, and Melton（2009）は、憲法の変化が以下の2つの条件のいずれかを満たした場合、再制定と見なしている[★4]。1つは、前文や条文に明確に新しい憲法と記されている場合であり、もう1つは憲法の改正手続き自体が変更される場合である。前者に関して言えば、新憲法を制定するという憲法制定者の認識や意図を反映しており、さほど異論はないだろう。他方、後者は社会契約論に基づくものである。現代憲法は基本的にその改正を認めており、改正の権利を持つもの（有権者、議会、地方自治体など）を明確に示している。改正条項を変えるということは、主権者（もしくはその代表）を変える意味を持ち、新しい契約の始まりだと捉えられる。

日本国憲法に当てはめて、この違いを考えてみよう。現行憲法は大日本帝国憲法（明治憲法）の手続きに則り、帝国議会の3分の2の合意と天皇の裁可を得て、1946年11月3日に日本国憲法として公布され、1947年5月3日に施行された。新憲法では、主権は天皇から国民に渡り、また改正プロセス自体も変更され、国会での3分の2以上の賛成に加えて国民投票による過半数以上の合意が必要になった。これは、Elkins, Ginsburg, and Melton（2009）が挙げる第二の要件を満たしており、新憲法の誕生と見なされる。日本の憲法学者も、ここに見られる主権の転換を憲法改正ではなく、新憲法の制定として捉えるべきとの意見で概ね一致している[★5]。さらに長谷部は、正式な改正手続規定を通した場合でも、改正プロセス自体を変更することは、憲法制定権・改正権を変更することになり、これは改正の限度を超えていることから原則として許されないと論じている。これもまた、Elkins, Ginsburg, and

Melton (2009) の新憲法の定義と通底する解釈と言えよう[★6]。

「改正」と「再制定」の違いを、変化の量ではなく形式で区別する理由を説明するには、帝政ローマ時代の著述家プルタルコスが挙げた「テセウスの船」という哲学的パラドックスが参考になる。テセウスはギリシャ神話に登場する伝説上の王で、ミノタウルスを倒し、アマゾンの女王を娶《めと》るなどの逸話を持つ人物である。ミノタウロスを倒してアテネに帰還したテセウスの船を、アテネの人々は丁寧に保存し、定期的に朽ちた木材を新しい木材に置き換えた。プルタルコスは、テセウスが乗っていた頃の木材が全て置き換えられても、これを同じテセウスの船と呼べるのかと問うたのである。

これを憲法に応用すると次のように言えるのではないか。憲法の中には改正回数が非常に多いものが存在する。例えば、インド憲法は既に100回以上改正されており、ドイツ基本法も60回以上改正されている。ドイツの場合、基本法の条文の半数以上が改正済みで、テセウスの船同様、制定時と同じ憲法と言えるのか考える必要がある。後述するように、憲法改正には根本規範を変えるもの（例えば主権者の変化）から象徴的なもの（例えば国旗デザインの変更）まで様々な事由が考えられる。何が根本規範かは主観的な解釈を含むため、客観的にコーディングすることは難しい。それらを踏まえ、CCPのデータは憲法典が何度変わろうとも改正手続きに則っている限り、同一の憲法と見なすのである。

本章では、そもそも成文憲法は改正されるべきものなのか、また改正されない憲法には何か問題があるのか、という疑問に迫りたい。こうした議論は18世紀のアメリカ合衆国憲法制定時から続くものであり、これまで1度たりとも改正されたことがない日本国憲法にも様々な含意を与え得る。以下では、理論的定義を踏まえた上で、データを交えつつ成文憲法の変化の要因と効果を分析する。

2▸ 憲法は改正されるべきか

憲法改正に関する議論の理論的出発点に立とうとするとき、アメリカ合衆国憲法制定時の議論をひもとくことは有用であろう★7。合衆国憲法は1789年に制定されたが、その内容に関する議論は、1781年に施行された連合規約（Articles of Confederation）に対する不満を背景に行われた。連合規約は中央政府、すなわち連合議会に特定の政策分野における決定権を認めていたものの、13の邦（のちの州）に対してその施行を強制する力を与えなかった。具体的には、課税権や常備軍の保持を認められていない連合議会に、他国との通商協定を無視する邦を罰する力はなかったのである。

英国からの独立後、各邦は合衆国の設立と存続のために、自らの利益よりも共通の目的を優先したため、連邦政府の強制力のなさは当初問題視されていなかった。しかし、独立時の熱情が冷めると、各邦は国家目標よりも自らの短期的利益を追求するようになり、強制力なき連邦政府の徴税や防衛に関する要請を無視する邦が現れ始めた。

根本的な解決策として、連邦（中央政府）と州（邦）のバランスを再調整した新しい合衆国憲法が1789年に施行された★8。この憲法を作成するに当たり、課題として挙げられたのが、州政府の自律性を保ちつつ、連合規約で問題となった課税・通商規制・常備軍保持の権限をどの程度連合政府に委譲するかということであった。また、憲法改正規定を変更し、連合規約13条で定めた全邦一致より緩いものとすることも課題とされた。この背景には、合衆国を構成する各邦の利害関係は多様であったため、このままでは現実的に連合規約の改正は不可能に近いという事実があった。よって、その改正規定を緩和することにより、憲法改正の可能性をひらくことになったが、これは、定期的な改正が憲法の存続に必要だという認識が共有されたことをも示唆するものであった。

ここで問題となるのは、どの程度の改憲を許容するかということである。この問題を含む新憲法の内容に関する議論が集約されているのが、改正推進派が書いた連作論文『ザ・フェデラリスト』である。「合衆国憲法の父」とも呼ばれるジェームズ・マディソン（James Madison）は、危機なきまま憲法を改正することに強く反対した。『ザ・フェデラリスト』第49篇には以下の言及が存在する。

> 「すなわちおよそ人民に［憲法改正を］直接訴えるということは、本来政治機構そのものに一定の欠陥が在することを意味しているとも思われるので、人民に頻繁に訴えるということは、元来、時間とともにはぐくまれる尊敬、それなくしてはおそらくどんな賢明かつ自由な政府といえども必要な安定性を保有しえなくなる国民の尊敬を政府が失うことになろう。」[★9]

マディソンによれば、憲法に対する尊敬の念は、時とともに培《つちか》われるものであり、何度も改正を呼びかけることは、政府の不安定化につながる。もちろん、連合規約の制定過程で見られたように、危機の際に人々が各自の利益よりも共通の福祉を守る憲法を推進する可能性はあろう。だが、それは常に起こる訳ではない。マディソンは統治機構や政府の権力への疑問の呈示が、政治的葛藤を引き起こす点を懸念した。また、憲法は長期的に存在することで、国民共通のアイデンティティを形成する国家の象徴としての役割を担い得ることからも、憲法改正を難しくするべきだと論じた。

対照的に、アメリカ独立宣言の起草者で「建国の父」の1人であるトーマス・ジェファーソン（Thomas Jefferson）は、すべての憲法には賞味期限があり、定期的に憲法改正について議論すべきだと主張した。なぜなら、例えば、権力の分立が徹底していない統治機構、不十分な個人の権利や政府の制約に関する規定を含むなど、憲法自体が最適ではない可能性があるからである。また、憲法改正を議論すること自体が、市民にその規定を習得する機会を与え、それによって自らの責任や義務を認識させ、人々の間に憲法知識を広めることからも、それが望ましいと考えた。ジェファーソンは、サミュエル・カーチュバル（Samuel Kercheval）への手紙（1816年）で、各世代はその前の世代とは異なるものであり、自身の幸福を最大限実現する政府の形態を選択する権利があると主張した。さらに、どのような憲法や法律であっても制定から19年後には再議論すべきであり、それ以上継続して存在することは、市民への強制となり得ると危惧した★10。

マディソンとジェファーソンは、憲法には定期的な改正が必要だという点では合意していたが、その頻度については異なる意見を持っていたと言えよう。マディソンは不完全な憲法でも継続することに価値があると論じたが、ジェファーソンは市民の選好や要請に憲法をより近づけるために、定期的に改正することを主張した。もちろん、憲法を長期的に維持することが必ずしもよいことだとは言い切れない場合もある。例えば、民主主義に価値を置くならば、個人の権利を制限する長命の権威主義的な憲法は、短命の民主主義的な憲法よりも望ましくないとすることができる。

ただ、Elkins, Ginsburg, and Melton (2009) は、長期的に存在する憲法は民主主義と正の相関を持ち、また統治機構や人権の安定は経済リスクを低下させると分析する。この点を踏まえて、憲法の改正頻度と寿命との相関関係を探ることに価値があると言えよう。日本国憲法のように未改正の最高法規は、マディソンから見れば、尊敬の念が培われ国民の間にも浸透し、理想的なものである。逆にジェファーソンの観点からすれば、国会に1度たりとも改正案さえ提示されてこなかった憲法を、市民はどこまで理解しているのか、また、それはどの程度影響力や正当性を持つのかということが疑問視され得る。

3 ▸ 憲法変化の形

データ分析に移る前に、まず「改正」と「再制定」という2つの異なる形態の変更を比較してみよう。

憲法を変えることは、その時代の主権者から見た憲法の問題点を修正することを意味する。憲法の制定も改正も、各国の歴史や時代背景から切り離して理解することは不可能である。第1章で論じたように、民主主義の設立前後で有権者や議員の構成が変わり、制定される自由権や社会権の内容も違ってくる。また、多民族国家の憲法は、民族紛争が起こらなかった単一民族国家のそれに比べ、文化的・宗教的自由や法の下の平等に関する記述や改正が多いだろう。日本国憲法も、占領期に制定されたものであったとはいえ、第二次世界大戦の教訓と明治憲法の問題点を反映したからこそ、三大原則と呼ばれる国民主権・基本的人権の尊重・平和主義を含むものとなった。特に第9条に定めた平和主義は、軍国主義を経験してない国にとっては不要かもしれない。また多くの場合、日本国憲法の改正論議は第9条をめぐって戦わされるが、そもそも武力行使について憲法上の制約がない国において、武力や自衛権の行使は「普通の議会政治」により法律で対処できるものである。

では、どのようなタイミングや要因で憲法は変わるのか見てみよう。

◆ 憲法の部分的改正

まず改正条項に則った部分的改正(amendment)を3つのパターンに分けて考察しよう。1つ目の改正要因は、予期せぬ社会や政治の変化に応じた主権者の選好の変化である。「予期せぬ」変化と限定するのは、憲法制定時にその問題を認識していれば、そもそも当初から問題解決のために必要な条文を盛り込むはずだからである。一例として、環境悪化を改善するための資源保護義務や環境権などが挙げられよう。これらの権利は、20世紀後半の憲法典には初めから明記されていることが多いが、産業化に伴う大気・水質汚染が顕著にあらわれる前に施行された19世紀の憲法においては、のちの改正を通して規定されることとなった。また、過去に禁じられていた同性婚や、特に問題視されていなかった男女間の就業機会の不均等も、社会規範が変化した結果、戦後、憲法上に明記もしくは是正されるようになってきた。

第二の理由としては、主権者の力関係の変化が挙げられる。選挙権の拡大で貧困層の政治参加が認められると、公的医療や社会保障を提供する国家義務の明文化も要求され始める。また、工業化や都市化で農業人口が減少すれば、必然的に彼らの有権者としての影響力は低下する。それを防ぐために、一票の格差制限を緩和して地方の議席を守るなど、統治機構に関する規定の変更を非都市部の有権者が求めることが考えられる。

第三に、憲法の条項がその国家に適さない場合が挙げられよう。これについては第4章で詳しく論じるが、憲法を起草する際、立案者は他国の憲法を参考にすることが多い。明治期に伊藤博文らが政府の命を受けてヨーロッパに渡り、プロイセン憲法をはじめとする各国の憲法について学んだことは、その一例である。特に、初めて憲法を制定する国ではこの傾向が強く、平和で裕福な国を望めばスイス憲法、強くて世界的影響力がある国を理想とすればアメリカ合衆国憲法を参考にするなどの例が見られる。しかし、他国で成功した制度を導入したからといって、同じ結果を得られるとは限らない。第1章で紹介したように、多民族国家では、マイノリティの権利を守るために比例代表選挙制度（Lijphart 2004）や連邦制（Horowitz 2002）が採用されるが、それをより均質・均等な社会に適用すると、必要以上に権力を分散し、統治機能が低下する恐れがある。

憲法を変える理由が異なれば変更内容も必然的に違ってくるが、改正には一定のパターンがあることは指摘できる。McElwain and Clipperton（2013）は、100以上の憲法の初回と2回目の改正内容を分析した結果、その大多数が統治機構に関する変更であったことを明らかにしている★11。具体的には、最初の改正の74％、そして、2度目の改正の81％が統治機構の修正であり、選挙制度、大統領の任期制限及び地方分権の改革に関するものが多い。対照的に、自由権や社会権に関する変更は比較的少なく、初回の35％、2度目の32％を占めるのみである。憲法により、複数の条項を同時に改正できるか否かに違いがあるため、各カテゴリーを足すとサンプル比率が100％を超えるが、それを勘案しても、統治機構に関する変更がより多くの改正案に含まれることは明らかである。

人権が改正の対象になりにくい主な理由は、司法が人権の定義や適用範囲を決定し、関連する問題を解決することが可能だと考えられる。一般的な傾向として、憲法裁判所は三権分立（権力を立法、行政、司法などに分割し、国会、内閣、裁判所などの異なる機関に分け与えること）の原則を尊重し、行政府や立法府の権限や組織に介入することを忌避する傾向がある。これに対して人権など個人の権利の正確な範囲や国家の社会への介入度合いなどについては、全ての事例に当てはめられるような憲法上の規定を定めることは難しいことから、判例や法律で憲法を補完することになる。例えば、「表現の自由」は世界の現行憲法の96%において定められているが、これに関連して、多くの国では裁判などを通じ、誹謗中傷やヘイトスピーチに対する制限を設けている。

また、憲法裁判所は憲法に明記されていない新しい権利を「発見」することができる。先にも触れたように、日本国憲法は「プライバシー」の権利を明記していない。しかし、最高裁は判例で、憲法第13条の人格権（「すべて国民は、個人として尊重される」）と民法第709条の権利侵害の罰則（「故意または過失によって他人の権利又は法律上保護される利益を侵害した者は、これによって生じた損害を賠償する責任を負う」）を引用する形で、限定的にプライバシーの権利を認めている★12。同様に「良い環境を享受する権利」である環境権も、日本国憲法には明記されていないが、第13条の幸福追求権と第25条の生存権を基礎として、最高裁は公害に対する罰則や日照権をある程度認めている★13。

もちろん、このような解釈変更には限界がある。憲法に明記されていない以上、将来的に最高裁が解釈を変える可能性がある上、そもそも最高裁が憲法解釈の権限を持つことは、歴史的に見ると必ずしも一般的ではない（第1章の図1-5を参照）。しかし、司法が個人の権利に関する解釈変更や新しい権利の主張を行うことは度々見られる現象であり、だからこそ、これらの権利に関する憲法上の規定が改正される頻度は、統治機構に関するそれに比べて圧倒的に少ないと考えられる。

◆憲法の再制定

時代とともに緩やかに変化する社会規範については、定期的な憲法改正で対応することが可能である。これに対して憲法の再制定は、為政者や有権者の選好とパワーバランスが劇的に変化した時に起こる。具体的な事例は国や時代によって異なるが、その変化のあり方は4つのパターンに分けられる。

1つは、国家そのものがなくなる、もしくは新たに生まれるケースである。 例えば、1917年の十月革命でロシア帝国が解体された際、1906年に施行されていた国家基本法は1918年にソビエト憲法として生まれ変わった。

表2-1　憲法の総数ランキング

	国名	総数	平均寿命
1	ドミニカ共和国	33	4.2
2	ハイチ	24	7.1
3	エクアドル	23	5.9
4	ベネズエラ	22	7.2
5	ボリビア	17	9.5
6	フランス	14	14.3
7	ホンジュラス	13	11.1
7	ニカラグア	13	12.5
7	ユーゴスラビア・セルビア	13	9.4
10	エルサルバドル	11	12.8
10	ペルー	11	12.9
10	タイ	11	3.3

出典：Comparative Constitutions Projectをもとに計算。

同じくソビエト連邦が崩壊した後、ロシアは新しく1993年に憲法を制定した。

憲法再制定の2つ目の要因は、政治レジームの変化である。国家が存続していても、主権者や統治者が変わることにより、憲法が書き直され、権力の配分や人権の範囲を規定し直されることは多々ある。日本国憲法の制定過程を鑑みても、君主制から民主化という制度変化に伴い、国民が主権者となり、新しい憲法が生まれた。中南米では1960年代から1970年代にかけてクーデターが続き、軍閥間の争い、または権威主義から民主主義への政治制度の変更に伴い、度々憲法が再制定された。表2-1が示すように、CCPの定義をもとに憲法の総数を国別でまとめると、上位には中南米諸国が多く見られる。中でもドミニカ共和国の33が最多であり、1つの憲法の平均寿命が4.2年と非常に短いことがわかる。中南米諸国の多くは19世紀中盤から憲法を制定していたが、政治的不安定のため、憲法の書き換えが多く見られる。また、中南米以外で上位に位置づけられるのは、中南米諸国と同じく古くから憲法を制定してきたフランスの14、そして比較的最近憲法を制定し始めたタイの11である。

図2-1　世界の成文憲法数と改正条項の有無

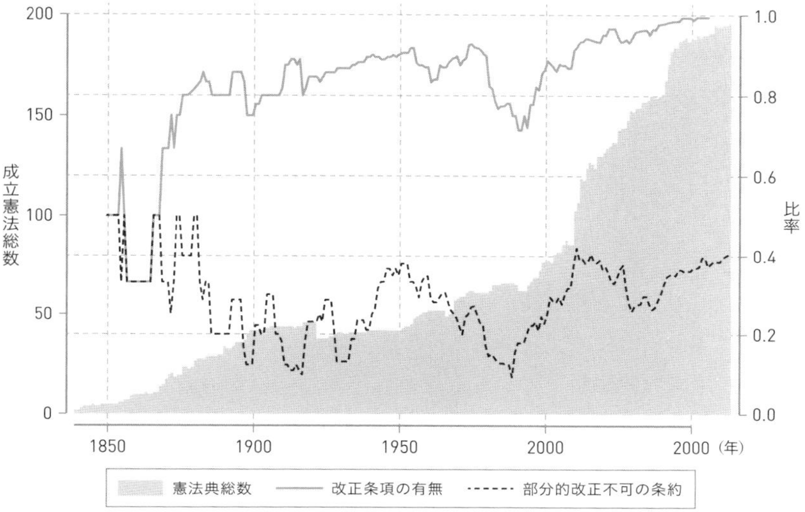

出典：Comparative Constitutions Projectをもとに計算。

第三の要因は、主権者の国家体制への懸念である。国家が戦争や経済危機を回避できなかった場合、主権者は政治システムの根本的な変化を求める。ただし、この「懸念」には、国の状況や歴史によって異なる主観的要素が含まれる。たとえば、戦争に負けることは国家の存続に関わる大問題だが、敗戦の要因を明らかにする上では、①戦争を回避できたかどうか、②戦いに勝てたかどうか、に関する解釈が必要となる。第二次世界大戦後の西欧について考えると、ドイツとイタリアでは、戦前の統治システムがナショナリズムや軍国主義を制御できなかったことを教訓として、戦後の新憲法では、権力の分散が追求された。

最後の再制定要因は、そもそも憲法に改正条項がない場合であり、最も明白なものだと言えよう。つまり、改正の可能性をゼロにすれば、社会規範や政治バランスの変化に対応することが難しくなり、憲法の寿命も短くなる。改正を許さない憲法は究極の硬性憲法とも言えるが、20世紀前半までは、憲法の15〜25%は改正条項を定めていないか禁止していた。図2-1が示すように、現存憲法でも4割ほどは限定的に条項の改正を認めていない。フランス憲法とイタリア憲法は共和制を変えることを許さず、ドイツ基本法は連邦制の解体などを禁止している。ただし、憲法改正を全く認めていない憲法は現存しない。

4 ▸ 憲法の寿命

成文憲法は制定された後、必要に応じて部分的に改正されたり、新しい憲法に書き替えられたりする可能性がある。ある憲法の「誕生」(制定)から「死」(再制定)までの時間を「寿命」と捉えた場合、その寿命の長さはどのような要因に左右されるのだろうか。この問いに対して、Elkins, Ginsburg, and Melton (2009) は2つのファクターを挙げている。1つは憲法制定後の国家の環境 (nurture) である。前述のように、政治体制を安定させ、超法規的なレジーム変化 (クーデターなど) を回避できれば、憲法の寿命は伸びる。政治体制の安定化につながる要因には、戦争の回避、国内秩序の維持や経済発展が挙げられる。1947年に施行された日本国憲法が長く保持されてきた理由も、戦後の経済成長や日本が戦争を経験しなかったことにある程度起因する。

もう1つの要因は、憲法の出自 (nature) である。特に、民主主義体制の下で制定された憲法は、権威主義体制下の憲法よりも寿命が長い。CCPのデータによると、前者の平均寿命は20.4年だが、後者は14.9年にとどまる★[14]。民主主義体制においては、国民の要望や選好が議会を通して間接的に、もしくは国民投票を通して直接的に憲法の内容に反映されやすい。その結果、国民の望む内容の人権や統治機構に関する条項が制定されるため、憲法再制定の要請が発生し難くなる。また、民主主義体制自体が、権威主義体制よりも長期的に存続するため、レジーム変化が起こりにくく、憲法も安定的に存続する。逆に、為政者の選好を反映し、その体制維持のために設けられた権威主義下の憲法は、為政者が変われば改変される可能性が高く、生存率も低くなる。

図2-2 現存憲法典の寿命

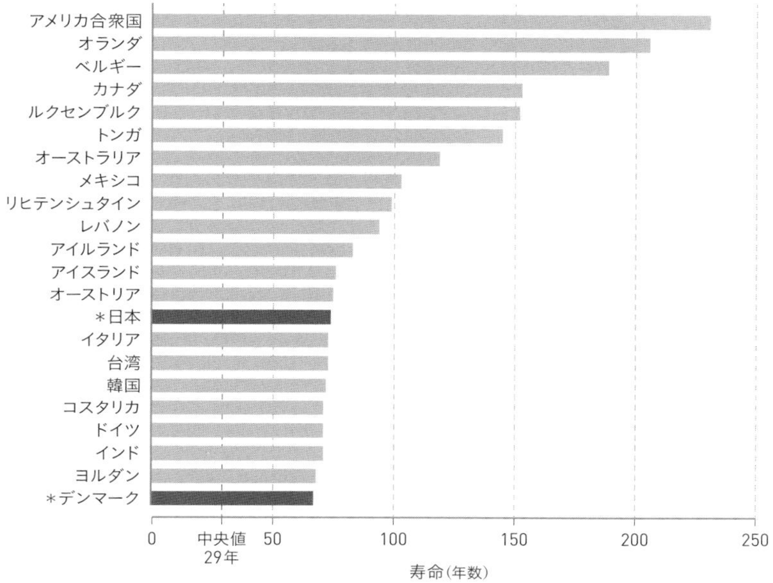

出典：Comparative Constitutions Projectをもとに計算。＊は未改正の憲法を示す。

この2つの要因を繋ぐのが、国家の環境変化に憲法が適応できるかという点である。Elkins, Ginsburg, and Melton (2009) の分析によると、憲法は定期的に改正されることにより、その寿命が長くなる傾向にある。憲法の出自の話に戻ると、民主的に制定された憲法は、歴史的にみても憲法の改正を明示的に許している場合がほとんどである。これは民主主義の理念に基づく。ラテン語に「vox populi、vox dei (民の声は神の声)」という国民主権を正当化する言葉があるが、それを憲法に当てはめるならば、「国民が憲法の改正を求めれば、それを許すべきだ」ということになるだろう。また、前述のアメリカ合衆国憲法設立時にマディソンとジェファーソンにより議論された問題に照らし合わせても、部分的改正により、成文憲法に国民の意思がよりよく反映されるのであれば、憲法改正の頻度とその寿命は相関するはずである。

表2-2 改正率の高い現行憲法

国名		現行憲法制定年	改正率(%)
1	スイス	1999	90.5
2	ブラジル	1988	87.5
3	スウェーデン	1974	73.9
4	メキシコ	1917	73.8
5	オーストリア	1945	73.3
6	コロンビア	1991	72.4
7	インド	1949	71.8
8	イスラエル	1958	71.0
9	ジョージア	1995	68.0
10	ハンガリー	2011	66.7
11	シンガポール	1963	64.9
12	チリ	1980	62.5
13	マレーシア	1957	57.1
14	ホンジュラス	1982	55.3
15	ドイツ	1949	52.1
16	マルタ	1964	51.8
17	コスタリカ	1949	50.7

出典：Comparative Constitutions Projectをもとに計算。

では現存の成文憲法を、寿命の順に見てみよう。図2-2が示すように、最も長期的に存在しているのは1789年制定のアメリカ合衆国憲法で、オランダ憲法とベルギー憲法がそれに続く。現存憲法の多くは第二次世界大戦後に制定されており、1945年以前から続いている憲法は10典しかない。同図で濃色によって示されている憲法は未改正の憲法を意味し、日本国憲法とデンマーク憲法がそれに当たる。

次にデータを用い、改正頻度と憲法の寿命との関係を分析しよう。Elkins, Ginsburg, and Melton (2009) の研究によると、憲法の延命には「ほどよい改正」が望ましい。マディソンによれば、改正頻度が高すぎる憲法は、憲法に対する畏敬の念が低くなり、再制定されやすくなる。他方、ジェファーソンの考えに従うと、全く改正されない憲法典は時代の変化に追いつけず、機能が低下するため、再制定への要望が増える。表2-2は現存憲法のうち「改正率」が5割強の17カ国をリスト化したものである★15。ここで扱う改正率

図2-3　憲法典の生存率曲線

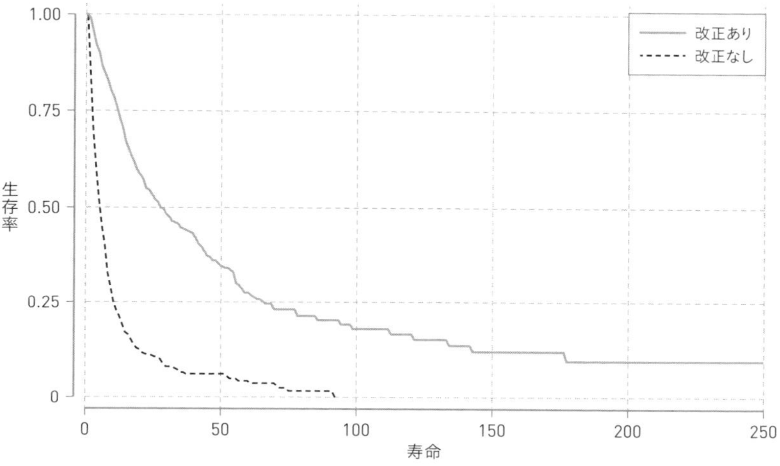

出典：Comparative Constitutions Projectをもとに計算。

とは、憲法改正が行われた年の数を憲法の寿命で割ったもので、最も多いのが1999年に制定されたスイス連邦憲法の90.5%で、憲法改正が行われた年の数も19にのぼる。ブラジル（87.5%）、スウェーデン（73.9%）がそれに続く。憲法を改正した年の数が最も多いのはメキシコ（76）だが、憲法の寿命も長いため、改正率は少し低くなり73.8%である。現存する憲法の改正率の中央値は12.1%で、これは8.2年に1度の改正を意味する。また、寿命が10年以上の憲法典は170あるが、そのうち26（15.3%）は1度も改正されていない[★16]。

憲法改正の要因は次章で詳しく分析するが、ここでは、全く改正されたことのない憲法典と1度でも改正された事がある憲法典を比べてみたい。図2-3は、何らかのイベントが発生するまでの時間を分析する「生存率曲線」を示している[★17]。この手法は生物統計学や工学でよく使用されるものであり、例えば薬を投与してから回復するまでの時間や、新しい部品が故障するまでの時間を可視化する。ここでは1789年以降に施行された全憲法の、制定から再制定もしくは分析期間の終了（2020年）に至る年数をカウントしている。縦軸は生存率を示しており、調査開始時には100%存命していた憲法が、寿命＝年数（横軸）を重ねていくにつれ、生存している割合が減少する様が描かれる。治療法の分析の場合、何かの処置（薬の投与や手術）をするか否かで、異なる生存率曲線が描かれ、その優越が判断される。比較的緩やかなカーブは、時間が経っても生存率が高いことを示すものである。

この図では、改正の有無、すなわち、1度でも憲法を改正したかどうかにより、異なる2つの生存率曲線が描かれている。点線は、1度も改正されないまま再制定された（もしくは2020年時点で改正されていない）成文憲法の生存率を示している。縦軸の生存率を見ると、中央値の0.5は横軸の生存年数の5の値と重なり、未改正憲法の半分が制定されてから5年で再制定されていることを表している。実線は1回以上改正された憲法の生存率を描いているが、生存率が0.5になるのは、生存年数が25年になってからであり、未改正憲法と比較すると遥かに遅い。このように2つの曲線を比較することにより、改正が憲法の延命につながることが一目瞭然である。また、50年以上存続する歴史上の憲法典の数は、未改正のものに限れば8憲法のみだが、改正有の場合、65憲法も存在する。このことからも、改正されない憲法は寿命が短い傾向にあると言える。

憲法改正が憲法上の生存に不可欠な要素だとすると、次の課題は、改正の原動力、そしてその制約を特定することである。最も明白な障害は、改正プロセス自体の難しさだ。民主憲法には、改正プロセスに市民の意見を含める様々な方法が含まれている。前述した「民の声は天の声」の原理に戻ると、国民が求める憲法改正は正当なものであり、正当性が高い憲法は拘束力が強く、従って生存率も高くなる。世論を最も直接反映するのは国民投票による承認であり、日本を含む現存憲法の52.8%がその手法を取り入れている★[18]。また、北欧には、間接的に世論を憲法改正に組み込むプロセスが存在する。スウェーデンでは、議会が過半数以上の賛成で憲法改正案を発議し、直後に解散総選挙が行われる。最短で選挙の9カ月後に、同じ案が再決議され、そこでまた過半数を獲得すれば、憲法は改正されるのである。間接民主主義の観点から言えば、2回の議会決議の間に行われる選挙が、国民の同意を得る機会に当たる。

また、ほとんどの憲法は、改正に議会の承認を必要としている。ここで大切なのは、議会決議に必要な議席率である。議会の過半数の賛成のみで改正を許すと、憲法と法律との境目がなくなり、最高法規としての成文憲法の特殊性が満たされなくなる。18世紀以降の憲法のデータを分析すると、議会の絶対多数のみで改正を発議できるケースは8%しかなく、現在ではアイルランドやオーストラリアのように国民投票を課す国やスウェーデンのように2回の議会決議を必要とする国に限られる。最も多く見られるのが、日本国憲法と同じく、議会の3分の2以上の賛成を必要としている憲法であり、全体の75%がそれに当たる。それ以外には、5分の3の賛成を必要とするもの（5%）、4分の3の賛成を必要とするもの（12%）がある。以上を鑑みると、日本国憲法第96条が規定している国会の3分の2以上の合意に基づく発議というハードルは、世界的に見てごく「普通」のプロセスだと言えよう。

では、議会の改正要件を厳しいものにすると、憲法の改正率は低くなるのだろうか。前述の通り、「改正率」とは憲法の寿命を改正が行われた年数で割ったものである。絶対多数を要件とする憲法の場合、平均改正率は18.2%で、5.5年に1度憲法が改正されることになる。要件が3分の2以上だと、改正率は16.8%に下がり（6.0年に1度の改正）、4分の3であれば、改正率は8.6%と、さらに低いものとなる（11.6年に1度の改正）。ただし、各カテゴリー内に幅広い分散があることも指摘できる。事実、1度も改正されていない日本国憲法と同じ3分の2以上の賛成を必要とするグループに、60回以上改正されているドイツ基本法やメキシコ憲法が含まれていることは注目に値する。

5▸ 外れ値の日本国憲法

以上の議論より、憲法の起源、内容、および生存の間に関連性があることは理解されたであろう。民主主義の下で制定された憲法は、市民の選好をよりよく反映し正当性も高いため、長く存続する傾向をデータが示している。また、適度に改正された憲法は、人権や統治機構に関する規定が社会の変化に適応し続けるため、再制定される確率が低くなる。改正頻度は憲法の硬度、すなわち改正要件により影響されるが、議会のハードルが高くとも改正が頻繁に行われる国は多々ある。

もちろん、これらの結果は全体的な傾向を示すものであり、個別の成文憲法の軌跡を説明するものではない。しかし、とりわけ興味深いのが、日本国憲法の「例外」だ。その制定過程を鑑みるに、国会の承認こそ得ているものの、連合軍による占領期に定められたものであり、完全に民主的に制定されたとは言いにくい。また、第96条に規定されている改正手続きも、議会の発議に3分の2以上の賛成を要するという、他の多くの国々の憲法と同様のプロセスであるにもかかわらず、これまでに1度も改正されていない。このように民主的に制定されず、しかも1度も改正されていない日本国憲法が70年以上も存続していることは、既存の憲法理論やデータからは説明できない、外れ値なのである。

次章では、より詳細に憲法データを分析し、この謎に迫ってみたい。

註

★1——長谷部前掲書、150〜154頁。

★2——初宿正典、辻村みよ子編『新解説世界憲法集（第4版）』三省堂、2017年、235頁。

★3——Cordeiro, Jose Luis. 2008. "Constitutions Around the World : A View from Latin America." In *IDE Discussion Papers*: Institute of Developing Economies, Japan External Trade Organization(JETRO).

★4——Elkins, Zachary, Tom Ginsburg, and James Melton. 2009. *The Endurance of National Constitutions*. Cambridge University Press.

★5——この解釈は、八月革命説に基づく。長谷部前掲書、49～52頁。

★6——長谷部前掲書、35頁。

★7——阿川尚之『憲法改正とは何か——アメリカ改憲史から考える』新潮選書、2016年、を参照。

★8——Rakove, Jack N. 1996. *Original Meanings: Politics and Ideas in the Making of the Constitution*. New York: Alfred A. Knopf.

★9——斎藤眞、武則忠見訳『ザ・フェデラリスト』福村出版、1991年、249頁。

★10——*Letter from Thomas Jefferson to Samuel Kercheval* (July 12, 1816) . Accessed Nov 10th 2021. http://www.let.rug.nl/usa/presidents/thomas-jefferson/letters-of-thomas-jefferson/jefl246.php

★11——McElwain, Kenneth Mori, and Jean Marie Clipperton. 2013. "Adapting to Obsolescence: How Significant Amendments Shorten Constitutional Lifespans." Annual Meeting of the Midwest Political Science Association, Chicago, IL, April 11-14.

★12——芦部前掲書、123～125頁。

★13——芦部前掲書、271～273頁。

★14——第1章同様、「民主主義国」は、ポリティ指標が（−10、10）のスケールで6以上（最高四分位）のものである。

★15——この方法は、複数の憲法改正が1度の投票でなされるか、また、改正内容毎に投票が必要かという点に関して国毎に異なるため採用した。前者のやり方では1度の投票しか必要としない場合であっても（改正数1）、後者のやり方だと、複数の改正数を観測することがある。つまり、改正数ではなく、改正率を採用することにより、そのような国家間の違いをコントロールすることができるのである。

★16——制定からの年数が少ない憲法は、まだ改正する必要性が弱いかもしれないので、ここでは寿命が10年以上の憲法典に限定して分析している。

★17——生存率曲線は複数の種類があるが、ここではKaplan-Meier法を用いる。

★18——複数の改正手法を認めている憲法もあるため、53%の憲法が国民投票による承認を必須としているとは限らない。

第3章

日本国憲法の特異性

1▸ 長命な憲法

1947年5月3日に施行された日本国憲法は、2017年に70歳を迎えた。歴史上、70年以上存続した成文憲法は、18世紀から数えて26典あるが、未改正のままであったのは日本国憲法と1943年に失効したイタリア王国（現・共和国）の1861年憲法だけである（図3-1参照）。大日本帝国憲法（明治憲法）も、1946年の再制定まで変更が行われなかったことを勘案すると、憲法の部分的改正すら1度も経験したことがない日本は特殊なケースと言える。

前章で解説したように、憲法には一定頻度で改正されたものほど長続きする傾向が見られる。では日本国憲法は、なぜ条文が一語一句変更されていないのに、70年以上にわたって存続しているのだろうか。1つの理由は「戦後日本」という環境であろう。高度経済成長を奇貨とする経済的繁栄と日米同盟を基軸とした安全保障上の政策は、幸いにも長きにわたり戦争や内乱による国家の危機を招来しなかった。そして、もう1つの要因は、憲法が構造的に改正の必要性が低いことである。本章では、憲法の歩みとその条文内容の関係を検証したい。

日本国憲法の特異性の1つはその短さにある。Comparative Constitutions Project（CCP）による全憲法典の英訳語数を見ると、日本国憲法は4998語で、世界の現行憲法のなかでは5番目の短さである[★1]。その簡潔さには、じつは

図3-1　1789年以降の未改正法典の寿命

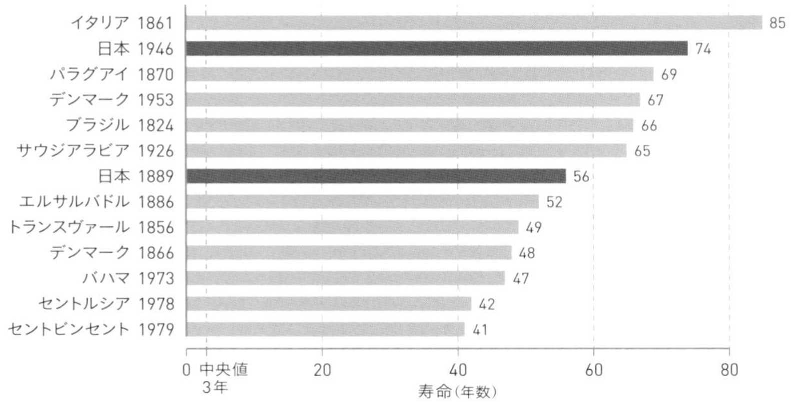

出典：Comparative Constitutions Projectデータ（2020年時点）をもとに計算。

構造的な偏りがあり、特に統治機構に関する縛りが弱い。例えば国会議員の選出方法や地方自治体の構造や権力など、世界の多くの憲法で明文化されている規定が日本国憲法においては「法律で定める」としか言及されていない。その結果、例えば統治機構に関する規定が多いドイツ基本法であれば憲法改正が必要となるような政治改革も、日本では国会の過半数で制定・変更することが可能である。70年以上も日本国憲法が未改正であったのは、一般に流布されるような手続き面でのハードルの高さ故ではなく、統治機構が実質的に「軟性」であるおかげで、改正の必要性が低かったことを示している。

逆に人権について日本国憲法は「硬性」であり、他の現行憲法に比べても明記されている項目が比較的多い。例えば、同時期に制定された憲法にはあまり記述のない労働者の権利や最低生活水準保障などが日本国憲法には登場する。人権に関する項目が多い憲法は、国民から支持を受けやすく、また判例などを通じて時代とともに規定を微調整することで、時代遅れに陥ることも避けられる。日本国憲法の長寿には、人権をめぐる「硬性」な規定も深く関わっているのである。

18世紀以降に制定された800以上の成文憲法を比較対象とし、憲法構造の定量分析と改正事例の定性分析を組み合わせることで、日本国憲法の構造と「未改正でも長寿」という特徴的な歩みが、一般化できる法則をもとにしているかどうか検証できる。本章では、成文憲法の条文改正（amendment）と再制定（replacement）される確率は、異なる憲法条文に起因することを実証する。具体的には、憲法の改正は統治機構が明記されている度合いと相関するが、再制定の確率は人権の規定と相関する。すなわち、**日本国憲法は構造的に改正する必要性が低く**、**同時に再制定される確率も低い**ことを意味する。

2▸ 独特な短さと「硬性」な権利

立憲主義は、人々の権利と自由の保障をその最たる目的とし、それを達成するために限り国家行為を認めるべきとの考えに基づく。憲法はこの理念を具現化し、権利の範囲と政治システムの構造を規定するものだが、第1章で紹介したように、どのような人権や統治機構をどの程度まで規定するかは、各国の政治情勢や社会構造、または規範意識によって変動する。それぞれの成文憲法の違いとは、どのような項目を憲法に明記し（硬性）、どのような項目を比較的改正しやすい法律や法令に任せるか（軟性）という選択の違いでもある。

CCPのデータをもとに憲法の構造を比較してみよう。第1章で解説したように、一定の政治的・時代的要因から生まれる差異もある。今日ほとんどの現行憲法には表現の自由や改正手続きが明記されている一方、公共医療や労働基準のような社会権は、普通選挙が一般的になる前に制定された憲法にはあまり現れない。他方で、国の文化やあり方を象徴するトピックのように、各国の持つ歴史的背景によってバラバラな項目もある。例えば、日本国憲法は国旗や国歌を明記しておらず、「国旗及び国歌に関する法律」が1999年に施行されるまで日章旗（日の丸）と「君が代」はあくまでも非公式なものだった。これらを憲法に規定することは何度も提言されており、自民党が2012年に発表した日本国憲法改正草案の第3条にも盛り込まれている。世界的に

図3-2　各国現行憲法の英訳ワード数比較

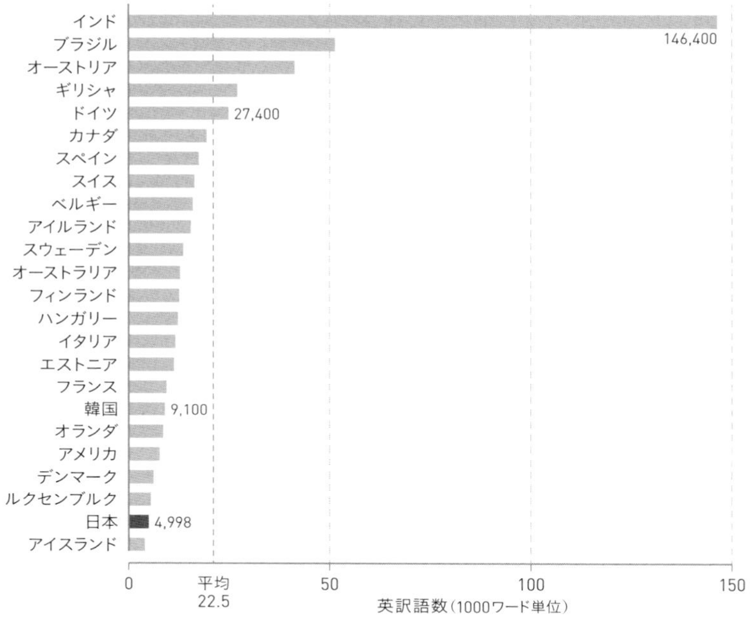

出典：Comparative Constitutions Projectデータをもとに計算。

は、現行の憲法典の67％が国旗、60％が国歌を指定しているが、明文化の度合いにはかなり幅がある。フランス憲法第2条のように「国歌は、《ラ・マルセイエーズ》である」とのみ規定するケースがほとんどだが、ケニア憲法第9条のように国歌の歌詞を全て明記する例もある。

何をどの程度、憲法に明記しているかは、憲法の条文の長さに現れる。CCPには、英訳された各国憲法の語数（ワードカウント）が登録されており、図3-2は2020年次の主要国憲法を語数でランキングしたものである。現行憲法の語数の中央値は1万6179語（平均は2万2480語）で、最も長いのが1949年施行のインド憲法で14万6385語、次にナイジェリアの6万6263語、さらにブラジルの6万4448語が続く。先進国（OECD加盟国）の筆頭はオーストリ

図3-3　憲法典の文字数

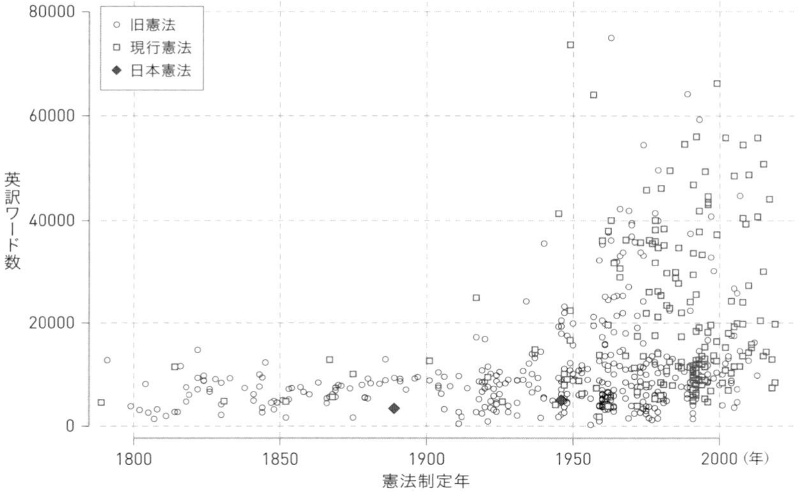

出典：Comparative Constitutions Projectデータをもとに計算。

アの4万1366語だが[★2]、この図で際だって目を引くのは日本国憲法の4998語という短さである。世界平均の4分の1しかなく、先進国で日本より短いのはアイスランド憲法（4089語）のみとなっている。内容面で比較の対象となることの多いドイツ基本法（2万7379語）やフランス憲法（1万180語）よりはるかに簡潔であることは一目瞭然であろう。

第1章でも述べたように、憲法は人権意識や社会規範の変化に伴って盛り込まれる項目が増え、新しいものほど長くなっていく傾向がある。したがって日本国憲法の短さには、70年以上という制定の古さに起因する側面もあるが、1947年時点でさえ各国憲法の語数の中央値は8504語（平均は1万2777語）であることを勘案すると、時代背景だけで説明することは難しい。図3-3は、制定時の憲法語数を時系列で記載している。今でも使われている憲法（◆）、再制定もしくは国家の解体によって存続していない旧憲法（+）、明治憲法と日本国憲法（●）を別々に表示しているが、明治憲法・日本国憲法ともに制定当時の基準（平均）よりも短いことがわかる。

日本国憲法の短さは、終戦後の独特な制定過程とも関係している★3。制定史を簡単にまとめると、1945年10月、GHQ（連合国最高司令官総司令部）はポツダム宣言に沿い、日本の民主化と非武装化を目的とした憲法の改正を日本政府に要求した。しかし、幣原内閣に設けられた憲法問題調査会の憲法改正要綱が1946年2月に毎日新聞にスクープされ、その試案が現状維持的なものと批判を受けたのを機に、連合国軍最高司令官ダグラス・マッカーサーはGHQ民政局（Government Section / GS）に憲法草案の作成を命じる。民政局はわずか九日でGHQ草案を準備し、2月13日に日本政府に手渡した。この草案は「帝国憲法改正案」として衆議院と貴族院で議論を重ね修正され、両院の可決と天皇の裁可を経て11月3日に「日本国憲法」として公布された。

日本国憲法に含まれる項目は、具体的な内容は別として、基本的にGHQ草案に沿ったものとなっている。GHQが最重要と位置づけた国民主権、平和主義、基本的人権については細かく書かれており、これらは今でも日本国憲法の三原則として知られる。他方で、GHQ草案は統治機構に関する記述が比較的簡素であった。その理由としては時間的制約や、そもそもベースとなった明治憲法自体が短かったこと（3381語）などが挙げられよう。さらに政治的混乱を最小限に抑えるため、GHQは日本政府側の要望をある程度許容した。例えば、民政局内部の議論では当初、選挙制度を小選挙区に基づくものと言及していたが、最終案では法律で規定するものとしている★4。また、GHQ草案は貴族院を廃止し国会を一院制にするとしていたが（草案第41条）、日本国憲法第42条では、参議院を含む二院制としている。

日本国憲法は、単に明治憲法と比較してという意味ではなく、制定時の世界レベルでも珍しいほど人権に関して多くを保障している。表3-1は、明治憲法と日本国憲法が今日一般的な10の人権項目について明記しているか一覧にし、1947年と2010年時点での世界の憲法の平均規定率と対照させたものである。よく知られるように、明治憲法の制定時に普通選挙制度は導入されていない。したがって富裕層を含むだれもが重要視する言論や集会の自由のような根本的自由権は現れるが、逆に非富裕層が求める社会権に類する項

表3-1　人権に関する規定の有無と世界平均との比較

権利	明治憲法	日本国憲法	1947年平均	2010年平均
表現の自由	○	○	82%	97%
男女平等	×	○	13%	74%
集会の自由	○	○	70%	86%
思想の自由	×	○	56%	82%
政教分離	×	○	31%	29%
職業選択の自由	×	○	21%	55%
勤労者の団結	×	○	36%	76%
生活水準保障	×	○	21%	20%
教育無償	×	○	56%	66%
公共医療	×	○	26%	45%

註：灰色＝平均規定率が50%以上。
出典：Comparative Constitutions Projectデータをもとに計算。

目はほとんど規定されていない。また、歴史的背景や当時の規範意識の影響から政教分離や男女の平等も含まれない。他方、日本国憲法は、公教育や労働者の団結権（組合を組織する権利）など、アメリカ合衆国憲法にさえ明記されていない規定に加え、公共医療や最低生活水準など、2010年時においてさえ珍しいと言える権利を複数保障する。

日本国憲法に明記されている人権項目の多さは、世界の憲法史の中でも秀でたものと言ってよい。CCPデータセットには、1789年から現在までに制定されている憲法のうち、全文の内容を比較することが可能なものが644典ある。McElwain and Winkler（2015）は、世界の現行憲法における「人権」と「統治機構」に関する記述の有無を調査したが、ここではその手法を644憲法典すべてに適用する[★5]。「人権」については、生命、プライバシー、教育、信教、表現の自由など26項目、そして「統治機構」については、国家元首や政府の長の選出方法や権力、議会の選挙制度や解散権、または地方分権に関わるものなど30項目が各憲法に明記されているか調査し、評価している（表3-2参照）。

図3-4では、制定時点における各憲法の人権（左図）と統治機構（右図）の規定率を縦軸に、憲法の制定年を横軸にしてプロットしている。規定率とは、

表3-2　分析に用いた「権利」と「政治制度」に関する変数（項目）一覧

権利（26項目）	政治制度（30項目）
人権 生存、プライバシー、移転、思想、言論、結社、集会、固有の権利、組合（団結権）、ストライキ権、検閲、報道・出版、拷問、残虐な刑罰、隷従、人格形成、環境、私有財産の収用	政府の構造 国家元首の罷免、免責、多選、政令権 政府の長の罷免、免責、多選、政令権 内閣の有無、解散権 下院の選出方法（選挙の有無）、選挙制度、クオータ制
宗教 宗教団体の免税、特権 信教の自由 政教分離	上院の選出方法（選挙の有無）、選挙制度、クオータ制 立法権の所在、議会の解散権、委員会の有無、議員の免責、欠員の補充、法律決議後の拒否権、拒否権の種類、臨時国会の招集権、緊急事態条項の有無
教育 教育の保障、無償 高等教育のアクセス 学問の自由	地方分権 連邦制か中央集権制を明記、地方自治体の種類、中央・地方政府の法的優劣、中央政府（司法）による地方自主法（条例）の審査権、国の一部による分離・脱退の可否

図3-4　憲法典項目別規定率

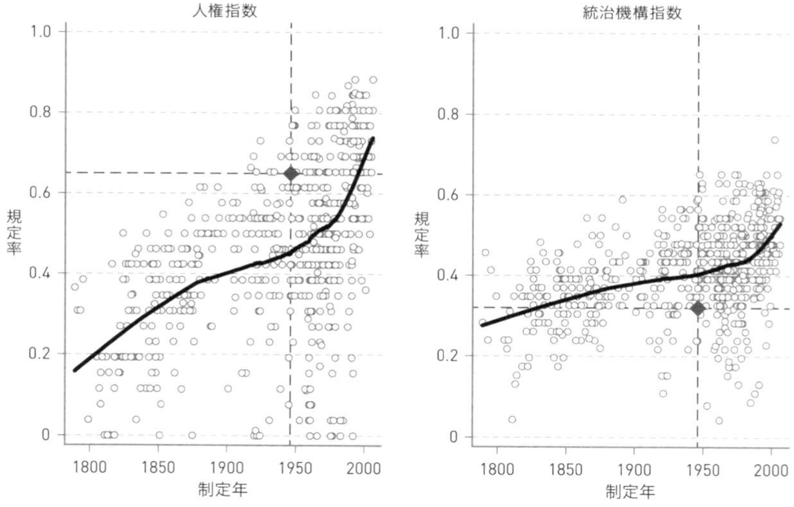

出典：Comparative Constitutions Projectデータをもとに計算。

その憲法が明記している人権や統治機構の項目数を分子、項目の総数を分母として比率をとったものだ。例えば、明治憲法は人権に関する26項目のうち7つを明記しているので、人権規定率は7/26＝0.27だが、日本国憲法は17項目を明記しているので、規定率は17/26＝0.65になる。統治機構を見ると、明治憲法は規定率が0.40（12項目を明記）だが、日本国憲法は0.37（11項目を明記）になる。同図では、すべての憲法の規定率を○で表示しているのに加え、時系列のトレンドをLOWESS平滑化法による実線で示した。

日本国憲法の数値は点線が交わる◆で示され、その内容が他憲法と如何に違うかが読み取れる。1946年の制定時、日本国憲法は平均より多く人権を規定する一方、統治機構についての記述は平均を下回っていた。各グラフの点線交差から見て左上のスペースには、日本国憲法より古いが規定率が高い憲法典が示されている。人権の場合、それに当てはまる憲法は258中9典しかない（上位3.5%）が、統治機構であれば205典ある（上位79.8%）。言い換えると、制定時の日本国憲法は人権についての規定が突出しており進歩的だったが、統治機構に関しては平均を遥かに下回っていた。

全体的な傾向を見ると、双方の規定率は時代とともに高まるが、人権の上昇率の方が目立つ。要因の1つは民主化による参政権の拡大である（第1章参照）。普通選挙の導入に伴って性別や納税額といった制限が緩和されると、国民の主張が憲法にも反映されるようになってゆく。そこには人種的・宗教的・民族的マイノリティの主張も含まれることとなり、やがて社会権や少数者の権利の規定が増えたのである。1960年以降のアフリカとアジアにおける第二次世界大戦後の脱植民地化と民主化は、この傾向を加速させた。

もう1つの要因は、経済発展による規範意識の変化である。Inglehart（1997）によると、有権者は日々の生活にゆとりができると、生存に直結する自由権や社会権のみならず、環境汚染やジェンダーバランスといった個人の身体性を超えた論点にも興味をもちはじめる[★6]。戦後の経済発展と中産階級の拡大を経験した国々では、有権者が憲法においてそれらが規定されることを望むと考えられる。これには世界レベルの規範意識の変化も関連している。1948年に国連で採択された世界人権宣言（Universal Declaration of Human Rights）

は、憲法に個人の自由や社会権を取り入れる際のひな型としてたびたび用いられており、なかにはスペインの1978憲法（第10条2項）のように、直接的に世界人権宣言を引用する例もある。

普通選挙は、統治機構に関する項目の規定率にも間接的に影響を与える。既存エリートは権力分立を憲法に盛り込むことで、新たに参政権を得た大衆が求める革新的政策（特に社会福祉制度の拡大）の抑止を試みた★7。また Abramson and Barber（2019）は、より新しい憲法には、過去においては慣習的であった内閣不信任案や委員会制度などの議会手続きや法令で規定されていた選挙制度が明記されていると指摘する★8。

しかし図3-4にも見られるように、統治機構明記率のトレンドラインは、権利のそれよりも緩やかなものとなっている。これは権利の規定率が戦後、急速に高まったためである。1918年以前（第一次世界大戦末期）の権利の平均規定率は0.34、統治機構は0.35であったが、これらは第二次世界大戦後に拡大し、1990年以降に批准された憲法を見ると、平均的な人権規定率が0.66であるのに対し、統治機構はわずか0.49と、その差が広がっている。

統治機構関連の項目が憲法に明文化されるペースが遅い理由の1つは、どのような社会構造にも当てはまる、フリーサイズな政治制度がないからである。第1章でも触れたが、民族や宗教で分断された社会には比例代表制が良いのか、それとも連邦制が良いのか、また大統領制は分割政府の膠着を悪化させ民主主義に負の影響を与えるのか、それとも党利党略のための政策、制度、憲法の運用を防ぎ三権分立をより強固にするのか、などについては議論が未だに続いている★9。

統治機構について憲法に規定するか否かは、世界的な規範の変化よりも、各国の歴史や現状に影響される。例えば、地理的に大きな多民族国家は連邦制を選ぶ傾向があるが、小さな都市国家は中央集権制を選択することが多い。中央集権制の憲法は地方公共団体の構造や権力に関する記述が連邦制に比べて少ないので、結果として憲法も短くなる。また植民地時代の遺産もある。大英帝国の旧植民地は、独立に際してもイギリスの制度を引き継ぎ、小選挙区に基づく議院内閣制を採り入れることが多いが、旧フランス植民地は、比例代表制や大統領制を選ぶことが多い。後者であれば行政府と立法府のパワーバランスについて詳細な規定が必要となる★10。

3▸ 「軟性」な統治機構の規定とは

前章では、各国の憲法改正では統治機構についての変更が多いことを示した。これから読み取れる1つの含意は、統治機構についての規定が少ないほど憲法改正の必要性が低減するということだ。日本国憲法、特に①選挙制度と②地方分権を例として、そのメカニズムを解明してみよう。

日本国憲法には「法律の定めるところにより……」や「……法律でこれを定める」という文言が40回現れるが、もっぱら統治機構に関して使われることが多い。表3-3はこれらを項目別に分けて示したものである。人権に関わる部分が8カ所、統治機構に関わる部分が22カ所、憲法の実施に関する補足が2カ所ある。特に目立つのが、議員の選出と地方自治の補足で、それらの詳細は「憲法附属法」とされる公職選挙法（公選法）や地方自治法、または国会法で規定される。そのため日本においてこれらの制度改革は、憲法改正ではなく法律の改定で行うことが可能である。換言すれば、日本国憲法は形式的には改正されていないものの、実質的には複数回の変更が加えられてきたと考えることができる。

◆選挙制度

日本国憲法は第4章において国会の権限やその構成を記述しており、衆参両院の定数（第43条）、衆議院議員と参議院議員の資格（第44条）と任期（第45、46条）などが定められている。特に興味深いのが第47条で、「選挙区、投票の方法その他両議院の議員の選挙に関する事項は、法律でこれを定める」と規定している。「法律で定める」ということは、議会の法律制定プロセスを通せば改正できることを意味し、衆参両院の過半数の可決、または参議院で否決されても衆議院の3分の2以上の再可決を経て、法律となる（第59条）★11。

表3-3　日本国憲法で「法律の・で定める」とされた規定

権利・憲法条文		統治機構・憲法条文	
国民要件	10	天皇国事行為	4、7
勤労条件	27	両議員定数	43
財産権	29	選挙人資格	44
政府の賠償責任	17	選挙制度	47
教育	26	議員歳費	49
納税	30	議員不逮捕特権	50
適正手続	31	法律・予算の議決	59、60
刑事賠償	40	裁判官弾劾	64
		内閣の組織・職務	66、73
		総理大臣指名	67
		司法権・裁判所	76
		最高・下級裁判所裁判官	79、80
		課税要件	84
		会計検査院	90
		地方自治基本原則・組織・権能	92、93、94
		住民投票	95
		憲法実施補足	100、102

註：数字は規定された条を示す。
出典：日本国憲法をもとに、筆者が分析。

第 42 条　国会は、衆議院及び参議院の両議院でこれを構成する。

第 43 条　両議院は、全国民を代表する選挙された議員でこれを組織する。

2 項　両議院の議員の定数は、法律でこれを定める。

第 44 条　両議院の議員及びその選挙人の資格は、法律でこれを定める。但し、人種、信条、性別、社会的身分、門地、教育、財産又は収入によつて差別してはならない。

第 45 条　衆議院議員の任期は、4年とする。但し、衆議院解散の場合には、その期間満了前に終了する。

第 46 条　参議院議員の任期は、6年とし、3年ごとに議員の半数を改選する。

第 47 条　選挙区、投票の方法その他両議院の議員の選挙に関する事項は、法律でこれを定める。

第 48 条　何人も、同時に両議院の議員たることはできない。

第47条の範囲は、選挙に関連する様々なルールであり、小選挙区や比例代表の様な代表法のほか、地域ごとの議席配分や具体的な選挙区の区割り、さらには細かな選挙運動の規制や政党助成制度などまでが含まれる。詳細の大半は公職選挙法で定められているが、政治資金の寄付や支出には政治資金規正法、政党交付金には政党助成法、選挙区の区割りには衆議院議員選挙区画定審議会設置法も関係している。

じつのところ、選挙制度の細部をすべて憲法で規制する国は少ない。民主主義国家（ポリティ指標6以上の国）に限定して2013年時点のCCPデータをチェックすると、下院（衆議院）の選挙制度・代表法を明文規定している憲法典は全体の44%で、法律に任せるとしているものが30%、全く触れられていないものが24%となっている。また、細部のルールほど法律に任せる傾向にあり、公的な選挙資金助成の規定は18%、選挙資金の規制は11%の憲法典にしか明記されていない。

選挙制度を明文規定している場合でも、その細かさの程度にはかなりの幅がある。例えばアイルランド憲法（1937年制定）の第16条は、下院議員は「単記移譲式投票を用いる比例代表制」で選出すると定め、また一票の格差不均衡を解消するために選挙区定数は12年毎に改定し、国民2～3万人に一議員の割合で配分する必要があるとしている。さらに細かく規定しているのがノルウェー憲法（1814年制定）で、第57条では下院議員の定数は169、選挙区の数は19と決めている。また、選挙区の定数配分のルールも厳格で、18の県ごとに住民を1ポイント、1平方キロメートルを1.8ポイントと加算し、8年ごとにこのポイント数と議席定数を比例配分することを義務付けている。さらに第59条では比例代表制の獲得議席配分方式や議席を得るのに獲得しなければならない最小限の得票率（阻止条項）などの詳細を定めている。

憲法に具体的な選挙制度・代表法・選挙区定数などを規定することには2

つの意義ある。1つは、その選挙制度を変えるのに憲法を改正する必要が生じ、党利党略のための制度変更を阻止できることだ。アイルランドではフィアナ・フォイル党（共和党）が自党に有利な小選挙区制度への変更を2度試みたが、憲法改正に必要な国民投票で2回とも否決されたことから、今でも単記移譲式投票・中選挙区制の選挙が行われている。

日本では1994年に衆議院議員総選挙が中選挙区制から小選挙区比例代表並立制に移行したが、これは公職選挙法改正のみで実施可能だった。参議院議員の選出は1947年の参議院議員選挙法以来、都道府県を基本とする地方区と国全体にまたがる全国区で行われていたが、1983年に全国区の代表法が拘束名簿式の比例代表制、2001年には非拘束名簿式の比例代表制に変更された。仮に日本国憲法がノルウェーのように比例代表制の細かなルールを規定していれば、参議院の選挙制度改革にあたっても憲法改正が必要となっただろう。日本の公職選挙法は2021年時点で63回改正されていて、上記の変化のほか、区割りや定数の改定が10回以上、さらに選挙運動の規制の強化・緩和などが行われてきた。

明文規定の2つ目の効果は、司法審査の管轄権の拡大である。ノルウェーでは定数配分に関する規定が多いため、もし政府が一票の格差を放置した場合、司法は明確な基準に基づいて違憲と判断することが可能となっている。また、具体的なガイドラインがない場合でも、憲法裁判所が介入することがある。アメリカ合衆国最高裁判所（連邦最高裁）は連邦議会選挙における州内の選挙区間の一票の格差是正を義務付けている★12。

しかし、日本の場合、憲法第47条で選挙に関する事項は法律で定める（＝立法府の権限である）と規定しているので、最高裁も選挙制度の具体的な仕組みについて国会の広い裁量に委ねている★13。その結果、小選挙区比例代表並立制の導入や、さらに細かい候補者の公示前選挙運動規制なども合憲としてきた。最高裁が例外的に、違憲ないし違憲状態との判決を下した事例として、一票の格差が著しく広がったケースが10例あるが、選挙を無効にすると公益を害するため、国会にそれを是正する時間的猶予を与えている（事情判決）★14。一票の格差は自民党の票田である農村部・地方を優遇しているので、それを放置することは自民党の戦略の1つでもある★15。軟性な統治機構規定は、良くも悪くも議会の過半数で政治制度を変えることを可能としているのである。

◆地方自治

軟性な統治機構規定の2つ目の事例は地方分権である。都市国家でもない限り、版図の広い国家は、経済政策、社会福祉、徴税の権限を、国政を監督する中央政府（立法府、行政府、司法など）だけではなく、県や州の様な広域地方公共団体（region）や市町村単位の基礎自治体（municipality）にも与える。中央と地方の権力バランスは実に多様だが、その種別は大まかに「単一国家」と「連邦国家」に分類される。単一国家では中央政府が対外的・対内的にも優越的地位をもち、地方自治体の権限や財源は法律に基づいて中央政府が委ねたものに限られる。他方、連邦国家では連邦を構成する各政府が行政・立法権を憲法で保障され、地方自治体も自主的に政策を決定・実行する権限を持つ。

2つの制度の違いは、各政府層の権限が憲法で保障されているか、法律によって決定されているかであり★16、これは国家の起源に関係している。例えば、ドイツ、スイス、アメリカは、国家の創立以前から主権をもっていた州（ラント、カントン、邦）の合意に基づいて成り立っている。故に憲法は地方公共団体と中央政府の交渉を元にパワーバランスを規定している。対照的に、長い歴史を持つ単一国家の多くは君主制からの変革を経て成り立っていることから、中央政府が国内外の主権を独占しており、現代憲法でも地方公共団体の権力は弱い。

日本は地方自治の歴史が長く、府県（広域自治体）は1890年、市町村（基礎自治体）は1888年に制定されたが、憲法上は明らかに単一国家である。明治憲法は地方自治について規定しておらず、日本国憲法でも地方政府の構造と権限を定めた第8章「地方自治」はわずか四項しかない。第92〜95条は、地方公共団体の形について記述しており、議会を持ち、首長を直接選挙で選任し、財産と事務を管理する権利を有すると規定している。しかし地方行政と政策の細部は、「法律によって決定される」としか書いていないため、結果として、課税や地方選挙制度などの大切な決定は、中央政府の判断に負う部分が多い。

第 92 条　地方公共団体の組織及び運営に関する事項は、地方自治の本旨に基いて、法律でこれを定める。

第 93 条　地方公共団体には、法律の定めるところにより、その議事機関として議会を設置する。

2 項　地方公共団体の長、その議会の議員及び法律の定めるその他の吏員は、その地方公共団体の住民が、直接これを選挙する。

第 94 条　地方公共団体は、その財産を管理し、事務を処理し、及び行政を執行する権能を有し、法律の範囲内で条例を制定することができる。

第 95 条　一の地方公共団体のみに適用される特別法は、法律の定めるところにより、その地方公共団体の住民の投票においてその過半数の同意を得なければ、国会は、これを制定することができない。

対照的な例がドイツである。日本国憲法の第8章は、英訳するとわずか143語だが、ドイツ基本法は地方自治に関する条文だけで50倍以上長い7667語にもなる。内訳を見ると、連邦の構造に2806語、連邦における立法に1407語、合同義務に523語、財政に3174語が費やされている[★17]。ドイツの連邦制は憲法で明示され、前文において16のラント（州）を名前で指定し、第79条（基本法の変更）では、連邦の諸ラントの編成を変えることを許さないとしている。また、各州は人口に比例して上院（Bundesrat）に議席を持ち、その代表者は直接選挙ではなく、州政府が選出するので（第51条）、連邦政府両院の3分の2の合意が必要な憲法改正にも多大な影響力を持つ。

連邦制国家が地方統治についてより多くの言葉をもって規定しているこ

とは当たり前と言えるのかもしれない。スイス（地方自治に関して1万680語）やオーストリア（5659語）、ベルギー（2988語）などの連邦制国家の憲法も、地方分権について相当の語数を費やして言及している。対照的に、比較的小さい国の憲法条文はデンマーク（地方自治に関して21語）、アイスランド（42語）、マルタ（73語）といった具合に日本国憲法よりさらに短い。

しかし、単一国家の憲法は必ずしも地方自治について「軟性」であるわけではない。フランス憲法は地方自治に対して2402語を割き、この語数は同憲法の24%を占める。法律で定める項目も多いが、日本と違い地方公共団体を「市町村、県、州……」などと具体的に指定しており、支出・歳入の種類や権利も日本国憲法より具体的に明記している（第72条の2）。

連邦主義や地方分権が統治の質や民主代表性に与える影響は、社会科学の分野で長く研究されてきた★18。アメリカ合衆国最高裁判所判事だったルイス・ブランダイスは州を「民主主義の実験場」と称賛し★19、Tiebout（1956）は、資本や労働者を獲得するための自治体間の競争が地方政治の効率化につながると論じている★20。Oates（1972）の補完性の原理（subsidiarity）によると、中央集権化による規模の経済（economies of scale）がない限り、地方への政策権限の移管は、地域ごとの比較優位に基づいたイノベーションが促進され、経済発展につながる★21。また、民主代表制の質においても、中央政府から独立した自治体が政策権限を持つことは、政府と有権者の距離を縮め、中央政府の権限を抑制することも意味する★22。

日本ではどうだろうか。憲法は地方統治に関し軟性であるため、構造的変化は憲法改正や裁判所ではなく法律によってもたらされる。代表的な事例とも言うべき1947年施行の地方自治法は2021年までに35回以上改正されており、公職選挙法や地方公務員法、地方交付税法といった付随する法律にも500以上の追加的変更が加えられてきた★23。主な変革は、地方自治体の行政構造に関係している。1956年の地方自治法改正では政令指定都市制度が新たに制定され、人口50万人以上の市は条例で「区」を設けられるようになり、地域社会サービスに対する裁量を得た。最近では、1999〜2010年の「平成の大合併」により、地方公共団体の数がおよそ3200から1700にまで減った。地方自治体の統合は、非効率な行政負担の重複を避け、少数の機関に地方自治体の権限を統合する戦略として正当化された。また、小泉純一郎政権下（主に2004〜2006年）で推進された国庫補助負担金の廃止・縮減、税財源の移譲、地方交付税の一体的な見直しから成る、いわゆる三位一体改革により、地方への税源移譲も行われた。

これらの変革は国・県・市区町村の役割を再配分したが、中央政府と地方政府のパワーバランスは根本的に変えておらず、あくまでも単一国家の構造が保たれている。例えば、政令指定都市の数や権限は中央政府が法律で与えたものなので、将来的な再変更も国会の過半数で容易に可能である。ドイツと違い、日本の地方公共団体は独自に国会代表を選べないので、地方自治に関する事柄でも中央政府の意思に従うほかない。

4▸ 憲法の構造とその歩み

人権と統治機構の規定は、憲法の歩み、特にその変革の形態に影響を及ぼす。ここでは日本国憲法の事例をもとにした、2つの仮説を検証したい。

①「人権の規定は憲法の正統性を強化し、結果として憲法の寿命を伸ばす」
②「統治機構をより硬性に縛っている憲法は部分的改正の頻度が高くなる」

第2章で述べた通り、世界で行われる憲法改正のほとんどは、地方分権や選挙制度の変革など政治制度に関係しており、それらのルールが明記されていなければ憲法を改正する必要性は低くなる。日本国憲法に当てはめると、「未改正ながら長寿」というその歩みは、「硬性な人権、軟性な統治機構」という構造が、戦後社会の変化にフィットしていたことになる。本節では、より広範囲な憲法データを用い、McElwain and Clipperton（2014）の分析手法と結果を引用しながら、この仮説を検証する★[24]。

まず、人権と憲法の正統性について考えてみよう。立憲主義において、国家とは人々の権利と自由を守るために存在する。権利には、言論や集会の自由のように、国家の社会への介入を制限する（消極的）自由権もあれば、医療・教育・生活水準保障のように、政府の介入なくしては具体化できない（積極的）社会権もある。これら権利を実現させるために、国家は徴税や逮捕権などの権力を与えられるが、同時にその濫用を防ぐため、権力の分立が必要になる。

憲法が民主的に制定され、「守るべき権利」の範囲が国民の意識を反映したものであれば、その正統性はより高まる。人々が重要だと考える権利の種類は、経済発展による生活水準の向上に伴って増える傾向にあり、新しく制定される憲法ほど人権に関する規定が多いことは既に何度か触れた。全ての国民が全ての権利を欲するとは限らないが、規定が増えれば、国家による権力の行使の是非、より具体的には合憲か違憲かの判断基準が明確になる。その結果、権利の解釈や国家権力の行使に対する異見異論を、憲法裁判所を通して解決しやすくなる。逆に、憲法に明示されていない権利の侵害を裁判所が救済するとは限らない。実際、権利の規定率と国の実質的自由度は相関している★25。国家行為の合憲性が曖昧な場合、権力の制約は弱くなり、憲法への不満や再制定を求める声が起こりやすくなる。

対照的に、統治機構の細かな設計に対する不満が憲法の危機を引き起こす可能性は比較的低い。例えば「大統領制か議院内閣制か」、「連邦制か単一国家か」といった国家を象《かたど》る権力分立の根本ルールを硬性に縛ることは重要だと言えよう。しかし、選挙区の区割りや地方公共団体の自主財政権など、政治制度の細部を憲法に明記するメリット・デメリットは必ずしも明確ではない。権利と違い、統治機構の是非は規範概念よりも功利主義（よりよい政策づくりにつながるか）に基づくと考えられるからである。図3-4が示すように、統治機構の平均規定率が人権の規定率を下回っているのは、憲法制定者たちが政治制度は法律で段階的に変えても良いと考えていることを表している。憲法制定時、統治機構をその状況に最適化しても、経済発展や人口移動の結果、やがて調整が必要になることは必然であろう。それらを変更しようとす

図3-5　項目別の憲法改正関心

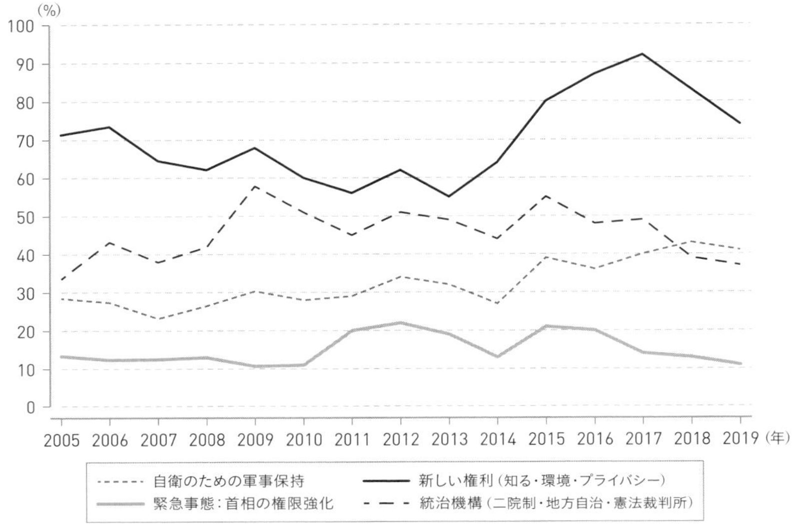

出典：読売新聞全国世論調査（2005～2019年）。

る要求が憲法全体の正統性を揺るがし、再制定の要求につながるとは考えにくい。日本における選挙制度や地方分権の変革は、この点を反映している。

憲法法改正に対する国内世論を見てみると、国民は権利拡大への関心が特に高いことが見て取れる。読売新聞が毎年実施している憲法に関する全国世論調査では、改正すべき憲法項目をいくつでも選択するよう求めている。図3-5は、これらの項目を、自衛関連、緊急事態、新しい権利、統治機構の四つに分類したものである[★26]。2005年以降、回答者は人権を優先していることが明確に示されている。特に、2013年以降、権利追加への支持は60%未満から80%超に増加したが、統治機構の改正への支持は40%未満に低下した。また、新しい権利の規定は党派を超えて支持されている。Liff and McElwainの2018年調査では、プライバシー権と環境権の追加にのみ、自民党支持層・左派政党支持層・無党派層すべての過半数が改憲に賛成していることが示されている[★27]。

他方で、1990年代前半にはリクルート事件（1988年）や東京佐川急便事件（1992年）の様な不祥事、さらにバブル崩壊後の政治不信を受け、国会議員・エリートレベルの間でも、憲法改正による根本的な政治改革の必要性が争点になっていった[★28]。しかし、公職選挙法改正による2000年代前半の二大政党化、または行政改革による「官邸主導」の推進など、憲法附属法レベルの制度改革がある程度達成された2000年代後半には、有権者の憲法改正への関心も低下した。

では、これら世論調査から示唆される有権者の関心は、他国で見られる憲法の変革パターンに合致しているのだろうか。①人権規定と憲法寿命、②統治機構規定と憲法改正頻度の関連性の計量的検証をMcElwain and Clipperton（2014）が行なっている。まず、図3-4と同様に各国の憲法が制定時、権利に関してカバーする範囲と、統治機構に関してカバーする範囲を規定率として計算する。これら変数を独立変数として、2つの従属変数を異なる計量モデルで分析する。1つ目の従属変数は憲法の「寿命（Lifespan）」で、これは憲法制定から再制定（replacement）までの生存年数だ。2つ目の従属変数は憲法の「改正率」で、憲法の寿命年数を分母、部分的改正が行われた年数を分子とする。また、計量モデルには、Elkins, Ginsburg, and Melton（2009）の分析にも使われた憲法の制定年と改正率、同国の歴代憲法の数と平均寿命といった統制変数も取り入れている。

仮説1は、成文憲法において権利をめぐる項目の規定率が高いほど、憲法の寿命が伸びるというものだ。ここでは、コックス比例ハザードモデル（生存分析の一種）で憲法が再制定される確率を推定する（詳細は巻末の付録も参照）。結果をまとめると、平均的な権利規定率（46%）に比べ、1標準偏差（0.2）権利規定率が高いと、憲法が再制定される確率は27%落ちる。逆に、統治機構の規定率は統計的に優位ではなく、寿命には直接関係していないと言える。図3-6は生存率曲線で人権規定率と生存率の予測値を描いている。まず、濃灰線は平均的に人権を規定している憲法（例：モナコ、0.49）が、t 年数過ぎた後にまだ生存している確率（縦軸）を示している。このような憲法の場

図3-6　人権項目の規定率と憲法典の耐久性

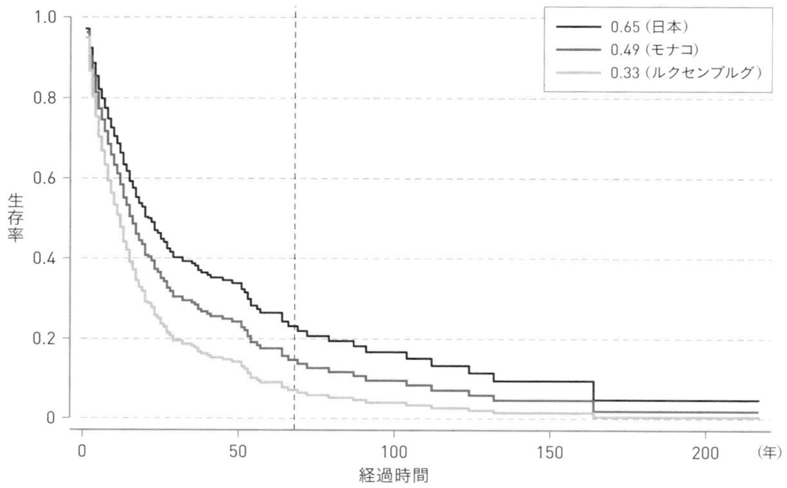

出典：McElwain and Clipperton (2014).

合、制定から70年後でも生存している確率は15%と推定される。これを日本レベル（0.64、実線）に規定率をあげると、70年後の生存率は23%に上昇し、ルクセンブルクレベル（0.33、薄灰線）だと8%に下がる。

では、統治機構規定と憲法の改正率の関係（仮説2）はどうなっているのだろうか。全憲法の6割近くは改正率がゼロ、すなわち1度も改正されないまま再制定されるか、現在に至っている。このため、改正率の分析にはzero-inflated negative binomial regression（負の2項回帰モデル）を用い、まず1度でも改正される確率を計算し、その後それら憲法が改正される予測回数を推定する（詳細は巻末の付録も参照）。統治機構の規定率が1標準偏差（0.11）上がると、改正率も1.3倍高くなる計算となる。すなわち、政治制度について細く記述している憲法ほど改正される確率も高い。他方、人権規定率は改正率に有意な効果がないことから、憲法の再制定と改正は人権とは異なる理由やメカニズムで起きると言えるだろう。

比較的「軟性」な日本国憲法（規定率＝0.33）と「硬性」なドイツ基本法（規定率＝0.63）の予測改正回数をシミュレーションしてみよう。日本レベルだと、70年間で8回（95％信頼区間：5、11）、ドイツレベルでは33回（95％信頼区間：16、51）の改正が起こると予測される。しかし実際には、日本国憲法の改正回数は0回、ドイツ基本法の改正は60回以上に及んでいるので、モデルの推定値は完璧ではない。しかし、国の「環境」、例えば経済発展や社会情勢などを考慮しなくても、憲法の「構造」だけで制定後の歩みがある程度説明できることも事実である。

5▸ 日本国憲法の特異性と改正の必要性

本章の議論をまとめると、憲法はその構造、とりわけ人権と統治機構の規定率によって、制定後の歩みが変化するということである。人権の範囲は憲法の正統性に結びついており、より多く規定されているほど憲法自体の寿命も延びる傾向にある。他方、統治機構については時代の変化に伴う政治的・政策的理由から変更を求められる可能性が高く、憲法による規定率が高いほど改正率は高くなる。言い換えれば、統治機構の規定率によって憲法改正の必要性は変動するということである。

ただ、改正の必要性と改正の是非を同列に論じることは出来ない。これは日本の世論調査からも読み取ることができる。毎年5月3日の憲法記念日が近づくと、様々なメディア・新聞社が憲法をめぐる国民の意識調査を行う。2019年4月に実施された時事通信社の調査によると、日本国憲法がこれまで果たしてきた役割を評価する回答者は83.4％にのぼるが、改正の是非を問うと41.9％が改正する方が良い（36.8％が良くない）と答える★[29]。改正賛同者にその理由を聞くと、74.0％が「時代にそぐわなくなっているから」を選択している。これは、これまで大過のなかった憲法といえど、70年以上経過すれば新しい社会問題（例えば、少子高齢化や移民の増加）や国際環境の変化（例えば、冷戦終結やサイバーテロリズム）への対応に問題を生ずる恐れがあり、将来を見据えた修正は必要との考えと一致する。

いくつかの問題は、法律による短期的な解消も可能であろうが、その一方、憲法に明記することで権利や制度の安定性に改善をもたらすものもあろう。例えば、マイノリティの権利を法律で義務付けても、議会の過半数という変更の容易さゆえ将来的に権利を剥奪される恐れがあるのならば、憲法に明記した方が権利の安定性ははるかに高まる。また、第6章で詳しく紹介するように、選挙制度を憲法で規定するとその改正頻度が下がる。これは党利党略による制度の恣意的操作を困難にし、結果として政党システムを安定させるメリットがある。Taagepera (2002) が、過度な選挙制度改革は国民の政治不信につながることから、特に民主主義が定着していない国では避けるべきだと述べていることとも通底するだろう。

これらのポイントを踏まえ、次章では、日本国憲法が他国憲法とどう違うのかをより細かく検証する。CCPデータを使い「世界基準の憲法」を推定することで、70年以上未改正の日本国憲法がガラパゴス化しているかどうかを分析できる。

註

★1——参照：https://comparativeconstitutionsproject.org/download-data/

★2——不文憲法を含めると、イギリス（5万4408ワード）やニュージーランド（4万8438ワード）も長い憲法に分類される。

★3——参照：庄司克宏『日本国憲法の制定過程——大友一郎講義録』千倉書房、2017年。国立国会図書館「日本国憲法の誕生」http://www.ndl.go.jp/constitution/gaisetsu/00gaisetsu.html

★4——Hussey Papers 24-C-4-1, "Committee on the Diet, Draft 1" http://www.ndl.go.jp/constitution/shiryo/03/002_47/002_47_043r.html

★5——McElwain, Kenneth Mori and Christian G. Winkler. 2015. "What's Unique about Japan's Constitution? A Comparative and Historical Analysis." *Journal of Japanese Studies* 41(2): 249-280.

★6——Inglehart, Ronald. 1997. *Modernization and Postmodernization: Cultural, Economic, and Political Change in 43 Societies.* Princeton, NJ: Princeton University Press.

★7——Banting, Keith G., and Richard Simeon. 1985. "Introduction: The Politics of Constitutional Change." In *The Politics of Constitutional Change in Industrial Nations: Redesigning the State*, edited by Keith G. Banting and Richard Simeon, 1-29. London: The

MacMillan Press Ltd.

★8——Abramson, Scott F., and Michael J. Barber. 2019. “The Evolution of National Constitutions.” *Quarterly Journal of Political Science* 14 (1):89-114.

★9——Lijphart (2004) 前掲書、Horowitz (2002) 前掲書。Linz, Juan J. 1994. “Presidential or Parliamentary Democracy: Does It Make a Difference?” In *The Failure of Presidential Democracy: The Case of Latin America*, edited by Juan J. Linz and Arturo Valenzuela, 3-87. Baltimore: Johns Hopkins University Press. Hammond, Thomas H., and Gary J. Miller. 1987. “The Core of the Constitution.” *American Political Science Review* 81 (4):1155-1174. Tsebelis, George. 2002. *Veto Players: How Political Institutions Work*. New York: Princeton University Press and Russell Sage Foundation.

★10——Go 2003前掲書、Abramson and Barber 2019前掲書。

★11——内閣総理大臣の指名、予算の議決、条約の締結においては、衆参の意見が一致しない場合、衆議院の議決を国会の議決としている。

★12——*Wesberry v. Sanders* (376 U.S. 1, 1964)

★13——長谷部前掲書、337頁。

★14——辻村みよ子『選挙権と国民主権——政治を市民の手に取り戻すために』日本評論社、2015年、115～116頁。

★15——McElwain, Kenneth Mori. 2008. “Manipulating Electoral Rules to Manufacture Single Party Dominance.” *American Journal of Political Science* 52 (1):32-47.

★16——Riker, William H. 1975. “Federalism.” In *Handbook of Political Science*, edited by Fred Greenstein and Nelson W. Polsby, 93-172. Reading, Mass: Addison-Wesley.

★17——2014年時点の英訳をもとに計算。https://www.constituteproject.org/constitution/German_Federal_Republic_2014?lang=en

★18——Bednar, Jenna. 2011. “The Political Science of Federalism.” *Annual Review of Law and Social Science* 7:269-88.

★19——*New State Ice Co. v. Liebmann* (285 U.S. 262, 1932)

★20——Tiebout, Charles M. 1956. “A Pure Theory of Local Expenditures.” *The Journal of Political Economy* 64 (5):416-424.

★21——Oates, Wallace E. 1972. *Fiscal Federalism*. New York: Harcourt Brace Jovanovich.

★22——長谷部前掲書、447頁。

★23——参照：https://hourei.ndl.go.jp/#/detail?lawId=0000038849&searchDiv=1&current=1

★24——McElwain, Kenneth Mori, and Jean Marie Clipperton. 2014. “Constitutional Evolution: When Are Constitutions Amended Versus Replaced?” Annual Conference of the Midwest Political Science Association, Chicago, IL.

★25——Elkins, Zachary, Tom Ginsburg, and Beth A. Simmons. 2013. “Getting to Rights: Treaty Ratification, Constitutional Convergence, and Human Rights Practice.” *Harvard International Law Journal* 54 (1):201-234.

★26——読売新聞の全国世論調査では、改憲項目が年度により違い、例えば2005年調査は11項目、2018年調査は16項目を挙げている。図3-5は、2005年調査から継続的に含まれている、以下の項目に対する支持をもとに計算している。①自衛＝「自衛のための軍隊保持」、②緊急事態＝「緊急事態における首相の権限強化」、③人権＝「良好な環境で生活する権利」＋「個人情報やプライバシーの保護」＋「行政機関の情報を知る権利」、④統治機構＝「国と地方の役割」＋「衆議院と参議院の役割」＋「憲法裁判所の設置」。

★27──アダム・P・リッフ、ケネス・盛・マッケルウェイン「独自調査：日本の国際秩序観」船橋洋一、G・ジョン・アイケンベリー編『自由主義の危機──国際秩序と日本』東洋経済新報社、2020年。

★28──境家史郎『憲法と世論』筑摩選書、2017年。

★29──「時事世論調査特報2019年5月号」時事通信社。

第4章

グローバルスタンダードな日本国憲法

1 ▸ 憲法比較の含意

国家が直面する問題、国民が望む未来、憲法に求められる国の形は、必ずしも普遍的なものではない。都市への資本や人口の集中は、経済成長とともに地域格差をもたらし、地方分権や財政再分配構造に圧力をかける。少子高齢化は政府が負う医療や年金、または教育投資への義務を考え直す必要性を生む。国際化や移民受け入れ拡大は多文化共生に対する意識を変える。憲法改正は、そうした社会構造の変化に適応する手段の1つである。実際、長寿で、長らく未改正な日本国憲法の、時代への適応力が低下している可能性は、懸念としてあり得るだろう。

憲法の「古さ」は制定からの持続年数等の客観的指標で識別できるが、時代への「適応度」は多分に主観的な概念である。例えば、経済成長と格差是正の優先度は、政策的志向や倫理観の争いでもあり、どちらかが一方的に正しいとは言い切れない。また、権利や政治制度に対する社会的合意があったとしても、具体的な内容――例えば地方分権の度合い――に柔軟性を求めるなら、硬性な憲法で縛るよりも、微調整できる法令で規定する方が有益だろう。

憲法改正が本質的に良いか悪いかは、計量的手法だけでは分析できない。しかし、日本国憲法が世界的な憲法の潮流の中でどのように位置づけられるかは、データを用いて判断できる。前章で示したように、日本国憲法は人権と統治機構の規定に大きなギャップがある。本章は、このような不均衡はグローバルスタンダードから外れているのか、それとも日本国憲法が他国の憲法に似てきているのか、あるいは解離し始めているのかを、「マッチ率」という類似性の指標を使って検証する。

国家が直面する問題は、それぞれの社会構造や歴史によって異なるので、世界中の憲法が同一である必要はない。しかしながら、比較分析の視座から日本国憲法を見ることで、求められる内容の欠如や非修正のため最適解から掛け離れているトピックについて、新しい知見を得ることができるだろう。

2▸ 憲法のマッチ率

憲法の類似性を評価するために、日本国憲法をComparative Constitutions Projectデータセット（CCP）に含まれるすべての憲法と「マッチング」してみる。CCPには、憲法の内容に関する変数が700以上含まれており、そこには表現の自由、法の下の平等、学問の自由、政府の長の選出、議会の選挙制度、地方自治体の構成などが挙げられている。

まずMcElwain and Winkler（2015）で用いられた方法論に基づき、CCPから人権に関する25項目、執行府と立法府に関する47項目、司法権や裁判所の設置に関する31項目、地方分権に関する7項目のコードを選び出す。次に、これら計110項目について、他国の憲法で「規定」されているか「未規定」か、日本国憲法と比較する。2つの憲法が同じ項目を同じように規定もしくは未規定であれば、「マッチ（一致）」と数える。これが「マッチング」の作業である。

試みに、日本国憲法とドイツで1949年に制定された基本法とを比較してみよう。日本、ドイツの両憲法は「学問の自由」を保障するので、この項目はマッチである。また、両憲法とも下院（衆議院）の選挙で女性や人種といった特定属性の候補者に議席の割り当て（クオータ）を設けていない＝未規定なので、これもマッチと数える。一方、「プライバシー権」はドイツ基本法にしかないので「ミスマッチ（不一致）」とし、日本国憲法にしか規定がない「判事の定年年齢」もミスマッチと数える。このプロセスを110項目で繰り返し、日本国憲法との「マッチ率（＝類似率）」を計算する。

マッチ率を算出する際、どの状態の憲法を比較対象にするかを確定する必要がある。ドイツ基本法であれば1つの選択肢は憲法制定時の内容（1949年）であり、もう1つは改憲・修正を含めた現在の内容（2021年）ということになる。求める知見や関連性によって比較の対象は使い分ける必要がある。

ここでは、日本国憲法と他憲法の類似性を検証するため、改憲を含めた最新版（2013年時点）を比較対象とする★1。表4-1は、日本国憲法とマッチ率が特に高い・低い憲法や主要国のケースを選定したものだ。人権と統治機構を併せた「総合」ランキングを見ると、最高マッチ率は比較的新しいイラクの2005年憲法の76%で（110項目中84項目が一致）、最低が世界で3番目に古いベルギーの1831年憲法の46%である（110項目中51項目が一致）。主要国に絞ると、台湾、アイルランド、クロアチアがトップで72%、アイスランドとロシアが70%で続く。憲法学でもよく比較対象に上がり、他国の憲法制定者にも影響を与えてきたとされるドイツ、スイス、アメリカ憲法のマッチ率は全体平均の63%前後であるが、フランス憲法は53%で最も低いグループに入る。

人権と統治機構のマッチ率を分けて比べることにより、異なる知見を得ることも可能である。人権について最も類似しているのが、旧ユーゴスラビアのコソボ2008年憲法とソ連解体後に独立したアゼルバイジャン1995年憲法の84%（人権25項目中21項目が一致）で、最低が、限られた人権しか明記していないサウジアラビア1992年憲法である。総合リストでも上位に入ったクロアチアとロシアの憲法や、70%以上のスイス、ドイツとの人権マッチ率も目立つ。統治機構だと、台湾1949年憲法とイラクが78%（85項目中66項目で一致）でトップになり、アフリカ南部のジンバブエ2013年憲法が44%で最も低い。アメリカとフランスは人権マッチ率こそ低いものの、ドイツに比べ統治機構の規定では日本と似ていることがわかる。

では日本国憲法とマッチ率が高い（＝規定内容が似ている）ことに、どのよう

表4-1　日本国憲法と各国憲法のマッチ率

	総合マッチ	人権マッチ	統治機構マッチ
全体平均	63.3%	65.7%	62.6%
トップ	76%　イラク 2005	84%　コソボ 2008 84%　アゼルバイジャン 1995	78%　台湾 1949 78%　イラク 2005
ワースト	46%　ベルギー 1831	20%　サウジアラビア 1992	44%　ジンバブエ 2013
主要国トップ	72%　台湾 1949 アイルランド 1937 クロアチア 1991	84%　クロアチア 1991	78%　台湾 1949
	70%　アイスランド 1944 ロシア 1993	80%　ロシア 1993 ポーランド 1997	73%　オランダ 1815 モナコ 1962
その他	64%　スイス 1999 63%　アメリカ 1789 61%　ドイツ 1949 53%　フランス 1958	76%　スイス 1999 72%　ドイツ 1949 52%　アメリカ 1789 28%　フランス 1958	66%　アメリカ 1789 60%　フランス 1958 60%　スイス 1999 58%　ドイツ 1949

註：比較対象はCCPデータセット（2013年版）に登録されている各国憲法の（改憲を含む）最新版。
出典：Comparative Constitutions Projectをもとに計算。

な含意が見いだせるだろうか。上位にランクインしたイラク、コソボ、クロアチアは、憲法学の観点からは日本となじみの薄い国だが、いずれの憲法も1990年代から2000年代に制定されている点で注目に値する。これは日本国憲法がより新しい時代の憲法と類似していることを表している。

その要因は、前章でも紹介した人権の明記率（規定率）の高さである。「明記率」とは人権についてどれだけ多く規定しているかを測定した数字で、日本国憲法は65%と世界でも上位に入る。しかし、1990年代初頭にソビエト連邦、あるいはユーゴスラビアからの独立を果たしたクロアチアの明記率は85%、コソボは77%、クロアチアは72%と、憲法上、日本よりさらに手厚く人権が保障されていることがわかる。

統治機構のマッチ率も同じように分析できる。日本国憲法の統治機構に関する明記率は33%と比較的低いが、日本と統治機構マッチ率が最も高い台湾も明記率は43%にとどまっており、現行憲法平均の48%を下回る。マッチ率73%のオランダ（明記率＝37%）やモナコ（明記率＝44%）も同じパターン

表4-2　CCP2013年版に基づく日本国憲法と世界の現行憲法の項目別マッチ率ランキング

	統治機構	日本*	マッチ	権利	日本*	マッチ
上位	租税裁判所の設立	×	75%	集会の自由	○	73%
	両院の合意により違憲審査	×	75%	結社の自由	○	73%
	政党単位による法案提出	×	75%	表現の自由	○	72%
	有権者の大臣を罷免する権利	×	75%	信教の自由	○	71%
	議会の委員会・協議会設置	○	63%	私有財産の収用	×	70%
下位	非常事態宣言	×	5%	プライバシー権	×	12%
	政府の長による政令の制定**	×	9%	環境権	×	16%
	政府の長による大臣の罷免	○	9%	政教分離	○	24%
	政府の長による法案の提出	○	10%	検閲を禁止	○	24%
	国家元首による政令の制定	×	12%	学問の自由	○	28%

* 日本＝日本国憲法で明記されているか（○）いないか（×）。
** 日本国憲法では内閣による政令は認められている。
出典：Comparative Constitutions Projectをもとに計算。

と言える。

注意すべき点は、明記率とマッチ率が必ずしも相関しないことである。理論上、2つの憲法がそれぞれ権利の50%を規定していても、その内容が全く違う半分半分であれば、マッチ率は0%になる。そのため、マッチ率を個々の項目ごと計算し、日本国憲法のどの権利や制度が典型的なのか調べる必要がある。表4-2はマッチ率が特に高い・低い項目を、左列は統治機構、右列は人権の分野で並べている。

統治機構に関する場合、憲法に明記されていない項目のマッチ率が特に高い。例えば、日本国憲法は第76条2項で特別裁判所の設置を禁じており、その結果、日本では租税裁判所（tax courts）が存在しない。租税裁判所は世界の現行憲法の75%でも認められていないので、マッチ率が75%と計算される。同じように、日本国憲法は第81条で違憲法令審査権を最高裁判所にしか認めておらず、その結果、現行憲法の75%同様、（両院の合意のもとのみで）議会に違憲審査をする権限は与えられていない。また、日本国憲法は第59条で法律の可決には両議員の賛同を必要としているが、そもそも誰が法案を提出する権限を持つかは明確に示しておらず、他憲法の75%同様、政党単位（個別議員とは別）にその権限を明示的に与えていない[★2]。トップ5で唯一「明記」としてマッチ率が高いのが委員会の設置規定で、これには日本国憲法59、60、67条に規定される、衆議院と参議院の議決が異なった場合に開かれる両院協議会が相当する。

統治機構の項目別マッチ率のランキング下位を見ると、2012年に自民党が憲法改正案に盛り込んだことで激しい議論を巻き起こした緊急事態条項（明記無しは5%）と政府の長や国家元首の権限が現れる[★3]。緊急事態条項に関しては、次章で詳しく分析する。

対照的に人権においては、マッチ率上位は日本国憲法に明記されている項目が独占する。例えば、集会、結社、表現の自由は第21条、信教の自由は第20条で守られており、これらは世界の現行憲法の71～73%でも保障されている。また、第29条1項は個人の財産権を政府が侵してはならないとしているが、同条3項で正当な保障があれば公共のために収用することを認めている。このような権限は他国憲法の70%に明記されている。

一方、人権項目のうち日本国憲法が他の憲法と際だって異なっているのは、近年よく議論されているプライバシー権や環境権が非明記であることだ。逆に、今日では当たり前のように思われていながら多くの憲法が明記していない権利もいくつかランクインしている。政教分離（第20条、第89条）、検閲の禁止（第21条2項）、学問の自由（第23条）などは、すべて日本国憲法で保障されているが、意外にも世界の現行憲法の3割ほどしか明記していない。

これらの事例からは、日本国憲法に「似る」ということが、すなわち人権について多くの条項を明記し、統治機構についてはむしろ法律に任せる傾向を示すことがわかる。これは前章でも論じた、人権と統治機構の規定に大きなギャップがある日本国憲法の構造に由来する。

以下ではいくつかの比較を通し、マッチ率を時系列的に検討する。憲法の内容が「グローバルスタンダード」であるか否かは、一時の流行に乗っているかどうかではなく、歴史的に見た世界的な潮流とどれほど近しいかで判断する必要がある。その意味からも、時間軸を含めた分析は不可欠といえる。

次節では日本国憲法と大日本帝国憲法を比較し、続けて比較例として注目されるアメリカ、ドイツ、フランス憲法と他憲法のマッチ率を分析する。

3▸ 日本国憲法と大日本帝国憲法

まず、大日本帝国憲法（明治憲法）のマッチ率を確認してみよう。ここでは明治憲法の時代背景を考慮し、18世紀以降すべての憲法の制定当時の内容を比較対象として検証する。

明治憲法は1889年に制定された日本初、そしてアジアでも最初期（1876年のオスマン帝国憲法に次ぐ）の成文憲法である。1882年に憲法調査のためヨーロッパに渡った伊藤博文らは、主にドイツ（プロイセン）の君主権強化型憲法を評価するに至り、帰国後、井上毅が起草した憲法案は伊藤、伊東巳代治、金子堅太郎らの手によって成案にまとめられた。天皇から発布された同憲法の特徴としては、統治は天皇の大権中心主義をベースに構成されながら、同時に帝国議会を設け、法律や予算の制定にその協賛を必要とした点が挙げられよう。言論・集会・結社のような消極的自由も保障していたが、どれも「法律の範囲内」に留まっており、天賦人権的なものではなかった[★4]。このような権利の制約は19世紀の西欧諸国の憲法にも多く見られ、明治憲法もまた当時のグローバルスタンダードに沿っていたと考えられる。

マッチ率を見ると、実態としても明治憲法の内容が国際基準と同調していたことは確認できる。表4-3に示すように、マッチ率が1番高いのは、特に統治機構の内容が似ているフランス1875年憲法とエチオピア1931年憲法で、総合マッチ率は共に81％に及ぶ。以降、ネパール1949年憲法（80％）、アルバニア1925年憲法とイタリア1848年憲法（79％）、デンマーク1866年憲法（78％）が続く。明治憲法に影響を与えたドイツ帝国憲法1871年とのマッチ率も比較的高く70％で、日本国憲法と明治憲法のマッチ率64％よりも高い。

現行憲法の中で最も明治憲法と内容が似ているのはルクセンブルク1868年憲法（77％）であるが、注目したいのはエチオピア1931年憲法との81％と

表4-3　明治憲法のマッチ率(各憲法制定当時の内容)

総合マッチ率 平均65%		人権マッチ率 平均59%		統治機構マッチ率 平均66%	
81%	フランス 1875 エチオピア 1931	92%	北ベトナム 1960	85%	フランス 1875
80%	ネパール 1949	88%	ハイチ 1843 ガーナ 1960 中華民国 1923	84%	エチオピア 1931
79%	アルバニア 1925 イタリア 1848				
78%	デンマーク 1866				
77%	ルクセンブルク 1868 ブルンディ 1962				

出典：Comparative Constitutions Projectをもとに計算。

いう高いマッチ率である。3381語数の明治憲法同様、エチオピア1931年憲法も2011語数と、比較的条文の語数が少ない。同憲法は、エチオピア皇帝ハイレ・セラシエによって制定されたエチオピア帝国最初の成文憲法であるが、日本と明治憲法は、当時のエチオピア憲法制定委員会のメンバーから、非西洋文化国が西洋の知識と技術を適合させることに成功した帝国制の模範として注目されていた。この事例からは、必ずしも細かな憲法典の違いを捉えきれない定量的分析が、事前に対象を絞った事例研究からは見出しにくい類似性を明らかにできること、そして日本の憲法が他国の憲法に与えた影響を示唆すること、などが見えてきて興味深い。

次にマッチ率を時系列的に見てみよう。図4-1は日本国憲法と明治憲法の、他憲法の制定時の内容とのマッチ率を示したものだ。◇は明治憲法、●は日本国憲法と他憲法のマッチ率（縦軸）を対象の制定年（横軸）で表している。古い憲法を見ると、明らかに大日本帝国憲法の方が日本国憲法よりも世界の憲法と類似している。1900年以前に制定された憲法との平均マッチ率は、大日本帝国憲法であれば70%となるが日本国憲法は60%に止まる。それが1900～1945年に制定された憲法になると68%対63%にマッチ率の差が狭まり、1945～1989年では65%対63%、冷戦後の1990年以降になると60%対63%と逆転する。時代が下るにつれ、他国の憲法はより日本国憲法

図4-1　日本国憲法と明治憲法の総合マッチ率

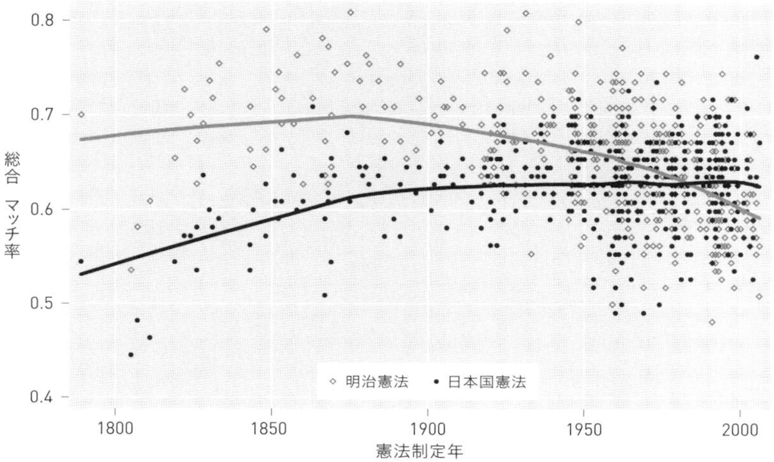

出典：Comparative Constitutions Projectをもとに計算。

に似てきていることがわかる。

この傾向の理由の1つは、すでに採りあげたように、日本国憲法が人権に関する項目を多く規定していることである。表4-4で示すように、1900年以前に制定された憲法と日本国憲法の、権利についてのマッチ率は50%ほどだが、1990年以降では68%に跳ね上がる。日本国憲法が保障している社会権が世界的に普及してゆく潮流と無関係ではないだろう。日本国憲法については統治機構関連項目の類似性は時代による変動は小さく、どの時代の憲法に対しても60〜65%で安定している。逆に明治憲法は人権・統治機構ともマッチ率が右肩下がりとなり、1990年以降のマッチ率は1900年以前より10%ほど下回る。

大日本帝国憲法のマッチ率の低下は、それが特質した憲法だったからではない。世界的に見ても、20世紀以前の憲法は今日に比べ人権に対する意識が低かった。しかし、民主主義の台頭による非富裕層の政治参加が社会権の増加につながり、倫理観の変化により男女差別やマイノリティの権利など

表4-4　日本国憲法・明治憲法マッチ率の時系列的変化

平均マッチ率	1900年以前	1901～1945年	1946～1989年	1990年以降
日本国憲法				
全体	60%	64%	63%	63%
権利	50%	58%	58%	68%
統治機構	63%	65%	64%	61%
明治憲法				
全体	70%	68%	65%	60%
権利	64%	65%	60%	51%
統治機構	72%	69%	67%	62%

出典：Comparative Constitutions Projectをもとに計算。

も増えた。明治憲法は当時としてはスタンダードだったが、20世紀に入り、世界の憲法は違う方向に向かい始めたことを物語っている。

4▸　アメリカ・ドイツ・フランスの憲法マッチ率

次に、マッチ率の計算方式を他国の憲法にも適用し、日本国憲法の類似性と直接比較してみよう。表4-5は、最古のアメリカ合衆国憲法（1789年制定）、戦後制定されたフランス憲法（1958年）、ドイツ基本法（1949年）の3つと、18世紀以降すべての憲法とのマッチ率を比較したものである。各憲法の制定時の内容をもとに計算しているが、これは日本同様、それらが1度も改正されなかった場合、どれほど世界基準に類似しているか検証するためだ。平均的に見て、現行憲法とのマッチ率が最も高いのがドイツ基本法（60%）で、フランス（55%）、アメリカ（54%）と続く。

◆グローバルスタンダードでなくなった合衆国憲法

ここで目立つのが、アメリカ合衆国憲法のマッチ率の低下で、それを図4-2では日本国憲法のマッチ率変化と比較し、グラフ化した。1789年に施行された合衆国憲法は世界中の憲法制定者に成功例として参考にされてきた。

表4-5　アメリカ・ドイツ・フランス憲法のマッチ率（各憲法制定当時の内容）

平均マッチ率	1900年以前	1901〜1945年	1946〜1989年	1990年以降	現行憲法平均
アメリカ・1789					
全体	54%	52%	54%	52%	54%
権利	39%	32%	33%	19%	25%
統治機構	58%	57%	61%	62%	63%
ドイツ・1949					
全体	41%	47%	53%	62%	60%
権利	29%	38%	44%	60%	55%
統治機構	44%	49%	56%	62%	62%
フランス・1958					
全体	45%	47%	52%	55%	55%
権利	39%	35%	38%	26%	30%
統治機構	47%	51%	57%	64%	62%

出典：Comparative Constitutions Projectをもとに計算。

特に中南米諸国の19世紀独立期の憲法に大きな影響を及ぼしたが、近年の憲法に比べると、盛り込まれている人権や統治機構に関する項目は少ない。

例えば、合衆国憲法には、日本国憲法にも含まれている結社の自由や拷問の禁止、思想の自由などが具体的に明記されておらず、公共医療の提供といった社会権に関する項目も少ない。ただし、これらは最高裁の解釈を通して実質的に盛り込まれている部分もあるので、他国が合衆国憲法を参考にする場合、忠実にテキストをコピーするのではなく、判例を含めて採り入れると考えるのが妥当であろう★[5]。

Elkins, Ginsburg, and Melton（2009）は合衆国憲法で規定されているが、時代とともに不人気になった項目を3つ挙げている★[6]。1つ目は人民の武装権（修正第2条）で、世界の現行憲法のうち2%にしか現れない。最高裁裁判官の終身制（第3条1項）と上院議員の各州への均等配分（第1条3項）も、他国はアメリカを反面教師とし、時代を追うごとに真似しなくなったのである。

合衆国憲法はそもそも人権のマッチ率が高くないが、それにしても1990年以降に制定された憲法との人権マッチ率が20%未満となっているのは圧

図4-2 合衆国憲法と日本国憲法の総合マッチ率

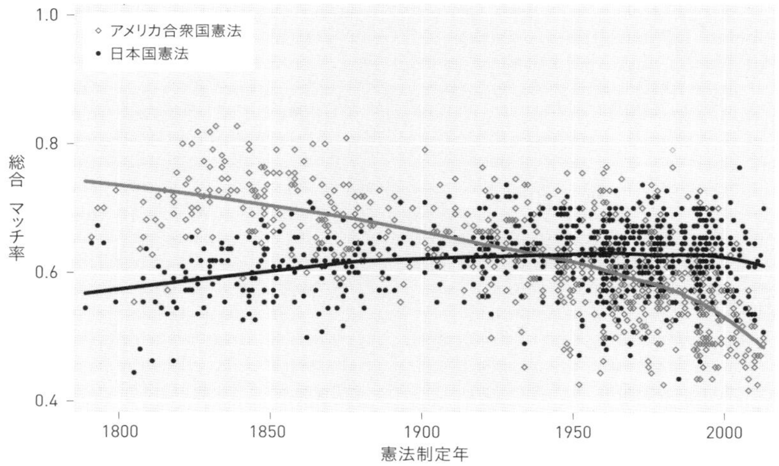

出典：Comparative Constitutions Projectをもとに計算。

倒的に低いと見るべきである。人権関連項目の少なさについては、当然アメリカ国内でも認知されており、男女差別の是正や社会権の明記などは時折議論になる。しかし合衆国憲法の改正には連邦議会各院で3分の2の合意と50州のうち4分の3の合意が必要で、世界的に見てもそのハードルは高い。その結果、合衆国憲法ではなく、プロセスが比較的楽な州憲法の改正の方が頻繁に行われることになった[★7]。

◆人権のマッチ率が伸びるドイツ基本法

合衆国憲法と対照的なのが、1949年に制定されたドイツ基本法だ。第二次世界大戦後、ドイツは英米仏ソ国の分割統治化に入ったが、ドイツの国家体制についてソ連と他3国の間で意見が一致せず、1948年に英米仏が西側占領地区に適用されるべき憲法を制定することで合意した。新憲法の審議は各ラント（州）の代表者に構成される議会評議会が行い、可決された草案はバイエルンを除くラントの議会が採択したことにより、1949年に「ドイツ

図4-3 ドイツ基本法と日本国憲法の人権項目によるマッチ率

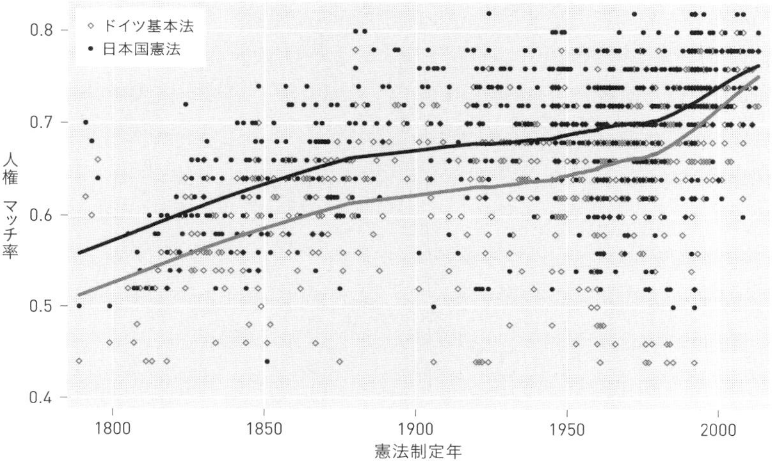

出典：Comparative Constitutions Projectをもとに計算。

連邦共和国基本法」として公布・執行された。そもそも基本法と呼ばれる所以は、あくまでも東西ドイツ分断中の暫定的な憲法だという意味合いがあった。しかし、1990年のドイツ統一は、東ドイツが西ドイツに加入する形で行われ、基本法もドイツ全体の実質的な憲法として、今でも効力が継続している★8。

この基本法以前にも、明治憲法に影響を与えた1871年ドイツ帝国（プロイセン）憲法や、1919年に制定されたワイマール憲法などの前身があったが、ここでは現行のドイツ基本法と他憲法のマッチ率に注目する。日本国憲法同様、ドイツ基本法は人権を多く保障しているが、統治機構——特に連邦政府とラント政府の地方分権——も詳細に明記している点で違っている。

ドイツ基本法と1900年以前に制定された古い憲法とのマッチ率は41%にしかならないが、1990以降制定された憲法とのマッチ率は62%と、日本国憲法の63%に一気に近づく。ドイツの憲法が「グローバルスタンダード」に近づいた最大の要因は、日本と同じく確約されている人権の多さによるものである。図4-3は全項目のマッチ率ではなく、人権に関する25項目のみで計算したマッチ率を示している。両憲法の人権のマッチ率は右肩上がりで、ドイツの場合1900年以前の平均マッチ率は29%しかないが、1990年以降制定された憲法だと60%を越す。日本国憲法と同じく表現・結社・集会の自由を認めているが、ドイツ基本法はさらにプライバシー権や環境権なども保障している。

◆統治機構から見る日本とフランスのマッチ率

統治機構の観点から日本とのマッチ率比較が興味深いフランスは、歴史上、憲法の数がかなり多く、平均的な継続年数も短い。立憲君主制を制定した1791年憲法が最初の成文憲法だが、それ以降フランスは立憲君主制‐共和制‐帝政など政治体制の変更を繰り返し、各々に新憲法が制定された。CCPのデータセットはフランスの15憲法典の制定年や改正回数の情報を含んでいるが、具体的な条文内容のデータは1848年の第二共和政憲法からである。

フランスの現行憲法は1958年に制定され、第五共和政の基礎となっている。第二次大戦後に成立された第四共和政は、アジアやアフリカでの植民地政策、特に1830年代から統治していたアルジェリアの独立運動の問題に直面していた。国内世論はアルジェリアの独立を認める方向に進んでおり、これは世界的に広がっていた「民族自決権」の規範とも合致していたが、アルジェリアに住むフランス人とヨーロッパ入植者に強く反対されていた。この問題は、1958年5月に現地のフランス軍上層部が蜂起し、パラシュート部隊が地中海のコルシカ島を占領したことにより、危機的状況を迎えた。軍部は、「フランス解放の英雄」のシャルル・ド・ゴールが首相の座に就かない限り、クーデターを起こしパリを占領すると脅した。そもそも安定した政府を発足できていなかった国民議会は、自ら解散しド・ゴールの組閣を承認した。ド・ゴールはアルジェリア問題解決のため全権委任と憲法改正を国民投票にかけ、圧倒的な賛成により、「第5共和政」が発足した[★9]。

新憲法は、第四共和政の問題であった不安定な政権と執行能力の弱い政府

図4-4 フランス1958憲法と日本国憲法の統治機構項目によるマッチ率

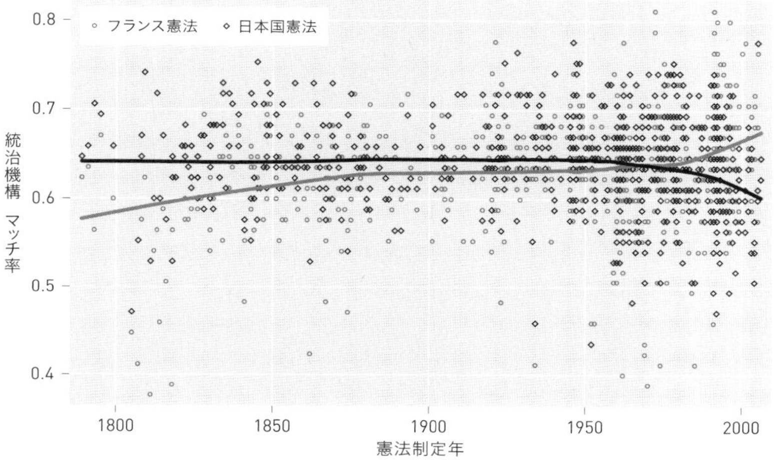

出典：Comparative Constitutions Projectをもとに計算。

の長を解決するため、議会中心主義から「半大統領制」に移行した。国家元首である大統領と、国民議会を統率し政府の長である総理大臣が権力を分けるシステムだが、総理大臣の任命権は大統領が持ち、実質的には元首（大統領）の執行権が強化され、国民議会の立法権が低下した。

行政府と立法府の権限が融合している議院内閣制に比べ、半大統領制では各機関の権力と責任を明確に規定する必要がある。その結果、第五共和政憲法は統治機構、特に国家元首＝大統領の権限を日本国憲法よりも細かく規定している。例えば、フランス憲法は元首の解任手続き（第68条）や免責特権（第67条）、または政令（デクレ＝大統領令）を行使する権限を明記している。日本では天皇が元首の儀礼的な役割を果たしているが、厳密には憲法で国家元首を規定していない。第2条で皇位は世襲制としているが、細部は皇室典範に委ねられており、第3条で国事行為はすべて内閣の助言と承認が必要としている。

制定時のフランス1958年憲法と日本国憲法の、統治機構に限定した85項目についてマッチ率を比べると、戦後を起点にマッチ率のトレンドが分岐し始めることが明確だ。前章の図3-4で紹介したように、統治機構の明記率は、人権ほどではないが、時代を追うごとに高くなってきている。その結果、フランス憲法の明確な行政府・立法府の権限に関する記述は、時代を追うごとにスタンダードになってきている。逆に日本国憲法は政治制度を法律に委ねる部分が多いので、戦前までは安定していたマッチ率も、近年低下している。

ちなみにフランス憲法は人権において、前文で1789年の「人間と市民の権利の宣言」に定められた国民の権利と第四共和政憲法で掲げられた社会権を尊重する、と記述する以外、明確な条文がない。その結果、先に挙げた表4-5からも読み取れるように、フランス憲法の人権マッチ率は、世界の「人権を明記する」トレンドから徐々に外れていき、世界の現行憲法とのマッチ率は30%ほどしかない。実質的には、憲法院がフランス人権宣言に述べられている原理に背く法律や規則を違憲とし取り消している★10。

5▸ 憲法の普遍性と改正の必要性

前章で分析した憲法項目の「明記率」と本章が注目した「マッチ率」は、異なる観点から近しい結論を導き出しており、日本にとって重要な意味を持つ。世界的に見て、憲法は人権と統治機構をより詳しく明記する傾向にあり、その結果、現在「標準的」な憲法は、より長く、より詳細に項目を規定するようになってきた。

その表れは、明記率とマッチ率の相関関係だ。現行憲法の内容で見ると、人権の明記率と日本国憲法とのマッチ率の相関は0.807で、2つの変数は正の相関をもつが、統治機構の明記率とマッチ率は−0.566と負の相関となっている。言い換えれば、憲法に明示される項目のうち、人権関連の要素が増えると日本国憲法に似てくるが、統治機構に関する要素が増えると逆になる。前章では、日本国憲法における人権関連項目の多さは規範的な意味で進歩的と表現したが、時系列的な意味でも時代を先取りしていたことが検証さ

図4-5　人権項目のマッチ率と憲法の存続割合

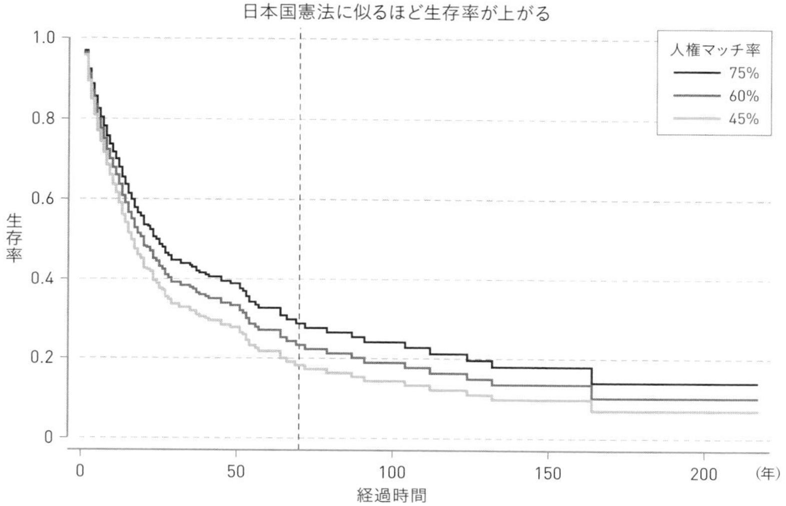

出典：McElwain and Clipperton (2014).

れたと言えるだろう。

では、日本国憲法に「似ている」ことは、どのような含意に結びつくのだろうか。前章では、より多くの人権関連項目を明記している憲法は存続年数も伸びる傾向にあることを統計的に示した。人権の明記率をマッチ率に置き換え、同じモデルを再実行すると、同様の関係性が見つかる（詳細は巻末の付録を参照）。日本とのマッチ率が平均60%の憲法が批准から70年間存続する確率は約25%である。さらに言えば、メキシコ1917年憲法のようにマッチ率が1標準偏差高い（=75%）場合、予測生存率は30%に上昇するが、スリランカ1978年憲法のように1標準偏差低い（=55%）場合には、予測生存率は20%未満となってしまう。

これらの違いは統計的に有意であり、日本国憲法と同じ権利を規定すると憲法の存続に正の効果を与えることを示唆している。

むろん、マッチ率だけを頼りに憲法改正の是非を論じるつもりはない。明治憲法は19世紀末期としてはごく標準的な内容であったが、市民の意識が高まりを見せる現代の民主主義や基本的人権の基準には及ばない。同じように、21世紀初頭の世界基準を追いかけても、50年後には時代遅れになっているかもしれない。環境権、性的マイノリティの法の下の平等、インターネット上のプライバシーなどは、今日では不可欠なものとして認識され始めているが、50年前は十分に関心が向けられていなかったか、そもそも権利として存在していなかった。

日本の見地から世界基準を志向した憲法改正の可能性を探るならば、焦点は政治制度の具体化となるだろう。表4-2が示したように、日本国憲法が世界の憲法の標準から外れ値となっている項目は、政府の長の権力や緊急事態をめぐる規定が欠如している点である。前者については、日本の場合、首相ではなく内閣に権限の大部分を留保しており、実質的にはあまり変わらないとも言える。後者の緊急事態規定に関しては、メリットもデメリットもあるので、細部についてより深く検討する必要がある。次章でこのトピックに目を向けたい。

註

★1——CCPに含まれる憲法の内容は毎年アップデートされているわけではない。本章では主に2013年時のデータを使用しているが、憲法によっては2006年前後で調査が途切れているものもある。本分析では、各憲法の最も新しいデータを使いマッチ率を算出している。

★2——例外的に、第72条で総理大臣は内閣を代表して議案を国会に提出することとしている。

★3——日本では内閣総理大臣が政府の長である。儀礼的な役割を務める天皇について、日本国憲法は国家元首として明確に規定していない。

★4——安西・巻・宍戸前掲書、10頁。長谷部前掲書、43頁。

★5——Law, David and Mila Versteeg (2012). "The Declining Influence of the United States Constitution." *New York University Law Review* 87(3): 762-858.

★6——Elkins, Zachary, Tom Ginsburg and James Melton (2009). *The Endurance of National Constitutions*. Cambridge, Cambridge University Press.

★7——Zackin, Emily (2013). *Looking for Rights in All the Wrong Places: Why State Constitutions Contain America's Positive Rights*. Princeton, Princeton University Press.

★8——初宿正典「ドイツ連邦共和国」初宿正典、辻村みよ子編著『新解説世界憲法集（第4版）』三省堂、2017年、165〜234頁。
★9——辻村みよ子「フランス共和国」初宿・辻村前掲書、235〜283頁。
★10——初宿・辻村前掲書、237頁。

第5章

憲法の対応力と緊急事態条項の是非

1▸ 危機対応としての憲法

憲法の条文は折々の状況を十分に踏まえて検討されたものに違いない。しかし制定時の憲法が、その後も十全であり続けることは困難である。それは国家が将来直面し得る状況のすべてを予測できない以上、必然と言える。そのため多くの憲法は、「不完全さ」への対応策として3つの方法を組み込んでいる。第一は憲法の改正手順を明記すること。第二は条文の細部を法律で制定・変更できるようにすること。第三は緊急事態条項を明記することで、危機対応に際し、平常の憲法の枠組みを超えた特別な権限を政府に限定的に行使できるようにすることである★1。これらの対応策は代替的でもある。詳細な規定が多い憲法は改正プロセスを容易にすべきであるし、法律で制定される規定が多い憲法は、そもそも緊急時の権限を増やす必要性は低いはずである。

本章では、第三の方法が各国の憲法でどのように規定されているかを分析する。まず19世紀から今日までの憲法データを用いて、緊急事態条項の歴史的変遷を考察する。前章でも紹介したように、世界の憲法のほとんどは緊急事態条項を明記しているが、これを日本国憲法に設けるべきか否かは議論の余地がある。緊急事態条項は国家権力の濫用を招く可能性があるため、明白な必要性がなければ、その導入提案には慎重な検討を要する。

次に、緊急事態条項を日本国憲法に付加することをめぐる現在の国内議論を分析する。自民党の発表した2012年憲法改正案を分析すると、緊急事態を宣言する手続きや政府の措置に対する監視など、詳細が明記されておらず、他国に見られる「ベストプラクティス」から逸脱していることがわかる。政府による緊急権の濫用を防ぐには、こうした詳細の規定が不可欠であり、それがなければ、緊急事態条項の目的とは異なる新たな危機を誘発しかねない。

また、日本国憲法の相対的簡潔さゆえに、政府はほとんどの緊急事態に対応する柔軟性をすでにもっていることを忘れてはならない。議院内閣制で多数代表制（majoritarian democracy）をとる現在の日本は、他の先進民主主義国より政策面での障害が少なく、緊急事態の際に政策の不一致が生じる度合いは小さい。その反面、政府与党に占められている国会が、内閣に対してチェック機能を遂行するかどうか疑問が残るため、緊急事態の要件と行使をより細かく規定する必要がある。詳細は後述するが、この問題の解決には、独立した国家機関、たとえば最高裁に緊急権を精査する権限を与えるなどの措置が必要となるだろう。

2▸ 緊急事態条項の原則

憲法は、制定時に存在する政治・社会問題や、将来生じうる問題の対処法を扱う。憲法の内容が国によって違う1つの要因は、第1章で論じたように、予期される問題が各国の歴史や社会構造によって違うからである。例えばインド憲法は、宗教や民族、カーストによる差別が国を分断してきた歴史があるので、そうした差別を禁止する規則を詳細に列挙している（14〜16条）。また、ドイツ基本法が地方分権に7000語以上を充てているのは、国家自体が、歴史的には独立していた領邦や自由都市を結合したもので、それらが1871年のドイツ統一や1919年をヴァイマル共和政を経て、連邦制として再構成されたという事情を反映している（第3章を参照）。対して日本国憲法が差別や権力分立への言及が少ないのは、とりわけ近代以降、民族紛争や宗教紛争の歴史をほぼ持たないからであり、明治維新後、中央集権主義に基づいて国家が形成されてきたからである。

繰り返しになるが、憲法起草者たちが先々起こりうる問題や危機をすべて予想することはできない以上、憲法は「不完全な契約」にならざるを得ない。冒頭でも述べたとおり、多くの憲法は予期せぬシナリオに対処するために3つの「安全弁」を備えている。1つ目は単純に憲法改正を認めること。2つ目は意図的に事項の細部は「法律で定める」こととし、関連事項を通常の立法プロセスで処理できるようにすること。法律の制定が容易か否かは三権分立の制度のありようによっても異なるが、それでも正式な憲法改正よりハードルは低い。

そして第三の安全弁が国家緊急権（緊急事態条項）を明記することである。近代立憲主義は、国家権力の制限による国民の権利と自由の遵守を主たる目的とするが、国家はその制限ゆえに、外国からの侵略や自然災害の際に国家と国民の生存に必要な措置を迅速にとることが難しくなる。緊急事態条項は、立憲主義の平時の制約に特別な「一時的例外」を認める上での具体的なガイドラインと言い換えることができる★2。

危急の事態を想定し、政府が予め準備を進めることに異論を挟む人々はいないだろう。事実、危機への行政上の対応を明確化した法律は、ほとんどの国に存在する。日本でも、国と地方公共団体が、国民の生命と財産を保護するために公的資源をいかに活用するかを定めた災害対策基本法が設けられており、国の領域と国民を守るために、いつどのような場合に自衛隊が発動可能となるかを示した有事法制もある★3。危機は、その予測可能性や短期的・長期的影響が多様であるため、変わりゆく状況に対する融通を極力認めるよう、通常の法律で明示する傾向がある。

対照的に、憲法での緊急事態条項はより抜本的なものであり、立憲主義体制に例外状況を作り出すことを目的としている。基本原則として、近代憲法は少なくとも2つの事柄を特定化する。第一に、憲法は私的な事柄に対する政府による介入を制約（自由権）もしくは要求（社会権）するものである。第二に、憲法は政治代表の選択や権威などを制定する統治機構をデザインするものである。立憲主義の下では、憲法に明記されている人権と統治機構の取り決めは、正式な（憲法）改正手続きを踏まない限り、廃棄することは不可能である。日本国憲法第98条にも記されるとおり、「この憲法は、国の最高法規であって、その条規に反する法律、命令、詔勅及び国務に関するその他の行為の全部又は一部は、その効力を有しない」。そもそも改憲が衆議院と参議院の各議員の3分の2と国民投票の過半数の承認を必要とするのは、国会の過半数の判断で変更可能な「法令」と異なり、最高法規として国民の支持の下で長期的に効力を発するためである。

緊急事態条項は特定の状況下において、定められた国家機関（主に行政府）に対し、一時的に平常の憲法の枠組みを超える権限を与えるものである。例として、緊急事態が宣言された場合、デモなどの規制（集会の自由の制限）、法律と同等の効力を持った政令の公布（立法府の権限の奪取）、政府情報の開示の制限（報道規制）、議会の事前承認無しでの軍隊の発動（文民統制の変更）などを期限付きで許すことが可能となる。これらの行動は、平常の秩序を取り戻し維持するために必要な非常処置として、合憲化されるのである。

緊急権を成文憲法で規定することの是非をめぐっては様々な見解がある。憲法による制度化は緊急権の濫用を効果的に監視・防止できるようにし、プロセスの明確化により、非常事態への迅速な対応を可能にする[★4]。また、個人の自由をはじめとする憲法の原則を否定するような強権的行為を認めざるを得ないことから、同じ憲法の中で例外の根拠を明らかにするほうが良いと考える向きもある。他方、緊急事態への対応処置は権利の保障や公共の福祉に不可欠な国家の「不文の原理（非成典憲法）」であり、あえて発動条件や効果を明文規定しなくても、その救済に必要な非常処置は肯定できる。緊急事態の混乱に乗じて、為政者が自らの地位を強化するためにその権限を濫用する恐れがあるので、一機関に通常の枠組みを超えた権力を明示的に与えるべきではないとも考えられる。

いずれの考え方にも共通しているのは、国家緊急権の濫用に対する危機感である。歴史上おそらく最も有名なケースが、1919年に制定されたドイツ国（ワイマール共和政）のワイマール憲法第48条である。そこでは共和国議会の事前同意なく緊急令を発し、一時的に基本権を停止する権限が大統領に与えられていた。1930年代初頭にヒンデンブルク大統領による度重なる緊急令の乱発のため、立憲民主主義に対する大衆の不満は増大していく。それが結果的に、ナチスの台頭と第二次世界大戦前のドイツにおける議会政治の崩壊につながっていくのである[★5]。同様の問題は、1970年代を通じて南米諸国においても噴出した。軍隊をバックに付けた大統領が、権力の集中を合法化する緊急権をその支配に用い、国家権力に歯向かう者を拘留したり、民主化運動を妨害したりしたのである[★6]。

したがって、最も重要な原則は、国家緊急権を行使できる状況と効果を明確にしておくことである。政府に付与される権限が大きいほど、ガイドラインは明確でなければならない。この点に留意した上で、緊急事態条項の原則を憲法に盛り込む際に考えるべき点が3つある。第一に、国家緊急権を発動できる具体的な状況とはなにか。第二に、そのような状況が実際に現れたかどうかの判断、より具体的には緊急事態の発動と解除を誰が行うのか。第三に、緊急に際してどのような国家機関が平常の枠組みを超える権力を発揮するのか、またそれらの権力が、どの程度、通常の人権や統治プロセスを無視できるのか、という諸点である[★7]。

3▸ 世界の憲法に見る緊急事態条項

では、緊急事態条項の内容は、各国の憲法において、どの程度共通しているのだろうか。CCPのデータセットを使い、個別の憲法との比較ではなく、より広範なアプローチを行ってみたい。具体的な例から始めよう。図5-1は、緊急事態の条項を含む憲法の割合(実線)、および最も濫用の危険がある、緊急時の人権保護規定の制約もしくは停止を含む割合(点線)の経年変化を示したものである。

緊急事態条項は、2020年時点で世界の現行憲法の91%に明記されており、今や憲法における最も共通性の高い項目の1つとなっている。ところが、緊急時の人権保護に関する規定は、かなり異なった動きをみせている。20世

図5-1　緊急事態条項と、緊急時に人権を制限する規定を含む憲法の割合

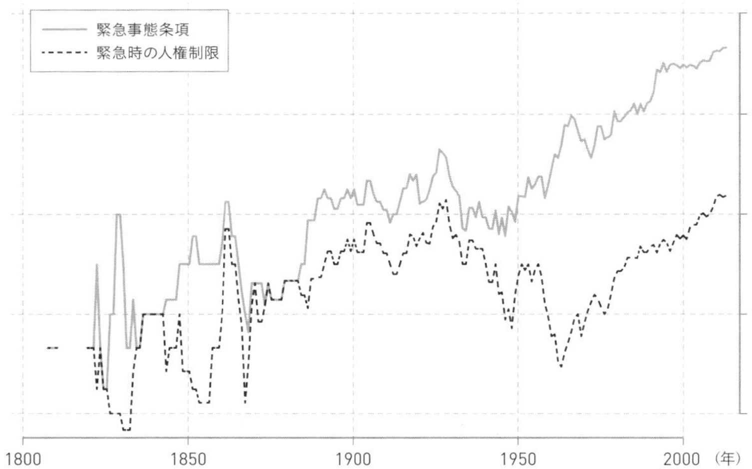

出典：Comparative Constitutions Projectをもとに計算。

紀初頭まで併行して動いてきた2つの線は、第二次世界大戦後になって懸隔を見せるようになる。現在、緊急時に人権の制限を認める憲法は全体の68%にとどまっている。これは近年の憲法起草者たちが、国家機関に過大な権力を委任することを忌避していることを示している。

国家緊急権の状況・効果・発動の三原則について、さらに詳しく見ておこう。既存研究でも、緊急権をどこまで具体的に規定すべきかについて議論が続いているが、富永は成文憲法の実状を2つに分類している[★8]。「厳格規定型」は、想定される非常事態を憲法で限定し、発動の要件や効果を明確に規定するタイプで、ドイツ基本法やスウェーデン統治法典が含まれる。もう1つの「一般授権型」では、非常事態を宣言できる状況や効果を個別に規定するのではなく、より包括的または抽象的な根拠規定で対処するタイプで、フランス憲法などがそれにあたる。

図5-2は、非常事態条項によって緊急事態を宣言できる状況のバリエーションを示したものである。最も多いのは他国からの武力攻撃および戦争状

態で、現行憲法の67%に明記されている。国家の消滅が国民の生活と財産や公共の福祉を直接的に脅かす以上、憲法起草者たちが真っ先に想定するシナリオであるのは当然であろう。

次に多いのは、内乱における内部保全である。国内の反政府勢力はテロやクーデターによって立憲主義体制の存立を脅かす可能性があるため、その論理は戦争と似ている。とはいえ、図5-2が示すように、内乱を明記しているのは現行憲法の48%で、およそ70%の憲法に規定されていた1900年代初めに比べれば減少傾向にある。これは、主として歴史的出来事、特に戦前ドイツのワイマール憲法の失敗や、1960年代の中南米諸国の独裁政権状況から学び、対応したものといえる。対外的な軍事紛争は客観的に観察しやすいが、内乱はそれより主観的な概念であり（たとえば独裁体制に対する民主化運動は内乱か否か）、権力の濫用を招きかねない。

逆に近年規定率が大きく上昇しているのが地震や津波などの自然災害時である。第二次世界大戦以前は、憲法の20%にしか規定されていなかったが、今では47%の憲法に明記されている。それは気候変動や環境の悪化によって自然災害の頻度と激しさが増していることと無関係ではないだろう。

緊急事態を宣言できる状況を「法律で定める」としている憲法は10%に満たない。緊急事態を法律で定めると、重大な権限の行使を議会の単純過半数に委ねることになるため、こうした重要なルールを憲法の枠組みから外すことはほとんどない。これは前章でも論じた、人権や統治機構の規定がより明確になっている経年的パターンにも通じる。

次に、緊急事態の際に国家機関に付与される特別な権限やその行使の制限について見ておこう。図5-1で示したように、7割弱の憲法は人権の一時制限を認めているが、多くの憲法はそれ以外の権限も認めている。表5-1に示した比率は、緊急事態条項をもつ現行憲法のうち、その際に付与される権限を明記している割合である。まず、包括的に「必要な処置を取れる」と規定している憲法は14.3%にとどまり、ほとんどはより具体的に政府権限を明記していることがわかる。より細かい緊急時の規定を見ていくと、憲法の41.5%は議会の解散を認めていない。これは、独裁的支配者の権限に対す

図5-2　憲法に規定される非常事態条項と各規定率

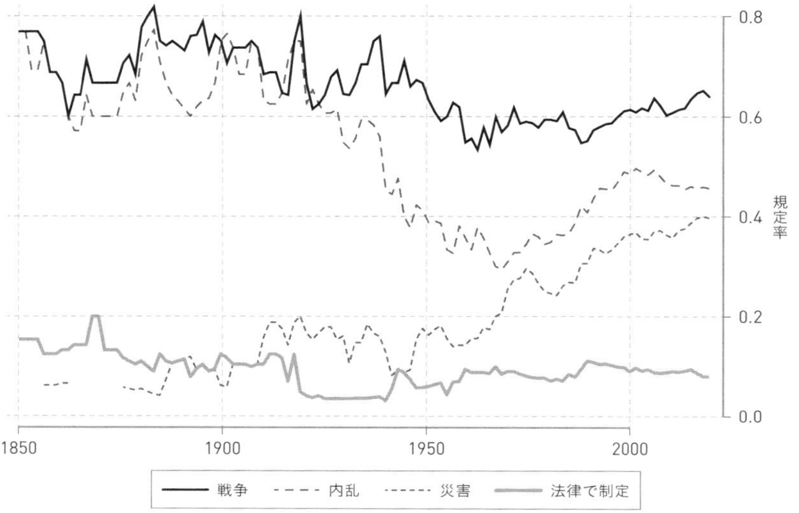

出典：Comparative Constitutions Projectをもとに計算。

る監視機能を停止させないためである。18.4%は憲法改正を禁じている。そもそも緊急事態は特別な一時的状況であり、その間に立憲主義体制を根本的に変えるようなことがあってはならないという原則に基づく。法律と同じ効力を有する政令を行政府が発することができるというのも重要な権限である（12.2%の憲法に規定）。注目すべきことに、国家緊急権の発動条件同様（図5-2）、その効果を「法律で定める」としている憲法は9.5%にとどまる。繰り返しになるが、国家緊急権は平常の立憲主義体制に対する特別な例外として規定され、その間に政府に大きな権限が付与されるため、憲法の起草者たちは、そうした権限が政府与党の単独採決で操作できないようにしているのである。

最後に、緊急事態を宣言・発動する過程を見てみよう。ほとんどの憲法は二段階のプロセスを必要とし、発議と承認の手続きが異なる。緊急事態条項を明記している現行憲法の86%は、発議は行政府が行うと規定し、6%は立

表5-1　非常事態宣言の効果と現行憲法での規定率

議会任期延長・非解散	41.5%
憲法改正不可	18.4%
必要な処置を取れる	14.3%
政府の長の政令＝法律と同効果	12.2%
法律で定める	9.5%

註：2020年時点のデータを基に計算。非常事態条項を明記している憲法の内訳。
出典：Comparative Constitutions Project.

表5-2　緊急事態の宣言と承認プロセス

権利制限あり＝68%			
宣言＼承認	無指定	政府の長	政府の長
無指定	5.7%	0.0%	4.1%
政府の長	30.3%	2.5%	50.8%
議会	5.7%	0.0%	0.8%

権利制限なし＝21%			
宣言＼承認	無指定	政府の長	政府の長
無指定	5.3%	0.0%	0.0%
政府の長	55.3%	0.0%	36.8%
議会	2.6%	0.0%	0.0%

註：2020年時点のデータを基に計算。非常事態条項を明記している憲法の内訳。
出典：Comparative Constitutions Project.

法府が行うと規定している。緊急事態が宣言される主な状況は外交や国防と関係しており、行政府がそれらの分野に最も大きな責任を有することと整合的である。承認については、51%の憲法が立法府の責任としている。この責任分担は三権分立の原則の下で、緊急事態をいつ宣言するかの決定が一機関によってなされてはならないとの判断に基づく。

強調しておきたいのは、緊急事態時に政府の権限が拡大される場合、その濫用を監視し防止する議会の役割が特に重要だという点である。現行憲法の47%が発議と承認のプロセスを行政府と立法府に振り分けている。しかし、

表5-2が示すように、政府が緊急事態時に人権を制限できると規定する憲法のうち、発議・承認を別プロセスにしているものは51%にのぼるが、制限できない憲法では37%にとどまっている。また、前者のうち、他機関の承認なしで政府の長に発議権を与えている憲法は30%しかないが、後者だと55%もある。この違いは、政府に付与される権限が大きいほど、緊急事態に関する明白な制約を強めるべきとの考え方に立つものである。

4▸ 日本国憲法による緊急事態対応と自民党草案の問題点

世界的なトレンドや他国の経験をもとに、日本国憲法に緊急事態条項を付加するメリットがあるのか、またその場合、どのような改正が理想的なのかを考えてみたい。緊急事態条項をめぐる国内議論は2000年代の終わりから盛んになり現在まで続くが、その必要性自体は60年以上前から改憲派によって主張されてきた。

Winkler (2017) による有識者や政党・政治家などが公表した憲法改正草案の分析によると、1950〜89年に公表された草案の92%が非常事態条項を明記しており、その比率は2000〜2010年には100%に達する[★9]。近年の例では、自民党の2012年「日本国憲法改正草案」に新たに第9章「緊急事態」を設けることが提案され、この一部は2017年と2021年の衆議院議員総選挙において自民党の選挙公約にも盛り込まれた。東日本大震災後、特に有事や大規模自然災害の際に国民の生命、身体、財産を保護するために政府がより迅速に対応することに関心が集まっている。2017年に自民党が提示した具体的なシナリオは、緊急事態のなかで衆議院が任期を迎え解散しなければならない場合、実際に選挙を行うことが難しいことから、衆議院解散の制限や国会議員の任期の特例を設けるというものであった。

そもそも日本国憲法に緊急事態条項が設けられていない理由は、軍国主義の歴史を鑑みたものである。大日本帝国憲法（明治憲法）では、緊急勅令（第8条）、戒厳宣告（第14条）、非常大権（第31条）、緊急財政処置権（第70条）など、緊急事態における非常措置が設けられていた。GHQの日本国憲法草案は、軍部の独走や過度の権力集中を危惧し、緊急事態に関する項目を敢えて含めなかった[★10]。代わりに、日本側の提案に基づき、現在の第54条2項に規定されている「内閣は、国に緊急の必要があるときは、参議院の緊急集会を求めることができる」制度が採り入れられた。1946年7月2日・15日の衆議院帝国憲法改正案委員会で、金森徳次郎国務大臣は国家緊急権を規定しない理由として、政府に権力を一任するのは国民の権利を侵害する可能性を生む、特殊の必要があれば臨時国会もしくは参議院を招集すれば済む、非常事態の対応は平常時から法令などで制定すべき、などを挙げている[★11]。

しかし前述したように、今日、世界の現行憲法の多くは緊急事態条項を設けている。有事や災害への対応に、平時の権力分立と人権保障を緩めることが不可欠だと思えば、立憲主義の原則を護るため、憲法の中にそれら例外の根拠を規定するのは妥当と言える。その一方で、平時の権力分立がどの程度、緊急対応の妨げとなるかの評価により、その緩和の度合いは変わる。また、権力の集中が大きければ大きいほど、濫用のリスクを考慮する必要性も増す。大切なのは、緊急事態条項が憲法に規定されているかどうかではなく、その細部がどのように成文化されているかなのである。

では自民党の2012年憲法草案に含まれた非常事態の発動手続きとその効果について具体的な内容を見てみよう。自民党の憲法草案はけっして非典型なものではない。自民党草案第98条1項に照らして言えば、緊急事態を宣言できる状況のうち、「我が国に対する外部からの武力攻撃」は現行憲法の67%、「内乱等による社会秩序の混乱」は48%、「地震等による大規模な自然災害」は47%に含まれる。なお、この3項目はドイツ基本法と同じ規定である。しかし、自民党草案にある「その他の法律で定める緊急事態」を認めている憲法は、2020年において9%しかない[★12]。

また、自民党草案第99条2項で「緊急事態の宣言は、法律で定めるところにより、事前又は事後に国会の承認を得なければならない」とされている、国会承認の必要性も、現行憲法の51%に記載がある一方、緊急事態の最中、「法律で定めるところにより、内閣は法律と同一の効力を有する政令を制定することができる」（草案99条1項）という一条を含むのは、現行憲法の12%

にすぎない。

自民党草案は、2つの点でグローバルな流れと大きく異なっている。第一は、詳細の多くが議会の単純多数で通せる法律に任されている点である。先に述べたように、国家緊急権は立憲主義体制の深刻な「例外」であり、それゆえ慎重な叙述と制限が求められる。ところが草案では、宣言状況、国会承認の事前・事後のタイミング、および政令の制定と承認などの重要な項目までもが、法令によって定めることが認められている。他の憲法の多くが緊急権の発動と効力を明示された事態に限定しているのに比べて、きわめて珍しい。

例えば、緊急事態の発動に関して同様の条項をもつドイツ基本法は第115条aで、「連邦領域が武力によって攻撃され……ていることの確定は、連邦参議院の同意を得て、連邦議会が行う。その確定は、連邦政府の申立てに基づいて行い、連邦議会議員の投票数の3分の2の多数、少なくともその過半数を必要とする」と規定している[★13]。いつ、誰が緊急権の発動を宣言し、承認するかについて、この条文に曖昧なところはない。逆に、包括的な根拠規定を持つフランス憲法は事後審査に重きを置いており、これは緊急時の権限濫用を監視する目的を持つ。具体的には、緊急事態権限の行使から30日後に、国民議会と元老院は、非常事態の状況が続いているかどうかの判断を憲法院に付託できるとなっている[★14]。事前、事後の違いはあるものの、両国憲法は行政府と立法府の権限を明確に定めている。

自民党草案の第二の特徴は、緊急時における人権の制限にある。草案99条3項には「何人も、法律の定めるところにより、当該宣言に係る事態において国民の生命、身体及び財産を守るために行われる処置に対して発せられる国その他公の機関の指示に従わなければならない。この場合においても、第十四条［法の下の平等］、第十八条［身体的自由権］、第十九条［思想・良心の自由］、第二十一条［集会・結社・表現の自由］その他の基本的人権に関する規定は、最大限に尊重されなければならない」と記されている[★15]。この条文も、裁量の余地が著しく広い。尊重すべきと記されている条項は自由権にかかわるものだが、一体、いつ、誰が、政府の行動がその条項に従っているかを決めるのかまったく明確でない★[16]。

また、内閣が制定する政令に限ると、自民党2012年草案第99条2項は「法律の定めるところにより、事後に国会の承認を得なければならない」と規定している。しかし、分割政府状態（ねじれ国会）でない限り政府与党が議席の過半数を占める国会がどの程度内閣に対する厳密なチェック機能を果たせるか、制度設計上、疑問が残るところだろう。実のところ、これは国家緊急権と日本の政治構造との間に存する根幹的な問題と関係するので、次節でより詳しく分析したい。

5▸ 立法府と行政府のパワーバランス

政治学では、実証・理論両面から統治機構が民主代表性や政策アウトプットに及ぼす影響が長らく研究されてきた。理念的に、政治制度は権限を多数派に集中する「多数決型」と、制度的な抑制と均衡を通して権限を分散させる「コンセンサス型」に分類できる★[17]。実質的な違いには複数機関の構造が関係しており、例えばレイプハルトは選挙制度、政党システム、地方分権、議会構造、中央銀行の独立など10項目で民主主義国家を類型化している★[18]。本章では、行政府と立法府の関係に注目し、大統領制と議院内閣制の違いと選挙制度が政党システムに与える影響を分析する。

大統領制では、行政府の長である大統領は有権者に直接選ばれ、義務違反や非行を事由とした弾劾以外、基本的には議会によって辞めさせられることはない。その代わり議会を解散する権限も有さないので、立法府とは構造的に独立している。また三権分立の下、行政府と立法府の権限、例えば大統領拒否権や大統領令による立法権限の有無が憲法で明確に記されていることが多い★[19]。大統領の出身政党が議会少数派（分割政府）の場合、議会で可決された法案に対する拒否権など、独立した権限は重大な影響力を持つ。

議院内閣制の場合、政府の長（首相）は議会から選ばれ、また議会の不信任投票により罷免されうるので、その地位を保つためには議会の賛同が不可欠であり、影響力は議会での支持と直結している★[20]。例えば一政党が単独過半数を持つ場合、その党首が大抵総理大臣となり、党内権力を掌握していれば、政策が否決されることも不信任案が可決されることもほとんどない。逆に、どの政党も過半数を持たず、連立を余儀無くされた多党連立内閣だと、総理大臣は他党の政策選好を考慮する必要があり、実質的には権力が分立される★[21]。過半数を持つ単独政党に支持された総理大臣は行政・執行能力への制約が少なく「多数決型」だが、連立政権は「コンセンサス型」で、複数の政策プライオリティを調整せざるを得ない。

ここで大切なのは、選挙制度が議席配分に与える影響である。1つの選挙区から1人の候補者が当選する小選挙区制の場合、二大政党制になりやすいが、比例代表制で選挙区定数が増えると当選に必要な得票率も減り、多数政党制になりやすい★[22]。

日本の政治システムは多数決型に近い。立法府と行政府の権限が分立する大統領制と違い日本は議院内閣制であり、機関間のチェックアンドバランスが比較的弱い。日本国憲法第67条で首班指名においては衆議院が優越を与えられているので、実質的に衆議院の判断で総理大臣は指名され、その支持を維持できれば内閣も安定する。日本では、自民党が結党された1955年以来、限られた時期を除き衆議院において一政党が過半数を握ることが通例となってきた。1994年に小選挙区比例代表並立制が導入されて以降、この傾向はより顕著になり、与党が衆議院で過半数を獲得することは決して難しいことではなくなった。少数政党も比例代表部分で議席を獲得することは可能だが、465議席中289が小選挙区制で決定されていることから（2021年時）、多数決型な傾向が強い。

さらに、憲法上の権限ではないが、1990年代から行われてきた統治機構改革によって、内閣の実質的な影響力の強化が進んだ★[23]。第一に、1994年の政治改革四法、特に小選挙区比例代表並立制や政党助成金の導入により、党内派閥の候補者調整や選挙運営への影響力が減り、相対的に党首の権力が増した★[24]。第二に、政治メディア（特にテレビニュース）の政党党首への注目が増えたことで、有権者の目も党首に向かうようになり、人気がある党首は、自身の集票能力をバーゲニングチップとして党内の権力争いに使えるようになった★[25]。第三に、1998〜2001年の中央省庁再編に伴い設置された内閣府は、他省庁や自民党部会からのボトムアップに基づく政策提言に頼らない、独立した政策の企画立案や調整の権限を得た★[26]。こうして総理大臣を長とする行政府の、政党や立法府からの独立性は、とりわけ2000年代に入ると目覚しく向上した。

多数決型に対する歯止めの1つは、参議院である。参議院は比例代表制の議席比率が多い分、一政党が過半数を占めるのは難しく、政党間の譲歩が必要となる。これは世論を反映する意味でとても大切な役割を担っている。過去5回の衆議院選挙（2005〜2021年、第44〜49回総選挙）では第一党は議席の過半数を取得しているが、参議院は1989年以来、過半数を占める政党がない（選挙制度については次章で詳しく分析する）。日本国憲法は、予算の議決・総理指名・条約締結において衆議院の優越を認めているが、それ以外の立法において参議院の否決を覆すには、衆議院で3分の2以上の特別多数で再可決する必要があり、結果として政権の安定には衆議院と参議院、両方で多数の支持が必要となる★[27]。さらに、内閣によって解散されない参議院は、政権に対するチェック機能を果たし、国政の民主的運営に貢献している。実際、日本が1990年代後半から2010年代半ばにかけて何度か経験した、与党が参議院で過半数を欠く「ねじれ国会」は、立法が滞る「決められない政治」と比喩されることもあったが、権力の濫用を危惧するという観点においては、現状の制度は適切と言えるだろう。

6▸ 国家緊急権の必要性と形

緊急事態条項の問題は、ときに行政上もしくは業務上のテクニカルな事柄として描かれることがある。しかし、その中心的な目的は、人権や統治機構に対する超法規的例外を与えることにあり、緊急事態条項の存在は世界中の憲法の多くで共通すると同時に、行政府による権限の拡大は、いつ、どの程度制限されるべきかが、詳細に規定される傾向も存在する。その意味からすると、自民党による2012年憲法改正草案は、緊急事態の施行手続きと効果に関する条項に「法律で定める」という表現が頻繁に見られることからもわかるように、その曖昧さが際立っている。

日本では、単一与党に支えられた内閣に対する制度的制約が弱いため、他国（特に大統領制や比例代表制をとる各国）に比べれば、迅速かつ多くの政策決定が可能な統治構造を有している。その点では、緊急事態の対応に憲法上の「例外」が必要なのか明確でない。

実際、緊急事態条項を憲法に付加することには、一般市民もある程度の理解を示しているが、求めている規定は比較的限定的なものである。読売新聞の憲法世論調査（2018年4月30日）によれば、「緊急事態の際、選挙を延期して現職議員の任期を延長できるようにすべき」には75％が賛成したが、「緊急事態における政府の責務や宣言を憲法改正により条文で明記する」に賛成したのは29％にとどまっている。有権者の多くは危機対応の制度への不満はあるが、それを憲法上の問題とは必ずしも捉えていないことがわかる。国民の憲法観、特にコロナ禍による緊急事態条項を含む憲法に対する世論の変化については、第7章で詳しく説明する。

それでも国家緊急権を設けようとするなら、2種類の補完的な解決策がある。第一は、緊急事態の発動基準やその際の行動を精査できる権限を最高裁判所に与えることである。それは「最高裁判所は一切の法律、命令、規則又は処分が憲法に適合するかしないかを決定する権限を有する終審裁判所である」という、日本国憲法第81条に記された最高裁の権力に関する規定とも整合的である[★28]。事実、日本の最高裁は統治行為論の観点から、政治的な事柄への関与を自制する傾向もある。しかし、緊急事態の審査を（フランス憲法のように）国会議員の10～20％で要請できるようにすれば、開かれた議論と透明性につながり、濫用も難しくなるだろう。

第二には、緊急事態時に参議院を自動的に招集するよう憲法で規定することである。緊急時の国会議員の任期延長については近年たびたび議論されているが、これには危険な側面がある。選挙の延期は有権者の意思を問う機会を延期することと同義であり、これを認めると、緊急事態に対応できず国民の支持を失った政府が政権を維持することに道を開きかねない。日本国憲法

第54条2項ですでに、国に緊急の必要があるとき、参議院の緊急集会を求めることが可能になっており、議会が機能できないことはない。

憲法改正の目的は、通常の法律では対処不可能な困難な問題を解決することにある。それが政府のあらゆる部門を縛る最高法規を変更するものである以上、改正は、不測の事態と効果に目を向けつつ、慎重に考慮されなければならない。緊急事態条項に関する論争は、日本国憲法第9条や天皇制のようなイデオロギーに直結するものではない。立憲主義体制の例外となる権力が認められることを念頭に、適切なチェックとバランスの識別ができるよう、歴史的な事例と比較の文脈から、多いに学んでいく必要があるだろう。

註

★1――緊急時に政府機関が非常処置をとれる権限を、概念的に「国家緊急権」と言う。それを実定化したものを「緊急事態条項」もしくは「非常事態条項」と呼ぶ。

★2――芦部前掲書、376頁。

★3――有事法制には武力攻撃事態対処法や自衛隊法などが含まれる。

★4――富永健「国家緊急権の法制化について」関西憲法研究会編『憲法論叢』3号、1996年、81頁。

★5――石田勇治『ヒトラーとナチ・ドイツ』講談社現代新書、2015年。

★6――Loveman, Brian (1993) *The Constitution of Tyranny: Regimes of Exception in Spanish America*. University of Pittsburgh Press.

★7――これら3項目は、衆議院憲法調査会事務局資料の「論点メモ」でも規定事項としてまとめられている（「緊急事態」に関する資料（2013年：衆憲資第87号））。

★8――富永前掲論文、78頁。

★9――発表：Winkler, Christian G. (2017) “The Amendment Debate through Public Eyes” at *Constitutional Revision Conference 3: Debating Japan’s Constitution: On the Streets, In Parliament, and In the Region*, Harvard University.

★10――当時の資料によれば、GHQは原則として英米法に基づき、「非常時の際には、内閣のエマージェンシー・パワー（emergency power）によって処理すべき」と考えていた（衆憲資第87号、7頁）。

★11――衆憲資第87号、14頁。

★12――緊急事態状況の規定を法律で認めている憲法には、スペイン1978年憲法とフィンランド1999年憲法という例がある。

★13――初宿・辻村前掲書、219頁。

★14――初宿・辻村前掲書、254頁。

★15——［　］内の説明は筆者による付記である。

★16——日本国憲法第73条はすでに内閣に政令を制定する権限を与えており、もし法律の委任があれば、罰則を設ける事も可能としている。結果、国会の（法律を通して）事前の了解があれば、国家機関の指示に拘束力を加えられる。しかし、これでは通常の憲法の枠組み、特に人権保障に制約されるため、緊急時に特別な権限を行使するのであれば、緊急事態条項が必要となりうる。

★17——粕谷祐子『比較政治学』ミネルヴァ書房、2014年。

★18——レイプハルト前掲書。

★19——レイプハルト前掲書、99頁。

★20——粕谷前掲書、11章。

★21——レイプハルト前掲書、7章を参照。

★22——厳密には、小選挙区制＝二大政党制の定義は単純多数制に限られる。選挙制度と政党制の因果関係については、粕谷前掲書、第9章を参照。

★23——Estevez-Abe, Margarita (2006). "Japan's Shift Toward a Westminster System: A Structural Analysis of the 2005 Lower House Election and Its Aftermath." *Asian Survey* 46(4): 632-651. 安西・巻・宍戸前掲書、288頁。

★24——Krauss, Ellis S. and Robert J. Pekkanen (2011). *The Rise and Fall of Japan's LDP: Political Party Organizations as Historical Institutions.* Ithaca, NY, Cornell University Press.

★25——この傾向は他国でも観察されており、政党の大統領化とも呼ばれている。参考：McElwain, Kenneth Mori and Michio Umeda (2011). "Party Democratization and the Salience of Party Leaders." *Journal of Social Science (Shakai Kagaku Kenkyu)* 62(1): 173-193. Krauss, Ellis S. and Benjamin Nyblade (2005). "'Presidentialization' in Japan? The Prime Minister, Media, and Elections in Japan." *British Journal of Political Science* 35: 357-368.

★26——竹中治堅『首相支配——日本政治の変貌』中公新書、2006年。

★27——竹中治堅『参議院とは何か 1947〜2010』中公叢書、2010年。

★28——世界の現行憲法の6%が憲法裁判所に非常事態を精査する権限を与えている。

第 6 章

日本国憲法と選挙制度

1 ▸ 「一票の格差」はなぜ続くのか

日本国憲法の構造的な特徴は、統治機構の細部を法律に委ねている点にある。Dixon and Ginsburg (2011) は、憲法設計者が権利や政治制度を立法に委ねる理由として、次の2点を挙げている。第一に、誤った権利や制度を選択することによって生じる長期的な問題(エラーコスト)を懸念している可能性がある。第二に、憲法を完成させる期限がある場合、設計者は、特定の細部をめぐる難解な対立によって生じる憲法公布の遅れ(決定コスト)を軽減しようとする★1。しかし、規律密度を下げることで変わりゆく社会・政治情勢への段階的な適応が可能となっている一方、民主代表制の根幹的ルールのデザインが、本来それによって制約される側であるはずの国会議員に任されることになっている。結果として、議会の多数派が、政府の選定方法や権力分立に関する規定を自らに都合の良いように操作することも可能である。そのため、議会の多数派の決定が(少なくとも)民意を侵害しないような仕組みを構築することが極めて重要である。

民主的な政治制度の中では、この誘惑を抑制するメカニズムが2つ存在する。1つは、権力の分立によって制度改定のハードルを上げることである。例えば、議院内閣制の下では、議会の多数派に立法権が集中するが、大統領制の下では、立法府と行政府両方の同意が必要となる。あるいは二院制を採用することで、異なる選挙制度によって選ばれた上院議員と下院議員の両方の制度改正への合意を要件とすることができる。さらには、憲法に統治機構の詳細を明記し、改正の要件を単純多数以上とすることもできよう。2つ目のメカニズムは、選挙を通じた責任追及である。仮に統治機構の操作を実行できたとしても、有権者がそれを改悪と認識し、それによって次回選挙で票を失うリスクがあれば、政権与党は統治機構の操作を躊躇するだろう。

しかし、これらの抑制メカニズムは必ずしも十分ではない。特に問題なのが、政治家と有権者のインセンティブが乖離しやすい選挙制度である。まず、有権者は選挙の結果は注視していても、選挙制度自体に興味を持つとは限らない。一部の有権者が既存制度やその変更を問題視したとしても、政権与党は、制度自体を自らに有利なように操作することで、選挙における責任追及を回避することが可能である。有権者によって「雇用」されている政治家の多くにとって、「解雇」は避けるべきリスクである。市民に寄り添い、良い政策を立案・執行することで選挙を勝ち続けることが本来は最善策であるかもしれないが、上記の理由から政治家が「雇用」のためのルール（選挙制度）を変えて再選を容易にしようとする動機は常に存在する。雇用のための制度を従業員自らが変えられる業種は他にあまり見受けられない。

本章では、日本において民主主義の根幹である選挙制度が歪曲されるリスクは他国よりも高く、そのため憲法上の歯止めを設ける必要性が高いことを主張したい。日本の政党システムは長きにわたり、農村部を票田とする自由民主党と、都市部に支持者が集中する複数の左派政党（旧社会党、旧民進党、日本共産党など）から構成されてきたが、こうした支持層の相違のために、政党間で望ましいと考える選挙制度が異なっている。戦後の人口移動で都市部の有権者数は増え、農村部の人口は減少したが、自民党にとっては、票田である農村部の過大代表による「一票の格差」を是正するインセンティブは弱い。また、過度な選挙活動規制により、現職議員に有利な選挙運動システムが構築されてきたが、既存政党——特に長く政権与党を務めてきた自民党——にとって、規制緩和によって新しい政党が活躍できる土俵を作るメリットは少ない。

選挙制度の歪曲が長年問題視されてきたことは、最高裁判例から見て取ることができる。日本国憲法第47条は、選挙制度のデザインに関して国会に広く裁量を認めているが、「一票の格差」は法の下の平等（第14条）、選挙運動の規制は表現の自由（第21条）に抵触している可能性が指摘されてきた。これらに関する訴訟は度々起こっているが、最高裁は法令違憲判決をなかなか下してこなかった。三権分立の原理に鑑みれば、他の国家機関の選定ルールへの干渉に司法が消極的であることは、必ずしも不適切ではない。しかしながら、これまで高い頻度で訴訟が起こされてきた事実は、戦後日本において、選挙制度の操作に対する政治的・法的懸念が共有されてきたことを意味している。

本章では、現行選挙制度の弊害と、それを解消するために必要な憲法改正について検討する。どのような選挙制度も、それによって利益を受ける者と不利益を受ける者の両方を生み出すため、有権者や政治代表者のそれぞれが適切と思うルールは、彼らの政治的・社会的・経済的立ち位置によって異なる。ここでは、選挙とは「市民の利益をよりよく反映する政府の選定」がその最上位の目的であるとの前提に立ち、一票の格差と選挙運動規制の問題点を検証する。

まず、現行選挙制度の様々な偏りを認める一方、これらは公共の福祉を維持するための副産物であるか、あるいは弊害があっても、その度合いは限定的であると解釈してきた最高裁の判断は問題であると主張する。最高裁の判断とは異なり、政治学の実証研究においては、一票の格差は都市部の過少代表を生み、選挙運動規制は有権者が候補者・政党について学ぶ機会を不当に奪っていることが指摘されている。これらの結果として、効果的な国政の運営が損なわれており、現行制度は世論を最大限反映する選挙制度とはいえない状況が続いている。

次に、日本国憲法をどのように改正すれば、選挙制度の操作を抑えられるか、比較憲法データを用いて検証する。特定の集団や議員に有利な制度設計は他国でも見受けられるが、それを限定する方法も他国の事例から学ぶことができる。本章で提言する解決策は、日本国憲法第47条に対する「最小限の憲法改正」を通して、制度設計に司法の介入を明示的に認めるものである★2。

投票の価値の不平等を是正するのに最も有効なのは、ノルウェーの憲法に見られるように、議員定数配分の計算方式と頻度を憲法第47条に明記することである。これにより、定数是正や選挙区区割りに関する議会の裁量を狭め、最高裁が違憲性を判断する基準を定めることができる。

選挙運動の規制に関しては、選挙制度設計において、「表現の自由」の優先を規定することが解決策となりうる。表現の自由が制限されていることは、選挙制度の問題点として最高裁も指摘してきたが、これまでの判例では、憲法第47条で認められている国会の広い裁量が優先されてきた。この裁量に、具体的な権利の保護という枷を加え、過度な選挙運動規制に最高裁が介入する法的根拠を作ることで、立法府と司法府のバランスをより均等にすることが可能となる。

日本に限らず、有権者から直接選ばれていない司法府は、民主的に選出される立法府の選挙ルールに介入することを躊躇しがちである。しかしながら、立憲民主主義の下では、最上位の目的は国民の権利の保護であり、統治機構はあくまでそれを達成するための手段である。権利の行使を妨げる制度を是正するためには、憲法を解釈する権限を持つ司法が積極的に介入する必要がある。とりわけ選挙制度に関しては、そのルールによって選ばれる立場である議員にだけ設計を任せることは多大なリスクが伴う。故に憲法上、三権分立がよりよく機能するための改正を提案したいと考える。

2▸ 日本国憲法における選挙制度の位置づけ

選挙制度は、国会議員がどのような選出母体の代表者になるのかを左右する。粕谷が論じるように、具体的な地域の利益を追求する代表を求めるのであれば、国を細かな選挙区に分けるほうがよく、地域を横断するイデオロギー（大きい政府か小さい政府か、など）や社会的属性（労働者、民族など）の代弁者を求めるなら、広い選挙区で行う比例代表制が適しているだろう★3。

表6-1　憲法での選挙制度規定

項目		日本国憲法	CCP：規定％
下院	選挙制度	×	48.4
	議員定数	×	70.7
	議員任期	45条：4年	88.2
	多選制限	×	11.8
	クォータ	×	12.9
上院*	選挙制度	×	37.0
	議員定数	×	59.0
	議員任期	46条：6年	79.5
	多選制限	×	12.8
	クォータ	×	25.6
選挙運動	公的補助	×	14.0
	費用規制	×	10.8

* 上院は選挙で議員が選ばれるケースに限る（N=30）。
註：サンプル（N=65）：ポリティ指標＝6以上。CCP2013年時データ。

しかし、政治代表者は、有権者の利益と自己の再選を天秤にかける立場にあるため、制定時の選挙制度を永続的に守るとは限らない。極端な例ではあるが、どの地域でも51%の票を得られる大政党には、小選挙区制度を採用することで、理論上、100%の議席を勝ち取ることが可能である。逆に、40%の票しか得られない対立政党からしてみると、この小選挙区制では1つも議席を獲得できないことになるが、比例代表制であれば40%近くの議席を取りうる[★4]。こうした異なる「理想的」な選挙制度を求める政党が共存する場合、制度の歪曲を防ぐ最善の解決策は、憲法に関連規定を明記することであろう。このような防波堤は、多数派による搾取や迫害を恐れる少数派・マイノリティにとって特に重要である。選挙制度の操作により代表者の数を削減されるリスクを抑えるには、それを難しくする憲法での制度規定を求めるのが合理的であろう。

表6-1は、民主国家の憲法において、下院（日本の衆議院）と上院（日本の参議院）の選挙制度関連項目が具体的に規定されている割合（2013年時）と、日本国憲法における同様の規定の有無を示している[★5]。おおよそ憲法は議員定

数（下院＝71%、上院＝59%）と議員の任期（下院＝88%、上院＝80%）以外に、深く立ち入らない傾向にあるが、全体的には上院よりも下院の制度をより細かく規定している。下院の具体的な選挙制度を規定している憲法は48%で、上院は37%にしか満たない。実際運用している選挙制度による違いは特になく、下院の場合、小選挙区制の規定率は50%で、比例代表制だと53%になる。また、選挙運動の制限と費用の限度額（11%）や公的な助成金の有無（14%）も、ほとんどの憲法で未規定である。クォータ（人種や性別による議席割当）を指定している憲法も少ない。

表6-1の変数のうち、日本国憲法に明記されているのは議員の任期だけで、衆議院は解散選挙がないかぎり4年、参議院は半数改選で6年としている。日本に限らず、全体的に憲法での選挙制度関連規定は必ずしも多くないが、日本国憲法で注目すべきなのは、未規定項目の組み合わせである。先進国（OECD加盟国）で両院の選挙制度と議員定数の両方が法律に任されているのは、日本以外、フランスとオーストラリアだけである。しかし、その両国では、制度的な抑制と均衡を大統領制（フランス）と連邦制（オーストラリア）によって保っているため、国会議員による利己的な制度操作は容易でない。日本のみが、制度的抑止力が弱い議院内閣制であるにもかかわらず、選挙制度を憲法で規定していないのである。

結果として、日本では大小の選挙制度の改正が繰り返し行われてきた。公職選挙法は、1950年の制定以降、63回改正（2021年時点）されており、それには、1994年の衆議院議員選挙での小選挙区比例代表並立制の導入や、1983年と2000年の参議院議員選挙・全国区の改変も含まれる。また、1994年には、選挙区区割り案作成を独立機関に委任する「選挙区画定審議会設置法」や、政党の活動を国庫交付により助成する「政党助成法」も施行された。これらの制定要因や影響については後述するが、有権者が候補者を選ぶ過程や、その票がどう議席に変換されるかといった点について、戦後日本では、憲法改正なしでも改定が可能な状況が続いてきた。

憲法が選挙制度を規定しないことによる弊害はあるのだろうか。まず、間接民主主義における選挙は、「市民の利益をよりよく反映する政府の選定」

を目標とすると定義しよう[★6]。その目的を達成するためには、全市民は良心に従い自由に投票する権利を持たなければならない。また、特定の有権者が優遇されるのを防ぐためには、収入、性別、人種、教育水準などによって一票の価値が偏ることがあってはならない。さらに、投票先についてより良い判断を下すためには、候補者による自由で公正な選挙運動を保障し、有権者が彼らの質や政策目標を知ることができる状況を作らなければならない。

これらは民主主義の基本要件であるため、憲法で保障すべき優先項目である。実際、日本国憲法においても、投票の秘密を侵してはならないという点に関しては規定が存在する（第15条4項）。また、公務員は普通選挙で選ぶものとし（第15条3項）、選挙人の資格は「人種、心情、性別、社会的身分、門地、教育、財産又は収入によって差別してはならない」と保障している（第44条）。選挙運動についても、直接は言及していないものの、表現の自由の下（第21条1項）、候補者には選挙において発言の自由があるとされている。第三者機関として大切な役割を担うメディアについても、検閲の禁止（第21条2項）で報道の自由が確保されている。

しかし、現状日本の選挙においては2つの問題によって、「市民の利益をよりよく反映する政府の選定」が妨げられている。それが、地域間の票の平等の歪みと過度な選挙運動の制限である事については既に指摘したとおりである。以下では、まず政治学の観点からこれらの弊害の程度を分析し、次に憲法学の観点からその法的妥当性を問う。最後に、必要最低限の憲法改正による解決策を提案する。

日本国憲法は、選挙制度の設計について、立法府に広い裁量を認めており、特定の候補者・地域・集団に有利な統治機構の操作を可能としている。そのため司法は、明確な弊害や偏りの証拠がない限り、介入を敬遠しているのが実情である。そのため、上記の2つの問題を解決するには、政治学で広く行われている選挙の実証分析と、最高裁判例を読み解く憲法学の理論の、両方の知見が必要だと考える。

3▸ 「一票の格差」の本質

「一票の格差」とは、議員定数（1つの選挙区から選ばれる議員の数）に対する人口の不均衡を指す。例えば、2つの同じ定数の選挙区で、1つは有権者数が10万人、もう1つは5万人の場合、最大最小比（もしくは最大較差）を2：1と計算する。「一票の格差」は衆議院、参議院共に抱える問題点だが、ここでは議院内閣制にとって重要な意味を持つ総理大臣指名権において、優位を有する衆議院に着目する[★7]。

日本における投票の価値の不平等は、政府による積極的な作為によるものではなく、向都離村型な戦後の人口移動に対処しなかった不作為に起因する。議席配分の基盤は1947年の中選挙区制制定に遡るが、当時の一票の価値の最大較差は1.51倍であり、つまり、過少代表されている選挙区の有権者数は、過大代表されている選挙区より51％多いだけであった[★8]。しかし、戦後の（再）産業化に伴い、農村部から都市への人口移動が続き、年を追う毎に「一票の格差」は悪化していった。1960年の時点では、都市部に住む人口比率は63％に過ぎなかったが、1980年には76％、2000年には79％と増加し、現在では92％にも上る[★9]。このような都市化が進んだ場合、定期的に定数を再配分しなければ、選挙区間の「一票の格差」は広がり続ける。なお、中選挙区時代（1947～93年）と小選挙区比例代表並立制時代（1994年～）では、政治的・憲法的な「一票の格差」への対処法が異なるため、以下の説明では区分を設けた上で分析する。

公職選挙法第13条は、10年ごとの国勢調査を基準に、投票価値の不平等を改善するため、議席の再配分を要求している。しかし中選挙区時代には、区割りの改定を提案・執行する政府から独立した選挙委員会がなく、「一票の格差」の限界値も法令で明文化されていなかった。この制度の下で長らく続いた自民党政権時代、選挙区間の人口不均衡の是正を目的とした定数再配分は、1964年、1975年、1986年、1992年の4回行われた。後述するように、これらの再配分は、最高裁の違憲判断を見越して先取りした、あるいは違憲判断の後に対処したものであり、与党自民党自身が望んで行ったわけでは必ずしもなかった★[10]。

諸外国では、選挙法によって区割り・定数配分のルールを明確に指定している場合が多いが、その基準は人口比だけとは限らない。Handley and Grofman（2008）によれば、区割りの基準には、選挙区間の人口最大格差を優先するものもあれば、山や川のような自然の境界、特定の宗教や民族マイノリティの保護、行政区画との兼ね合いなど、人口以外の要素を考慮するものもある★[11]。オーストラリアやカナダのように、選挙区の設定を独立した行政機関に任せ、政治代表者（被選挙人）の介入を防ごうとする試みも存在する。被選挙人の裁量が最も狭いノルウェーでは、憲法に議会の定数、選挙区の数、選挙区の人口と面積を考慮した定数配分の計算方法が具体的に規定されており注目に値する。

これに対して日本では、法令による明確なガイドラインや中立的な第三者機関による監督が、中選挙区時代にはなかったために、投票価値の不平等が放置されていた。図6-1は、各選挙区の有権者数（選挙時）の、中央値に対する比率を計算したものである★[12]。この図では、1以上の値は中央値より人口が多い（人口過多）、つまり議席が過少配分されていることを示す。各選挙年には「箱ひげ図」が描かれており、「箱」は25〜75パーセンタイル（第1、第3四分位点）、「ひげ」は外れ値以外の最小・最大値、丸は外れ値を示している。

図6-1から、中選挙区制時代には外れ値が数多く存在しており、全体の傾向を表す「箱」と「ひげ」の幅は年ごとに広がっていることがわかる。これは、この時代に「一票の格差」が悪化したことを物語っている。一方で、1994年に小選挙区比例代表並立制（並立制）が導入されたタイミングで、「一票の格差」はかなり是正されたことも図6-1から見て取ることができる。この点については後で詳しく説明するが、こうした変化の主な要因は、1994年に設置された衆議院議員選挙区画定審議会（区画審）に、2倍以内の最大較差を基準とした定数配分・区割り案の策定が委託されたことである。

粕谷（2015）が論じるように、国会議員に選挙区の代表という役割を求める場合、この種の地理的不均衡は、議会の構成を国民の縮図から遠ざけてしまうことに繋がる★[13]。繰り返し述べてきたように、これに対して法令違

図6-1　戦後の衆議院議員総選挙における一票の格差

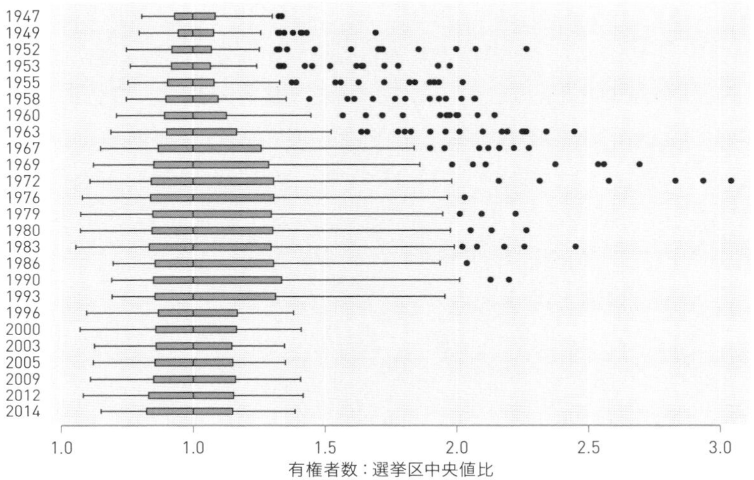

出典：Reed-Smith Japanese House of Representatives Elections Dataset（JHRED）をもとに筆者計算[★14]。

憲の訴訟が何度も行われ、最高裁も衆議院に関しては、違憲2回と違憲状態5回の判決を下している。しかし、最高裁の基準は他国に比べて緩く、中選挙区制では最大最小比3：1、並立制では2：1の一票の格差を許容してきた[★15]。

◆格差が放置されてきた政治的要因

「一票の格差」が長年放置されてきた政治的要因は2つ存在する。1つは、単独政権を長年維持してきた自民党にとって、票田である農村部が過大代表されれば、人口移動による絶対得票数が減少しても、議席を保つことが可能だという現実である。図6-2は、自民党の得票率（選挙区単位）を縦軸、選挙区の人口密度を横軸に描いたもので、自民党支持層がいかに農村部に集中しているかを示している[★16]。人口密度と自民党得票率の相関関係は、中選挙区制の−0.75に対し、小選挙区比例代表並立制の採用後は−0.48へと弱まったが、それでも地域格差はいまだに顕著である。McElwainは、「一票の格差」

図6-2　人口密度と自民党得票率

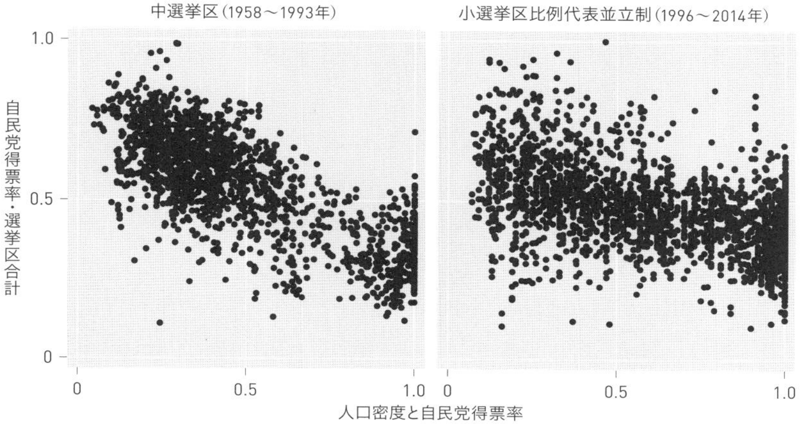

自民党得票率は自民党推薦＋公認候補の得票率を合計。
出典：JHRED.

がなかった場合の平均得票率（選挙区単位）を計算し、中選挙区制では自民党の得票率が2～3%上乗せされたと分析している★[17]。

「一票の格差」が放置された2つ目の要因は、自民党内の反発である。中選挙区制では各選挙区に3から5議席が割り当てられたため、過半数を目指す大政党は、同一選挙区内に候補者を複数人擁立していた★[18]。有権者の目を引くため、大政党（特に労組のような組織基盤を持たない自民党）の候補者は、政党の魅力に依存するのではなく、個人の資質や適格性、後援会組織の規模を基盤とした「個人票（personal vote）」を伸ばそうとした。こうした候補者の選挙資本は選挙区を地理的な単位としていたため、選挙基盤を分裂し票田を混乱させることになる区割り改正に議員たちは難色を示した。同時に、「一票の格差」を是正するためには農村部の定数を削減する必要があったが、そうなれば選挙区定数は現職議員の数を下回り、自民党候補者は椅子取りゲームを強いられることになる★[19]。たとえ違う選挙区に落下傘候補として移ったとしても、地盤に根を張る個人票を失い、大きな不利益を被ることが予想されたため、反発は必至であった。

1994年の衆議院議員選挙区画定審議会の導入は、表向きには選挙区定数と区割りを党利党略から解放した。区画審は10年ごとの国勢調査を基に、「一票の格差」を2：1以内にするよう、選挙区の区割りと地域ごとの定数配分を提案する[★20]。作成された改定案は、総理大臣に勧告されたのち、国会によって議決されることとなる。当初の基準は、まず各都道府県に小選挙区議席を1つ設け、残りの議席を都道府県に人口比例配分する、いわゆる「一人別枠方式」がベースであった。

理論的には、中立である審議会の設立は、与党や現職に有利な偏りを防ぐはずであったが、実際には、その区割り改定の基準そのものが、農村部の過大代表が近年まで維持される要因となった。まず、一人別枠方式は、人口が少ない都道府県にも必ず一議席を割り振るので、純粋な比例配分ではなく、農村部に人口比以上の議席が割り当てられることとなった[★21]。同方式は後述する最高裁判決で憲法に適合しないとされ、2012年に廃止されたが、実質的に各都道府県に一議席が配分されている状況は2021年現在も続いている。

また、区割り案は、人口以外にも多数の基準を満たさなければならないが、こうしたその他の基準によっても、結果的に「一票の格差」の低減が難しくなっている。衆議院議員選挙区画定審議会設置法第3条は、選挙区人口の最大最小比を2倍以内にすると同時に、行政区画、地勢、交通等の事情を総合的に考慮し、区割りを合理的に行うことを求めている。これらの基準を全て満たすことは難しく[★22]、結果として、区画審は、国会で承認されやすいように、変更を最小限に留め、人口不均衡が2：1以内に辛うじて収まるような区割りを提案する傾向にある。

この「最小限の区割り」のために、「一票の格差」の大小とは別に、改定の頻度の問題も生じている。というのも、10年ごとに議員定数をギリギリ2：1以内に補正しても、都市化・郊外化はその時点で止まるわけではない。(国勢調査の5年後に行われる)簡易国勢調査の人口配分データを使い、「一票の格差」を再計算すると、10年に満たないうちに最大僅差2倍のラインを超えている場合が多く、再び新たな是正が必要となる。

この繰り返しは、多くの有権者に混乱を招く結果をもたらしている。1996年小選挙区比例代表並立制導入後、初めての選挙区改定が行われた2002年には、最大較差を2.573倍から2.064倍にするため、300選挙区のうち68の区割りや統合が必要とされた。さらに、2013年には最大較差を2.524倍から1.998倍にするために42選挙区が変更され、2017年にはまた最大較差を2.176倍から1.956倍に抑えるために97選挙区が改定された★23。この都度、多くの有権者は、前回選挙と異なる現職議員や政党の良し悪しを判断することを強いられたのである。

2013年の選挙区改定によって、全有権者の11％（約1160万人）が影響を受け、2017年には、さらに多い34％（約3590万人）が、前回の選挙後に改定された選挙区で一票を投じた★24。選挙を通じた有権者による審判は民主主義の根幹であり、その達成のためには、有権者に安定した選挙環境を提供することが望ましい。しかし、議会に選挙区設定の裁量を与えると、こうした党利党略に基づく、高頻度かつ最低限の改定につながる可能性があることを、1990年代以降の日本政治史は雄弁に物語っている。

投票価値の不平等を改善するには、党派性や党内力学に影響されない定数配分や区割り改定のメカニズムが必要だが、これは政治的な理由から容易ではない。1994年に並立制が導入された後も、多くの政治家は後援会組織の拡充を重要視しているため★25、区割り変更にはいまだに反対の声が上がるのが現状である。大都市郊外の人口増加により、農村部以外の選挙区是正も必要となっており、区割り変更を行えば、不均衡を2：1以内に抑える最小限の改定であっても、結果的に多くの選挙区に影響が及ぶことになる。

では、これらの課題を解決するため、政治的に中立である（べき）司法を頼ることは合理的なのだろうか。次項では、司法の見解や役割を詳しく検討する。

◆ 司法の見解

政治家は、選挙で落選し職を失うリスクを抱えているからこそ、有権者の声に迅速に対応するインセンティブを持つ。しかし同じ理由で、党利党略や保身のために選挙制度を操作する誘惑も存在する。この誘惑の芽を未然に摘み取るためには、権力分立による抑制と均衡が必須であり[★26]、その役に最も適しているのは、選挙のプレッシャーや党派性から原則として独立している司法府である。

司法が選挙制度に介入する度合いは、国によって異なる。例えば、アメリカの合衆国最高裁は判例で、合衆国下院の選挙区の場合、同じ州内では一人一票の原則を守る必要があるとしている[★27]。州内の不均衡はこれで改善されたが、例えば地方公共団体の境界や地理的要因のような人口以外の区割り基準を無視してもよくなったため、ゲリマンダー（特定の政党や候補者が有利になるような選挙区の区割り）という新たな弊害が生まれた[★28]。アメリカでは州議会が区割りの権限を有しているが、もし裁判所がその内容に異を唱えれば、裁判所自体が選挙区区割り案を提示できる仕組みになっている。

日本の最高裁判所は2020年までに「一票の格差」をめぐり、衆議院について14回、参議院について15回、計29回の判決を下している。そのうち、「一票の格差」を法令違憲とした判断が1976年と1985年の2回あり、違憲状態だという判断は8回ある[★29]。「一票の格差」は、最高裁が最も多く違憲判断を下したトピックであり、これは政府の行動が日本国憲法に抵触する場合が多かったことを表している。

立法府と司法府がこの点において対立するのは、日本国憲法に、互いに緊張関係にある条文が存在するためである。憲法第43条2項と47条は、国会の定数と選挙制度について、立法府に広い裁量を与えている[★30]。

> 第 43 条 2 項　両議院の議員の定数は、法律でこれを定める。
> 第 47 条　選挙区、投票の方法その他両議院の議員の選挙に関する事項は、法律でこれを定める。

一方で、憲法14条1項の「法の下の平等」は、各選挙人の投票の価値の平等も意味している。問題は、「一票の格差」が、どこまで第14条の保障を妨げているかである。ここでは最高裁の判例から、司法の認識を読み解こう。

第14条　すべて国民は、法の下に平等であって、人種、信条、性別、社会的身分又は門地により、政治的、経済的又は社会的関係において、差別されない。

1972年衆議院議員総選挙の最大較差4.99：1に関する1976年4月14日の判決で、最高裁は初めて「一票の格差」に違憲判断を下した★31。判決では、一般原理として、憲法は投票価値の平等を要求するとしたものの、それは唯一絶対の基準ではなく、地勢・自然の境界などの非人口的要素も考慮できるとされた。しかし、最大較差4.99：1は一般的に合理性を有していないだけでなく、憲法上要求される「合理的期間内」＝「社会的変化に対応する時間内」の対処さえ達成できていないと判断した★32。

1976年の最高裁判決は、①投票価値の不均衡の度合い、②合理的期間内に政府が是正したか、の2つの基準が重要であることを示した★33。しかし、最高裁はどちらにも具体的な限界値を設けなかったため、基準はその後の判例から推測するしかない。例えば、1985年最高裁判決では4.40：1を違憲としたが、1988年には2.92：1を合憲としている★34。既存の判例からは、概ね3対1程度の許容基準が推察されるが、なぜ3倍は憲法第14条の法の下の平等に反さず、4倍は反するのかなど、違憲基準は不明確なままである★35。

小選挙区比例代表並立制が導入された1994年以降、争点は定数の不均衡から投票価値の不平等の原因となった「一人別枠方式」へと移行した★36。新たに制定された区画審設置法第3条1項は、最大較差を2対1未満と規定したが、これによって、日本でも初めて明確なガイドラインが生まれた。しかし、この法律に反して格差が2倍以上になっても、最高裁は違憲判決を下すことを躊躇し、1999年、2001年、2007年の最高裁判決では、2：1以上の格差を合憲とした。こうした状況が変化したのは2011年最高裁大法廷判決で、最大較差2.304：1の不均衡をもたらした一人別枠方式が、初めて「違憲状態」とされた★37。同判決も、人口以外の諸要素の考慮と国会の裁量権を認めるという点で前例を踏襲しているが、一人別枠方式は、選挙制度改革当時の大規模な選挙区変動の激変緩和処置としてのみ合理性を有するのであって、10年以上たった時点では、投票価値の平等に反していると結論づけた点で新しい★38。

翌年の2012年12月16日衆議院議員総選挙は、同じ「違憲状態」の区割りの下で行われた。解散直前に、小選挙区を5議席減らし、一人別枠方式を廃止する公職選挙法改正が成立していたのだが、対象となる小選挙区の区割りや有権者に対する周知が間に合わないため、この選挙では採用されなかったのである。これに対して全国の弁護士グループが一斉に訴訟を起こし、14カ所の高等裁判所で「違憲」もしくは「違憲状態」の判決が出た。しかし最高裁は、2013年最高裁大法廷判決で、2.43倍に膨れ上がった最大較差は違憲状態であるとしつつも、合理的期間内に是正が行われなかったとは言えないとし、選挙自体は有効と判断した★39。ここでは、43条2項と47条をもとに、投票価値の平等は選挙制度の仕組みを決定する絶対の基準ではないという判断をしたことになる★40。

◆解決の方策

議席数の削減や選挙区の境界の変更は、現職議員にとって死活問題となるため、政治的な理由から、その実現は困難を伴う。小林(2012)が指摘するように、小選挙区制の下での定数是正は、当該小選挙区の区割りだけではなく、周辺の小選挙区にも必然的に影響を与えるため、多くの政治家の強い反発を招きやすい★41。

とはいえ、小選挙区比例代表並立制導入後は、大規模な区割りの改定が行われた結果、「一票の格差」は中選挙区時代に比べかなり小さくなり(図6-1を参照)、様々な政治的偏りも改善され始めた。Horiuchi and Saito (2003)の分析によると、1994年の選挙制度改革後は、補助金予算が以前に比べてより人口比に比例して配分されるようになったという★42。1996年から2009年までの選挙結果を分析したMcElwain (2012)も、「一票の格差」が特定政党の得票に与えるバイアスが減少したことを実証している。しかし、政策面の偏りは全て払拭されているわけではなく、小林 (2012) は、いまだに選挙公約、国会発言、予算配分・執行などにおいて、過大代表されている農村部の選挙区に重点が置かれていると指摘している。

ここで問題となるのは、「最大較差2倍以内」の基準が妥当だとしても、毎回行われる「かろうじて2倍以内」の議席配分が、十分な対応と言えるか否かである。農村部の過大代表を保ちたい自民党にとって、必要最低限の是正に留めるインセンティブは強い。しかし、そのような最低限の対応では、人口移動によってすぐまた2倍以上の格差が発生してしまうので、選挙が行われるたびに区割りを変えなくてはならない。有権者にとって選挙区が変わるということは、現職議員や対立候補も入れ替わることを意味するため、それが繰り返されると、民主制の根幹である「選挙を通した責任の追及」が困難になる。極端な解決策として、細かく分かれた選挙区をなくし、参議院の全国区やオランダの下院のように、全国を一選挙区とした比例代表制を導入すれば、「一票の格差」はゼロになる。しかし、政党の分裂を招き、また小政党に有利となるこのような制度変更に、主要政党が賛同するとは考えにくい。

辻村 (2015) は近年の「一票の格差」関連判決について、3つの問題を提起している[★43]。1つ目は、「一票の格差」を是正しなければならない「合理的期間」＝タイムリミットをかなり柔軟に捉えていること、2つ目は立法府裁量の許容範囲が広いこと、3つ目は、地理や行政区画のような非人口的要素の重視が「一票の格差」の維持や拡大につながることである。他国の事例と比較すると、第三点は世界的にみて珍しくはなく、またそれを認めなければ、アメリカの選挙区区割りにおけるゲリマンダーのような別の問題も発生しかねない[★44]。逆に第一、二点は共に第47条に起因しており、より根本的な問題である、自己に有利な選挙制度を志向する政治代表者のインセンティブと、憲法に基づく有権者の権利との間の対立に関係しているので、この点の解決策に注目したい。

筆者が提案する解決策は、「一票の格差」の限界値を規定するのではなく、ノルウェー憲法のように、定数配分のルールとタイミングを憲法に明記し、政治的裁量を狭めることである。ノルウェー憲法第58条は、住民1人＝1ポイント、面積1平方キロメートル＝1.8ポイントとして選挙区毎にポイント数を計算し、国内19の選挙区に、総ポイント数と比例する形で、8年ごとに定数（下院総数は169）を配分することを規定している[★45]。

全く同じ計算方式を日本で採用する必要はないが、定数配分のルールを憲法で規定することによって、利己的な制度操作を防ぐことができる点は注目に値するだろう。また、現状の定数が配分ルールに反しているかどうかが明確になるため、最高裁が介入する根拠も明瞭になる。ノルウェーでも、具体的な選挙区の単位は法令に委ねられており、基本的には県を基準としているが、日本では配分基準を47都道府県、あるいは現行の比例代表11ブロックなどにすることが考えられる。肝心なのは配分の計算式であり、農村部への配慮として面積によるポイント数の比重を増やすなど、憲法改正に必要な国会と国民の合意を得るために、計算方法を調整することも可能だ。

この改憲の大きな目的は、これまで行われてきた、ぎりぎりの定数是正の繰り返しを避けることにある。そのためには、最大較差が許容範囲の限界値よりも低くなるように、実際の定数配分方式を設定する必要がある。選挙区の改定は国勢調査後にのみ行うとした場合、区割りや定数の変更は10年間効力を保つことになる。しかし、10年後まで最大較差を2倍以内で維持するためには、人口移動を考慮し、改定時の格差を1.5倍以内にするのが好ましい。最大較差の許容範囲を変えれば、定数配分ルールをより厳しく、あるいは緩くすることも必要であろう。

4 ▸ 選挙運動の自由

効果的な代表選出を阻む2つ目の障害は、選挙運動の過度な規制である。「一票の格差」は議席を獲得するために必要な得票数に影響を及ぼすが、選挙運動規制は世論形成と投票行動自体に直接関係する。新聞やテレビニュースも、政治に関する情報を広める役割を果たしてはいるが、有権者が投票先を選ぶ上で必要な、選挙区ごとの情勢を十分に伝えられるとは限らない。選挙運動は、有権者が選挙の争点と候補者・政党の特性や政治的意見を知るための重要なメカニズムなのである★46。

表現の自由の観点から見れば、選挙運動はなるべく制限しない方が良いということになるが、一方で、全く規制しないことから生じる問題も存在する。最大の懸念は、政治家が献金者に対する利益誘導を行い、汚職や賄賂が蔓延する、いわゆる「金権政治」だろう。同様に、裕福な候補者が選挙運動の資金繰りで有利になり、有権者の間に選挙が不公正だという不信感が生まれると、民主代表制への信頼も揺るぎかねない。また、選挙広告や決起集会などは社会的性格があり、他者にとっては迷惑に感じられる場合もあることに留意しなければならない。

選挙運動の制限は、ある意味で「情報規制」に類似した性質を持つことから、特定の候補者や政党に有利な土俵を作り、民主代表制の質に影響を及ぼす可能性を秘めている。一般に、与党や現職議員は、国会での法案審議や立法活動などを通してメディアの注目を浴びやすく、野党や対立候補者より知名度が高い。有権者にある程度のリスク回避指向があり、よく知らない候補者を避ける傾向があれば、厳しい選挙運動規制は現職議員や与党候補者を優遇する結果に繋がり、逆に緩い規制は対立候補や野党に追いつく機会を与えることに繋がる★47。そのため、認知度や政治資金といった選挙資本の規模において異なる諸々の政治アクターに、それぞれ選挙法を操作するインセンティブが生じることとなる。

選挙運動規制のあり方は、国や時代、利用可能なテクノロジーによってかなりの差があるが、Elklit and Svensson (1997) はその性質を、選挙の「自由」と「公正」を優先する度合いで分類している★48。選挙の「自由」とは、有権者が候補者を選択する自由と機会、また被選挙人が立候補し競争する自由を指し、規制や国家の介入が最小限に留まっている状態が「自由」であるということになる。これに対して選挙の「公正」とは、ルールが全候補に適用されるだけでなく、候補者間の平等が確保され、不当な競争が回避されるなど、公共の福祉が優先された状態を指す。

この尺度で測ると、日本の選挙運動規制は、かなり「公正」側に偏っているといえる。公職選挙法は「べからず選挙」と呼ばれるように、原則として選挙運動を包括的に禁止し、その禁止から除外されるものを法文に規定する形をとっている[★49]。公選法の規制には事前運動の禁止（第129条）、戸別訪問の禁止（第138条1項）、情勢調査の公表制限（同2項）、ポスターやビラなどの配布に関する文書図面規制（第142～147条）、報道・評論の規制（第148条1項）などが含まれる。

公選法は1950年に制定されたが、その内容は1925年の普通選挙法を引き継いでいる。普通選挙法においては、成年男性の選挙権の導入に加え、戸別訪問の禁止や文書図画の制限のような、新しい選挙運動と費用の規制も規定された[★50]。厳しい規制により、選挙妨害や暴力を抑制するのが、こうした規定の名目上の目的であったが、Siniawer（2008）は、これらが新政党や新人候補が有権者と接する機会を制限する、現職議員の保身策でもあったと分析する[★51]。

1950年に施行された公選法は、戦後の民主化・自由化の気運に逆行し、戦前の選挙運動規制を踏襲した。特に現職議員は規制緩和に反対し、自身が政策審議や立法活動に時間を割かなければならない中、対立候補は有権者の勧誘にだけ専念できることを危惧した[★52]。公選法の規範的根拠は、「公平な選挙」を「表現の自由」よりも優先することだが、同法は結果として非現職の野党（左派）候補者に不利な選挙制度をもたらした。例えば保守政党は、戸別訪問を禁止することで、党員が多く労働組合に頼ることも出来る左派政党の人海戦術（有権者の動員）を封じた。また、文書図画の規制は、政党機関紙（例：日本共産党の「しんぶん赤旗」）を使った選挙運動と政治資金集めを難しくした。

2021年までに公職選挙法は63回、関連する政治資金規正法は9回改正されており、特に1990年代までの改正は、選挙運動をより厳しく規制するものが多かった。問題は、日本の最高裁判所がこれらの制限をいままで合憲としてきたことである。選挙運動の自由は憲法第21条で保障されている「表現の自由」に含まれるが、最高裁は選挙の公正を理由としてそれを制限することも許されると解釈している[53]。ここでは、現行の過度な選挙運動規制の政治的要因と司法の見解を分析する。

◆選挙運動規制の政治的要因と国際比較

選挙運動は、有権者がもつ情報の量と質を左右し、投票行動に影響を与える。有権者は新聞やテレビ、候補者の選挙公報や街頭演説など、様々な情報源を頼りに投票先を選ぶ。選挙運動の手段を規制するということは、選挙の争点や候補者の政見などの情報を入手しにくくし、有権者がよりよい代表を選ぶことを困難にする。

全ての候補者や政党の情報が、全ての有権者に対して同じように減少するのであれば、規制による選挙結果への影響は限定的であるかもしれない。しかしながら、実際には規制の影響には偏りがある。まず、対立候補は現職議員に比べ、選挙時以外にメディアで扱われる頻度が低く、公設秘書などの公的リソースも有しない。潜在的な人気が高くても、選挙運動を通して政見や特性を有権者に訴えない限り、知名度を上げ、票を動員することは難しくなる。特に、選挙期間中にしか政治に関心を持たない有権者にとって、選挙運動の影響力と重要性は大きいといえる。

政治学・選挙研究の実証分析においては、対立候補（非現職）の選挙運動は得票に結びつきやすいが、現職候補の活動は得票率との相関関係が弱いことが指摘されている。特に、候補個人の資質や活動（personal vote）が争点になる選挙制度ほど、選挙運動効果の非対称性が大きくなることが知られている。アメリカの研究では、Gerber（2004）が政党帰属意識や候補者の知名度が低いほど、候補者の選挙運動支出は得票に正の効果を与えることを示した[54]。また、Jacobson（1990）の分析によれば、選挙運動支出によって、有権者の対立候補に対する態度が、不支持から支持に変化する確率は高くなる[55]。イギリスの選挙でも、野党の対立候補の選挙運動支出が得票率に与える影響は、与党の現職議員のそれより大きいとされている[56]。

選挙運動は民主主義にとって大切なメカニズムであるとしても、無制限な運動には公共の福祉を損なうリスクも伴う。諸外国でも、選挙運動の技術的進歩、特にテレビ広告の影響力の増大に伴い、選挙費用は急速に膨れ上がっていった。同時に、草の根党員数の減少は、政党の利益団体献金への依存度を強める結果をもたらしている[★57]。特定の地域・団体への便宜の供給が汚職スキャンダルにつながるケースも少なくはなく、それが政治資金規制の厳格化や政党助成制度の誕生の契機ともなった。イギリスでは、地主や政治家による選挙人の買収や脅迫が問題となり、1883年に候補者支出の制限（Corrupt and Illegal Practices Prevention Act）が制定された[★58]。フランスにおいては、選挙経費の上限が設定されると同時に、法人・企業献金の重要度を減らすため、政党交付金が1980年代後半から導入された[★59]。

一方で、費用ではなく、許された選挙運動の方法を制限するという対策も取られた。多くの国は、コストが特に高いテレビCMによる選挙広報を規制している。アメリカ、オーストラリア、カナダのように私費（個人資金）でのCMを認めているケースもあれば、スイスとノルウェーのように全面的に禁止している国もある。フランス、アイルランド、スペインとイギリスでは、テレビ広告は政府から割り当てられた時間のみ許可されている[★60]。日本では、街頭演説や立会演説会の参加者の減少に伴い、1969年にNHKでの政見放送が始まったが、それらの長さや回数は厳しく制限され、国会議員選挙と都道府県知事選挙にしか実施されないことになっている[★61]。政党による自費CMは、投票の呼びかけを含まなければ合法とされているが、候補者個人のテレビ広告は依然として禁止されたままである。

さらに根本的な制限方法は、選挙運動が行える期間を限定することである。選挙期間を法律で明確に規定している国は少ないが、選挙運動費用を使える時期（例：ベルギーだと選挙前4カ月から100万ユーロ[★62]）などを設定している例は存在する。世界的に見れば、選挙運動期間前に有権者とのコンタクトを制限している国はほとんどないが、日本は様々な種類の選挙運動を禁止しており、衆議院議員総選挙では、選挙前12日間しか候補者は有権者に投票を促すことができない。

日本では、1950年代後半の金権政治や汚職スキャンダルの発覚後、公職選挙法と政治資金規正法の改正が相次いだ[★63]。1958年選挙では1万921件あった公職選挙法違反件数は、1960年には17万1777件に急増し、贈収賄の件数も8209件から1万3346件に増えた[★64]。しかし、そのピークから違反件数が少しずつ低下した要因が2つある。1つは、連座制の拡大により、親族や秘書による公職選挙法違反でも候補者の当選が無効とされるようになったため、抑止力が強化されたことである。2つ目は、選挙制度改革により、従来の候補者を中心とした選挙から、政党や党首を軸とする活動への移行が進んだことである。特に、1996年の衆議院議員総選挙から導入された小選挙区比例代表並立制は、選挙費用の高騰と公選法違反の運動の原因となっていた、党内競争を抑える結果をもたらした[★65]。

戦後の公職選挙法改正は、罰則を増やすことで汚職の件数を減らしたが、同時に選挙運動の過度な規制は、現職議員に有利なシステムを作り上げる結果ももたらした。ここでは、「市民の利益をよりよく反映する政府の選定」という理念にそぐわないと考えられる規制をいくつか紹介する。1つ目は、戸別訪問の禁止である。戸別訪問とは、候補者や支持者が有権者の家庭へ出向き、直接話したり資料を配ったりする行為を指す。「招かれざる客」という側面から、人によっては「迷惑行為」と捉えられるかもしれないが、これは有権者が候補者に直接意見し、人柄や熱意について知る数少ない機会でもある。しかし、戸別訪問は時間と人件費がかかるため、日本共産党や公明党のように党員が多い政党に有利であり、人海戦術が必ずしも得意ではない自民党からは長く拒絶されてきた。

2つ目は、立候補する際に払わなければならない膨大な供託金である。現在の制度では、衆議院議員選挙で小選挙区にのみ立候補する場合は300万円、比例区単独もしくは小選挙区と重複して立候補する場合は600万円を事前に支払う必要がある。これは勝つ見込みがない泡沫候補の乱立を防ぐことが目的とされているが、現行政治を憂いて立候補を志す一個人が衆議院解散から公示までの2〜3週間で容易に集めうる金額ではない。一定の得票数（選挙区候補者の場合、有効得票数の10%）を得れば供託金は返還されるが、政党で考えれば、289選挙区（2021年時）すべてに（比例と）重複立候補者を立てるためには、17億3400万円を用意する必要があることになる。Harada and

Smith (2014) の研究によると、供託金は泡沫候補者よりも主要政党の立候補を減らす傾向にあり、じつのところ、そもそもの趣旨からもかけ離れていることがわかる★66。

3つ目の例は、選挙運動が解禁される公示後には、メディアや調査会社による情勢調査の公表が禁止されていることだ。この規制は、調査結果の公表が、優勢だと報じられた候補者への票の集中や劣勢候補の票の減少を招くなど、選挙の公平性を害する危険性があるからとされている。しかし、効果的な代表制という観点から見れば、これは首を傾げずにはいられない。選挙とは、自らが求める政策を最も効果的に実現できる候補者を有権者が選ぶ大切な機会である。落選した候補者や泡沫候補への投票が政策実現に結びつかない以上、選定にあたっては、候補者の政策提言だけでなく、その候補者が当選する可能性があるかどうかも考慮する必要があろう。選挙期間中の情勢情報の規制は、有権者が知る必要のある情報を不当に制限していることになる。

最も根本的な問題は、公示前後に適用されるルールが異なることである。前述したように、ほとんどの国では、選挙期間以前に候補者が有権者とコンタクトを取ることを制限していないが、日本ではこれが概ね禁止されている。例えば、公示前に有権者に投票をお願いすること、ビラやポスターの配布、新聞広告を載せることなどは不可能だが、公示後は限定的に可能である★67。

選挙期間がある程度長ければ、公示前の規制はさほど選挙結果に影響しないかもしれないが、衆議院議員選挙の場合、この期間は12日しかない。公示日は初めから12日だったわけでは無く、戦後から少しずつ短縮されてきた。公選法が制定された1950年には、国政・都道府県選挙の運動期間は30日であったが、衆議院に関しては1958年に20日、1983年には15日へと短縮され、1994年には現在の12日となった。同時期に、参議院と都道府県知事選挙の選挙運動期間は17日、都道府県議会議員選挙は9日に短縮されている。

この選挙規制の最たる受益者は、政権与党である。Stevenson and Vavreck

(2000) の多国間比較によれば、選挙期間を6週間以上・以下で分けた場合、前者の方が、マクロ経済指標 (失業率、インフレ率、GDP変動) が政党の得票率に与える影響が強い★[68]。有権者が経済動向を知り、政党間の論争を聞く機会を奪うと、その情報が投票行動に与える影響も減じられる。

日本においても、選挙期間の短縮や運動方法の制限は、知名度が低い新人候補の参入を妨げることが知られている。McElwain (2008) は、1955年から1993年の自民党一党優位体制下において、もし衆議院議員選挙の運動期間が25日間に保たれていた場合、現職議員の再選率は低下し、結果として自民党の初敗北は1993年ではなく1980年であったはずだと結論づけている★[69]。

日本の選挙において、候補者が当選するには「三バン」＝カバン (お金)、地盤 (支援団体)、看板 (知名度) が必要だと長年揶揄されてきた。特に地盤と看板の重要性は、選挙期間中に有権者の支持を得る難しさを反映しており、勝敗は選挙前の資本に左右されていることを物語っている。しかし、投票先を決めていない無党派層が増えている近年、選挙期間を長くして有権者に情報を提供し、投票を促す機会を増やすことは、「効果的な代表」の選出のために大変重要であろう。

◆司法の見解

選挙運動の規制に全く合理性がないわけではないが、政治家は自らが生き残るために選挙制度を操作するインセンティブを有するため、度々論じているように、不当な規制が行われる可能性は常に存在する。その歯止め役を担う司法は、現行制度を概ね合憲としてきたが、ここで最高裁の判断基準や根拠を検証してみよう。

Pinto-Duschinsky (2001) が詳細に分析しているように、多くの国の憲法裁判所は、厳しい選挙運動規制は表現の自由を侵害するという理由から、これを違憲としてきた★[70]。例えば、オーストラリア労働党が1991年にテレビを含む電子メディアでの政治広告を禁止した際、高等裁判所はこれを正当性のない政治的コミュニケーションの侵害と断じた★[71]。同様に、アメリカ合衆国最高裁判所は、選挙費用の制限は言論の自由に反すると判断している。Buckley v. Valeo（424 U.S. 1 , 1976）では、連邦選挙運動法（Federal Election Campaign Act）の選挙費用制限は、修正第1条で保障されている、民主主義の根幹たる「政治的表現（political expression）」の自由を侵していると判決した★72。

これとは対照的に、日本の最高裁判所は、選挙ルールの設定における立法府の裁量を広く解釈している。日本国憲法第21条は表現の自由を保障しているが、最高裁は選挙におけるその制約を合憲としている。その主たる根拠は、①公正な選挙の追求には合理性があり、②表現の規制による弊害は許容範囲を逸脱するものではない、というものだ。例えば1955年の最高裁判決では、選挙公示後の無制限なパンフレットやポスターの配布は不当な競争を招き、自由で公正な選挙を害すると判断した★73。さらに1969年には、事前選挙運動の規制は、経済力の差による不公平の改善に繋がるため、日本国憲法第21条に違反せず、公共の福祉に合致すると判定した★74。

第 21 条　集会、結社及び言論、出版その他一切の表現の自由は、これを保障する。

これまで幾度も論争を生んできたのは、戸別訪問の禁止規定である。最高裁は、戸別訪問が選挙の公正を害する可能性があるとして、その禁止を合憲と判断してきた。1981年の判例では、禁止は意見表明の内容の制約を目的とするものではなく、具体的な表現手段の間接的・付随的規制に過ぎないとした★75。規制は有権者の生活の平穏を害する行為や利益誘導を未然に防ぐことを目的としており、戸別訪問禁止によって得られる利益と失われる利益を天秤にかけてもなお、自由で公正な選挙を目的とした立法手段との間に合理的関連性があるという解釈を示したのである★76。

これらの判決に共通しているのは、「合理的関連性」の解釈の幅が広いことだ。最高裁の「自由で公正な選挙」の概念には、贈賄や汚職の防止だけではなく、選挙費用の軽減による機会の平等も含まれ、それが表現の自由を制限する根拠にされている。「一票の格差」判決と同様、日本国憲法第47条は選挙制度設計に関して国会に広い裁量を与えているため、裁判所はこの問題に率先して介入することを躊躇することが多い。例えば、1981年最高裁判決における伊藤正己裁判官の補足意見では、選挙とはあらゆる言論が必要最小限度の制約のもと自由に競い合う場ではなく、法の定めたルールを各候補者が守ることによって公正な選挙が行われる場である、との考えが示されている。言い換えれば、ルールが中立に適用されるのなら、合理的とは考えられないような特段の事情がない限り、立法府が「自由」より「公正」を優先することには問題がないという理解である[★77]。

この解釈の問題点は、「ルールの中立的な適用」を公正な選挙の最低条件とするのではなく、その目的としていることである。政治アクターは、党利党略のための制度操作を行う場合であっても、有権者の目を気にして公共の福祉や選挙の公正といった大義名分を掲げる。その最たる例は、近年まで制限されていたインターネットでの選挙活動である。公職選挙法第142条は、選挙運動を目的としたビラやパンフレット以外の文書図画の配布を禁止しており、総務省は当初、インターネット上のウェブサイトなども、こうした文書図画に当たる可能性があるとの見解を示していた。

総務省の解釈は2002年に多少変化し、政治情報をインターネットで配布することは、公示前は許されても、公示後は公選法に接触するとした。結果として、公示前には候補者や遊説先の情報を自由に書き換えられるが、公示後はFacebookやYouTube、ウェブサイトなどのアップデートは許されないという非常に奇妙な制約が生まれた。インターネット上の選挙運動は2013年になって基本的には解禁されたが、現在でも候補者や政党は直接有権者にメールを送ることはできない。

では、インターネット上の選挙運動を制限することで、どのように「選挙の公正」が促進されるのだろうか。1つには、「デジタル・ディバイド」と呼ばれる、インターネットを利用できる者とできない者との間に生まれる情報格差への配慮がある[★78]。1996年に総務省が初めて見解を示した時点では、気軽にインターネットにアクセスできる人口がまだ少なかったことから、情報格差に配慮してインターネットでの選挙運動を制限するという論理は、かろうじて許容できた。しかしながら、その後、インターネットが格段に普及したにもかかわらず、規制が2013年まで続いたことについては合理的な説明ができない。インターネット上の活動は、他の選挙運動に比べてコストが低く、また有権者にとっても好きな時に情報にアクセスができるため、率先して解禁すべき手法だと考えられる。シニカルに解釈すれば、比較的高齢者の多い農村部を票田とする与党が、インターネットのインフラが整っており、若い有権者が多い都市部に重点を置く野党にとって有効な選挙活動を制限したと読むことも可能である。

結局、最高裁がこの問題について判断する機会を得る前に、インターネット選挙は解禁された。しかし、公選法で明確に許されていない新しいテクノロジーは、これからも生まれ続けるだろう。選挙運動の規制は、有権者が情報を得る権利と候補者が情報を伝える権利の両方を侵害するため、どの種類の制限も慎重に行う必要がある。繰り返しになるが、選挙で選ばれた者が選ばれる基準を決定できる制度になっているかぎり、代表者は有権者の責任追及を逃れるために選挙制度を操作するインセンティブを有する。司法がこれに介入しないということは、民主主義の根幹を脅かすリスクを黙認していることと同義である。

◆解決の方策

辻村は、現行の選挙規制は、選挙違反を前提に考案された選挙法のパターナリズムだと批評している★[79]。インターネット選挙の例が示したように、許されている選挙活動と禁止されている選挙活動の境界を定める基準が明確でないのも問題である。Carlson and Reed (2018) 曰く、公選法違反とされる活動の多くは、実際には合法的な活動と内容的に酷似している★[80]。例えば、選挙候補者はボランティアにお茶を振る舞うのは許されているが、コーヒーには「金銭的価値」があるため、その提供は禁じられている。ビラを配るのは良くても、うちわは許されていない。このような正当性や一貫性に乏しいルールは、有権者や候補者の混乱を招き、またそれらの制止にリソースが割かれることで、より本質的な問題である買収などの取り締まりが難しくなる側面がある。

ただ、選挙運動規制の問題が「一票の格差」問題と異なるのは、世界の憲法があまり参考にならないことだ。民主主義国家（ポリティ指標＝10）の憲法で、選挙費用の制限と監査や政党助成金の有無を明記しているのは、ギリシャ、ポルトガル、チリだけであり、かつこれらの国々でも、規制の細部は法律に委ねられている。結果として、憲法上の「選挙運動の自由」を、「公正な選挙」を目的として法令でどこまで制限できるのかについては、司法の判断が重要な役割を果たすことになる。

最高裁判所は、憲法の番人としての役目を負っているのであるから、有権者の政治知識や関心を削ぐ規制について積極的に介入するべきである。しかし、「一票の格差」同様、根本的に解決しなければならない問題は、日本国憲法第47条で立法府に与えられている裁量の広さである。前例を踏襲する司法はなかなか解釈を変えないため、最高裁の判断に対してその都度異議を唱えるだけでは、抜本的な解決にはならないと考えられる。より建設的な解決策は、憲法改正により、第21条で保障されている表現の自由の位置付けを強化し、民主主義の根幹である政治的コミュニケーションの自由を確立することである。

そのために、筆者は、日本国憲法第47条に以下の新たな条項を加えることを提案する。

（現行）第47条　選挙区、投票の方法その他両議院の議員の選挙に関する事項は、法律でこれを定める。

（新設）　2項　この場合においても、第14条、第21条、その他の基本的人権に関する規定は、最大限に尊重されなければならない。

これは第5章でも紹介した2012年自民党憲法改正案に含まれていた、緊急事態時における国家機関の指示の制限に関する規定に類似している。憲法第14条は法の下の平等（「一票の格差」に関連）、第21条は集会・結社・表現の自由に関する条文で、特に21条は戸別訪問の禁止等の最高裁判例において、47条と共にしばしば引き合いに出されているものだ。

前節で紹介した「一票の格差」の解消案に比べて、この案は2つの理由から、意図的に曖昧な形に留めてある。1つは、選挙運動の自由と公正を天秤にかけた場合、前者を優先するべきであるとしても、時代背景や利用可能なテクノロジーによっては、選挙運動が自由化されることで、選挙の公正さが大きく損なわれる可能性もあるという理由である。最近の例でいえば、SNSの発展は情報伝達の場や機会を増やす一方で、フェイクニュースや外国の政治勢力の不当な介入など、新しい問題も生んだ。一般的にも、候補者がどの媒体で情報を共有し、有権者がそれをどう受け取るかは、新聞からテレビ、テレビからインターネットへと、新しいテクノロジーの誕生とその普及に伴って変化している。選挙運動の自由の範囲・限界を憲法で細かく制限するのではなく、理念的なガイドラインを明記することで、後世の状況変化に柔軟に対応することが可能になるだろう。

改憲案が曖昧な形で書かれている理由の2つ目は、この改憲案の目的は、最高裁や立法府を縛ることではなく、あくまでも過度な選挙規制の緩和にあるということである。買収のような、明らかな不正の取り締まりを目的とする制限に関しては、立法府の裁量を尊重しつつも、選挙権の制約になりうる規定については、最高裁が違憲判断を導きやすくするのがよい。そのためには、選挙運動の自由と公正の天秤に、個人の自由——特に第21条——の重しを加え、憲法解釈が自由寄りになるようにバランスを取り直すことが望ましい。言い換えれば、明確な事例や根拠がなく、選挙運動が公正を害する「恐れがある」程度の心配なら、規制すべきではないということになる。

5▸ 公正と自由

日本国憲法では、統治機構の細部について内容を法律に委ねている項目が多い。そのために、議会多数による利己的な制度操作が可能となり、有権者がよりよい代表を選ぶことが難しくなっている。本章では、「投票価値の不平等」と「過度な選挙運動規制」の2つの問題に着目し、それらが民主代表制にとっての弊害であることを示すエビデンスと、それに最高裁が介入してこなかった理由を紹介した。

投票価値の不平等は、戦後の人口移動に合わせて、議席を十分に再配分してこなかったことに起因する。縮小している農村部を票田とする自民党は、最高裁が「一票の格差」を違憲（状態）と判断する直前もしくは直後にしか定数是正を行ってこなかったが、これは効果的な民主代表制を妨げる2つの弊害を生んだ。1つ目は、合憲すれすれの議席再配分が繰り返された結果、都市部が長年過少代表されてきたこと。2つ目は、特に近年の度重なる区割り改定の結果、多くの有権者は数年ごとに新しい選挙区に割り振られ、現職議員の責任を、選挙を通じて追及するのが難しくなっていることである。

選挙運動規制は、与野党を問わず現職議員の生存戦略によって、時代とともに厳しくなっていった。特に問題なのは、選挙運動の期間が徐々に短縮され、現在衆議院選挙ではわずか12日間しか許されていないことである。有権者が選挙の争点や候補者の政見などを知りうる機会を減らすことは、認知度が比較的低い対立候補に不利な土俵を作り、現職議員の再選率を高める結果をもたらした。これによって有権者が効果的な一票を投じにくくなり、それがひいては民主代表制の劣化に繋がる可能性も存在する。若者の政治離れや投票率の低下が嘆かれる昨今、選挙運動の過度な規制は、無視できない問題である。

これらの問題の解決策として、本章では2つの改憲案を提示した。まず、「一票の格差」と高頻度の区割り改定を回避するためには、憲法で定数配分のルールを明確に規定すべきである。例えばノルウェー憲法では、人口と面積に比例して8年ごとに議席を配分することを義務付けており、議会多数による利己的な操作ができない仕組みになっている。このルールを日本国憲法に応用する際には、2つの点に気を配る必要がある。

1つ目は、毎回の定数是正の間に、少なくとも2回は選挙が行われるような周期にすることである。そうすることにより、有権者は同じ選挙区で2回は投票でき、現職議員の責任を追及する機会を最低でも1回は得ることができる。実質的に、日本では国勢調査が10年ごとに行われるので、そのサイクルに合わせるのが妥当だと考えられる。2つ目は、議席配分の計算方式を、是正時点では投票価値の最大較差の許容上限よりも低くなるように設定することだ。人口移動が続く限り、例えば是正後1年目の「一票の格差」が辛うじて許容範囲内でも、4年後にはそのレベルを超えている可能性が高い。筆者は「一票の格差」をなるべく1：1レベルに設定するべきだと考えるが、日本では現状でも2：1の格差を認め、人口以外に歴史的背景や地理的要因も考慮してきた。これからも2：1を許容範囲の上限とするなら、10年ごとの定数是正は、例えば3：2以下になるように配分計算方式を設定するべきである。

もう1つの改憲案は、過度な選挙運動規制に関するものであった。これについては、他憲法から直接応用できる具体策はないが、他国の憲法裁判所判例から学べる点はある。アメリカ合衆国最高裁判所は、選挙運動の自由は、民主主義における最上位の「表現の自由」に当たるとし、その量や種類については、明らかな弊害がない限り制限していない。これは、日本の最高裁判所が、日本国憲法第47条で国会に認められている、選挙制度を設計する権利を尊重し、明らかな弊害がない限り、法律による規制を認めているのと対照的である。最高裁の優先順位を選挙の「公正」から「自由」へとシフトするためには、表現の自由の「位」を、国会の裁量よりも高くする必要がある。本章の提案は、憲法第47条に、新しい条項を加えることであった。これにより、選挙における報道の制限、候補者の選挙運動の自由、有権者が情報を得る自由などに反する規制を、最高裁が違憲と判断しやすくなると考えられるのである。

註

★1——Dixon, Rosalind and Tom Ginsburg. 2011. "Deciding Not to Decide: Deferral in Constitutional Design." *International Journal of Constitutional Law* 9 (3-4): 636-672

★2——例えば、オランダのような完全比例代表制（全国が1つの大選挙区）を設ければ、「一票の格差」は完全に解消されるが、大政党はこれを拒否すると考えられるので、政治力学的には現実的方策とは言えない。

★3——粕谷祐子「「一票の格差」をめぐる規範理論と実証分析——日本での議論は何が問題なのか」『年報政治学』2015-I、90～117頁。

★4——Taagepera, Rein and Matthew Soberg Shugart (1989). *Seats and Votes: The Effects and Determinants of Electoral Systems.* New Haven, Yale University Press. Cox, Gary W. (1997). *Making Votes Count: Strategic Coordination in the World's Electoral Systems.* Cambridge, Cambridge University Press.

★5——前章同様、ここでは民主主義国家＝「ポリティ指標が6以上の国」と定義している。ちなみに社会科学で使われている民主主義指標のほとんどは、日本を「民主主義」と分類する。例えば、エリートの選出や政治参加の包括性など、政治制度的取り決めを測定する「ポリティ指標」は、日本に＋10（最高点）を与えている。195カ国を対象に、政治的権利と市民的自由のスコアをつけている国際NGOのフリーダムハウスも、日本を「自由」（最高点）としている。ただ、これらの指標は、フランスと北朝鮮、または戦前・戦後の日本など、かなり異なる政治体制を1つの尺度で測ろうとしているので、細かい民主制度の違いを区別していない。様々な民主主義指標の良し悪しについては、粕谷（2014）を参照。

★6——ここでは市民権の意味（例えば市民と国民の違い）や、国家の繁栄と国民の繁栄の違いなど、より理論的な定義については詳しく述べない。また、市民が国民投票（レファレンダム）により法令を制定・改正することの良し悪しにも言及しないが、参考までに、世界の現行憲法の28%は直接投票の権利を認めている。

★7——参議院選挙における一票の格差や国際比較については、大村華子「選挙制度と統治のデザイン——政治学の視点から」駒村圭吾、待鳥聡史編『統治のデザイン——日本の「憲法改正」を考えるために」（弘文堂、2020年）、吉川智志「選挙制度と統治のデザイン——憲法学の視点から」駒村・待鳥前掲書を参照。

★8——1947年の議席配分は、人口分布を基準に行われた。まず、466の議席を各都道府県に人口比率で配り、次に都道府県内にまた人口比率で配分した。中選挙区制度の制定については、杣正夫『日本選挙制度史』九州大学出版会、1986年、第6章を参照。日本の区割り制度の、戦前からの連続性については、清水唯一朗「日本の選挙区はどう作られたのか——空間的政治制度の始点を考える」『年報政治学』2016-II、13～26頁、を参照。

★9——World Bank Databaseをもとに計算。https://data.worldbank.org/indicator/SP.URB.TOTL.IN.ZS?locations=JP

★10——大宮武郎『議会制度と議員定数の是正』北樹出版、1992年、議会制度研究会『国会がわかる本——議会制度100年』第一法規、1990年。

★11 ── Handley, Lisa and Bernard Grofman, Eds. (2008). *Redistricting in Comparative Perspective*. Oxford, Oxford University Press.

★12 ── 中選挙区制の時代については（1947〜93年）、各選挙区の選挙人数を選挙区定数（大体3から5議席）で割り、さらにその数値を中央値で割っている。1994年の選挙制度改革以降は、小選挙区の数値（定数＝1）でのみ計算している。

　最高裁判決は伝統的に最大最小比を基準としてきたが、「一票の格差」の尺度はこれ以外にも存在する。例えば、1つの選挙区だけが他の選挙区よりも五倍人口が多く、他の選挙区はすべて人口が同じ場合、全体的には「一票の格差」は少なくても、最大最小比では5：1と計算されてしまう。図6-1のように中央値を基準とした分布を示すことで、全体的な傾向や変遷がより読み取れる。「一票の格差」指標の長所・短所については、粕谷（2015）や Wada, Junichiro and Yuta Kamahara. 2018. "Studying Malapportionment using Alpha-Divergence." *Mathematical Social Sciences* (93): 77-89、を参照。

★13 ── 粕谷前掲論文、90〜117頁。

★14 ── Smith, Daniel M., and Steven R. Reed. 2018. "The Reed-Smith Japanese House of Representatives Elections Dataset." V1 ed: Harvard Dataverse.

★15 ── 辻村みよ子『選挙権と国民主権──政治を市民の手に取り戻すために』日本評論社、2015年、221〜222頁。

★16 ── 人口集中地区（DID）に住む人口の比率を人口密度として計算している。参考までに、自民党が初めて衆院選に臨んだ1958年選挙の人口密度の中央値は0.276だったが、1972年（初めて「一票の格差」が違憲とされた選挙）は0.375、1993年（中選挙区制最後の選挙）は0.498、2017年は0.665と上昇していった。出典：1958-2014データ＝JHRED (Reed and Smith)、2017データ＝Ko Maeda "DID% of Japan's single-member districts, after the 2017 redistricting" http://politicalscience.unt.edu/~maeda/

★17 ── McElwain, Kenneth Mori (2012). "The Nationalization of Japanese Elections." *Journal of East Asian Studies* 12(3): 323-350.

★18 ── 数は少ないが、定数が1（奄美大島）、2、6の選挙区も存在した。

★19 ── これに対し、定数の増加は当落の得票率ラインを引き下げるため、現職議員にとってはマイナスとは限らない。しかし、「一票の格差」が限界に達すると、その改善には都市部の定数増加だけではなく、過大代表されている農村地域での削減も必要になり、自民党内の反発を避けられなくなった。

★20 ── 区画審は、国会の同意を得て、総理大臣に任命された7人の民間有識者（非国会議員）の委員で構成される。

★21 ── Sakaguchi, Toshihiro and Junichiro Wada (2008). "Automating the Districting Process: An Experience Using a Japanese Case Study". *Redistricting in Comparative Perspective*. L. Handley and B. Grofman. Oxford, Oxford University Press: 237-248.

★22 ── 根本俊男「一票の格差のリスク実測による衆議院小選挙区制見直しへの考察」『選挙研究』28(2)、2012年、51〜61頁。

★23 ── 選挙区改定については、総務省の「投票制度・選挙制度・啓発その他」資料を参照。 http://www.soumu.go.jp/senkyo/senkyo_s/news/index.html

★24——有権者の数＝定数是正や区割り改定が行われた選挙区の有権者の総数。JHREDを基に計算。

★25——濱本真輔、根元邦朗「個人中心の再選戦略とその有効性——選挙区活動は得票に結び付くのか？」『年報政治学』2011-II、70～97頁。Krauss, Ellis S. and Robert J. Pekkanen (2011). *The Rise and Fall of Japan's LDP: Political Party Organizations as Historical Institutions*. Ithaca, NY, Cornell University Press.

★26——Ong, Kian-Ming, Yuko Kasuya and Kota Mori (2017). "Malapportionment and democracy: A curvilinear relationship." *Electoral Studies* 49: 118-127.

★27——*Baker v. Carr* (1962) は、州議会による議席配分を裁判所が審査できるとした。*Reynolds v. Sims* (1964) は、二院制の州議会の場合、両院の選挙区が一人一票の原則に従う必要があるとした。*Wesberry v. Sanders* (1964) は、人口均衡の原則は、連邦議会の選挙区にも適用されると判示した。

★28——Cox, Gary W. and Jonathan N. Katz (2002). *Elbridge Gerry's Salamander: The Electoral Consequences of the Reapportionment Revolution*. Cambridge, U.K., Cambridge University Press.

★29——違憲状態とされたのは、衆議院が1983、1993、2011、2013、2015の各年、参議院が1995、2012、2014の各年。

★30——Comparative Constitutions Projectデータによると、2013年時の民主主義国のうち、下院の選挙制度を法律で定めるものとしている国家は21.5%で、憲法で全く選挙制度について触れていない国家は28.0%である。

★31——最判昭和51・4・14民集30巻3号223頁。

★32——辻村前掲書、92頁。

★33——辻村前掲書、87～95頁。

★34——最判昭和59・7・17民集39巻6号1100頁。

★35——大村前掲書。

★36——辻村前掲書、95頁。

★37——最判平成22・3・23民集65巻2号755頁。

★38——辻村前掲書、96～97頁。

★39——2013年11月20日最高裁大法廷判決。

★40——2015年11月25日の大法廷判決も（民集第251号55頁）、前回の2012年12月16日施行の衆議院議員総選挙と同様に憲法の投票価値の平等の要求に反する状態にあったが，合理的期間内における是正がされなかったとはいえず，憲法14条1項等に違反するものということはできないとした（辻村前掲書、106頁）。より最近の判例では、2017年衆院選で最大1.98倍だった「一票の格差」も、最高裁は11年ぶりに合憲とし、2020年の国勢調査後から反映される一人別枠方式の廃止、ならびに2倍以内に格差が抑えられたことを評価した（最判平成30・12・19民集72巻6号1240頁）

★41——小林良彰「議員定数不均衡による民主主義の機能不全——民意負託、国会審議、政策形成の歪み」『選挙研究』28 (2)、2012年、15～25頁。

★42——Horiuchi, Yusaku and Jun Saito (2003). "Reapportionment and Redistribution: Consequences of Electoral Reform in Japan" *American Journal of Political Science* 47(4): 669-

682(614)

★43――辻村前掲書、112～113頁。

★44――粕谷前掲書、101頁。

★45――ノルウェー王国憲法、第57条：「国会議員として選挙されるべき議員数は、これを169人とする。王国は19の選挙区に区分される。150人の国会議員は、各選挙区の代表として選出され、残り19人の国会議員は、特別議員[member-at-large]として選出される。各選挙区は、特別議員を1人有する。各選挙区から選出される国会議員の人数は、各選挙区の住民数及び表面積と、全領域の住民数及び表面積との比に基づいて決定され、それは住民1人を1点、1平方キロメートルを1.8点として算定する。この計算は、8年ごとに行われるものとする。王国の選挙区への分割、及び選挙区への議席の割り当てに関する具体的な規定は、法律で定めるものとする」。ノルウェー王国憲法の英訳と吉川（1989）をもとに、筆者が翻訳。参照：ノルウェー王国憲法（https://www.stortinget.no/globalassets/pdf/english/constitutionenglish.pdf）、吉川智「ノルウェー王国憲法とその特徴について」『日本政教研究所紀要』13号、1989年、59～106頁。

★46――Gelman, Andrew and Gary King (1993). "Why Are American Presidential Election Campaign Polls So Variable When Votes Are So Predictable?" *British Journal of Political Science* 23(4): 409-451.

★47――選挙運動と得票率の関係についての総括は、以下を参照。

Farrell, David M. and Rudiger Schmitt-Beck, Eds. (2002). *Do Political Campaigns Matter? Campaign Effects in Elections and Referendums*. Routledge. Scarrow, Susan E. (2008). "Political Finance in Comparative Perspective." *Annual Review of Political Science* 10: 193-210.

★48――Elklit, Jørgen and Palle Svensson (1997). "What Makes Elections Free and Fair?" *Journal of Democracy* 8(3): 32-46.

★49――佐藤令、丸本友哉「我が国の選挙運動規制の起源と沿革――大正 14 年普通選挙法制定の帝国議会における議論を中心に」『レファレンス』2010年11月号、76頁。

★50――佐藤・丸本前掲論文。

★51――Siniawer, Eiko Maruko (2008). *Ruffians, Yakuza, Nationalists: The Violent Politics of Modern Japan, 1860-1960*. Ithaca, Cornell University Press.

★52――公職選挙法の1950年制定については、杣前掲書、第7章を参照。

★53――吉川智志「選挙競争と憲法」『法律時報』、92巻6号、2020年。

★54――Gerber, Alan S. (2004). "Does Campaign Spending Work? Field Experiments Provide Evidence and Suggest New Theory." *American Behavioral Scientist* 47(5): 541-574.

★55――Jacobson, Gary C. (1990). "The Effects of Campaign Spending in House Elections: New Evidence for Old Arguments." *American Journal of Political Science* 34(2): 334-362.

★56――Johnston, R.J. and C.J. Pattie (1995). "The Impact of Spending on Party Constituency Campaigns at Recent British General Elections." *Party Politics* 1(2): 261-273.

★57――Farrell, David M. (2006). "Political Parties in a Changing Campaign Environment." *Handbook of Party Politics*. R. Katz and W. Crotty. Baltimore, Johns Hopkins University Press: 122-133.

★58――Kavanagh, Dennis (1992). The United Kingdom. *Electioneering: A Comparative Study of Continuity and Change*. D. Butler and A. Ranney. Oxford, Clarendon Press: 70-87.

★59——Charlot, Jean and Monica Charlot (1992). France. *Electioneering: A Comparative Study of Continuity and Change*. D. Butler and A. Ranney. Oxford, Clarendon Press: 133-155.

★60——参照：Holtz-Bacha, Christina and Marion R. Just, Eds. (2017). *Routledge Handbook of Political Advertising*, Routledge: Cap.1.

★61——政見放送は公職選挙法第150条、経歴放送は同法第151条で規定されている。

★62——OSCE / ODIHR (2019). Kingdom of Belgium: Federal Elections 26 May 2019. *OSCE/ODIHR Election Assessment Mission Report*. Office for Democratic Institutions and Human Rights. Warsaw, Organization for Security and Co-operation in Europe.

★63——政治資金や公職選挙法の沿革については、参照：岩井奉信『「政治資金」の研究——利益誘導の日本的政治風土』日本経済新聞出版、2014年。Carlson, Matthew (2007). *Money Politics in Japan: New Rules, Old Practices*. Boulder, CO, Lynne Rienner Publishers.

★64——衆議院調査局第二特別調査室『選挙制度関係資料集』2002年。

★65——Carlson, Matthew and Steven R. Reed (2013). "Election law violations as campaign effort: turnout in Japan's House of Councillors elections." *Democratization* 20(7): 1243-1267.

★66——Harada, Masataka and Daniel M. Smith (2014). "You have to pay to play: Candidate and party responses to the high cost of elections in Japan." *Electoral Studies* 36: 51-64.

★67——政党が行う政治活動についてはある程度制限が緩和されており、常時街中で見かける政治ポスターなども、候補者の氏名ではなく政党名や政策提言、または党首の写真などであれば認められている。

★68——Stevenson, Randolph T. and Lynn Vavreck (2000). "Does Campaign Length Matter? Testing for Cross-National Effects." *British Journal of Political Science* 30(2): 217-235.

★69——McElwain, Kenneth Mori (2008). "Manipulating Electoral Rules to Manufacture Single Party Dominance." *American Journal of Political Science* 52(1): 32-47.

★70——Pinto-Duschinsky, Michael (2001). *Handbook on Funding of Parties and Election Campaigns*. Stockholm, Sweden, International IDEA.

★71——Miskin, Sarah and Richard Grant. (2004). "Political Advertising in Australia." *Research Brief no. 5 2004-05* Retrieved Feb. 5, 2012, from http://www.aph.gov.au/library/pubs/rb/2004-05/05rb05.htm#bans.

★72——連邦選挙運動法の1974年改正は、個人や団体による政治献金を一候補者につき1000ドルと制限し、候補者の支出にも上限を設けた。

★73——最判昭和30・3・30刑集第9巻3号635頁

★74——最判昭和44・4・23刑集第23巻4号235頁

★75——最判昭和56・7・21刑集35巻5号568頁。他に最判昭和44・4・23刑集第23巻4号235頁、最判平成14・7・5集刑281号705頁。

★76——長谷部前掲書、340頁、横大道聡「戸別訪問の禁止」長谷部恭男ほか編『憲法判例百選（第7版）』有斐閣、2020年。

★77——長谷部前掲書、340-341頁、吉川前掲論文、47～48頁。

★78——Ohta, Takaaki (2008). "Fairness versus Freedom: Constitutional Implications of Internet Electioneering for Japan." *Social Science Japan Journal* 11(1): 99-115.

★79——辻村前掲書、24頁。

★80——Carlson, Matthew M. and Steven R. Reed (2018). *Political Corruption and Scandals in Japan*. Ithaca, Cornell University Press.

第7章

日本国憲法のこれから
——国民視点の憲法とは

1▸ 国民に尊重される憲法とは

明文化された憲法は、多数決の原理に従いつつ個人および少数派の権利を擁護する反多数決主義の原則を体現するものである。憲法典の改正には、通常の立法過程よりも高いハードルが課されており、議会での特別多数や、大統領、地方政府、有権者などその他のアクターの同意が要求される場合も多い。憲法典はこのようにして、多数派による数の暴力から少数派の利益を保護し、人権と政治制度を長期的に安定化させ[★1]、政治の予測可能性を高める[★2]。既存の研究によれば、硬性化（エントレンチメント）には大きな見返りがある。憲法の寿命は、内容の質的差異という条件のもとで、経済成長、民主主義の程度、政治的安定性と相関関係にあるというのである[★3]。

憲法の長命さに寄与する主要な要因として、特に民主主義国家において重要なのは、市民による尊敬の念（civic veneration）である。憲法の制定は、植民地支配からの独立や新政体の誕生など、新たな時代の幕開けを象徴する出来事とされることも多い。しかし、その憲法を存続させるためには、制定時の理想を維持すると同時に、国家の優先事項や社会規範の経年変化に対応しなければならない。多くの国では、有権者は憲法の内容について直接意見を表明する権利を持ち、憲法の存続に重要な役割を担っている。Comparative Constitutions Project（CCP）のデータによると、2020年時点の世界中の憲法典のうち、憲法改正手続きでの国民投票を定めるものは52.8%にのぼる。

第3章で論じた通り、長命さという点において、日本国憲法は間違いなく外れ値である。日本国憲法が1946年に制定されてからの歩みについて、特筆すべき点を2点挙げよう。第一に、日本国憲法は、その起源について批判を浴びてきた。日本国憲法は、第二次世界大戦後の連合国軍による占領下、国家主権が制約され、検閲の影響で公的な議論が困難であった時代に制定された。歴史的・法的な根拠については論争があるとはいえ★[4]、日本国憲法の将来をどう考えるかに関わる問題である。第二に、日本国憲法は1度も改正されたことがなく、憲法改正の国民投票は実施されたことがない。それゆえ、国民が憲法の内容に満足しているかは明らかではない。さらに敷衍すれば、日本国憲法が今日まで立派に機能してきたとしても、日本の長期的な政治、社会、文化、経済的構造に関する現在の国民の意見を反映しているとは限らない。

多くの研究は、日本国憲法をめぐる政治的な対立が分断的な性質を持つことを明らかにしている★[5]。短期的な視点で憲法改正の実現可能性を考えるうえで、この分断性は重要な論点を示唆する。国民の多数の支持を得られる見込みがあるかどうかによって、政治家がどのように改憲を議論・立案し、推し進めるかが必然的に決定づけられるからである。特に9条をめぐる問題は、戦後日本政治の重大な亀裂として機能し★[6]、有権者を改憲派と護憲派に分断してきた★[7]。改憲に向けた試みは注目度が高いだけに、かなりの審議時間を要し、優先されるべき他の法案を頓挫させかねない。さらに、改憲に最も積極的な自民党にとっても、特に9条改正には積極的でない公明党との連立関係にひびを入れる可能性を孕んでいる★[8]。

本章では、少し異なる視点に立ち、前章までに扱ったテーマから抽出した3つの側面を軸に、日本の有権者が「理想的な憲法」についてどのように考えているのかを検討する。第一に、有権者が好むのは、立憲民主主義的な憲法観を反映した憲法だろうか、それとも、国の歴史、伝統、文化を反映した憲法だろうか（第1章の議論を参照）。第二に、権利や制度が細かく羅列された憲法と、法律に詳細を委ねる、規律密度が低い憲法のどちらが好まれるのだろうか（第3章の議論を参照）。第三に、容易に改正することができ、環境破壊、プライバシー問題、緊急事態への対応など、新たな争点に関する規範の変化に柔軟に適応できるような憲法の方が好まれるのだろうか（第2章の議論を参照）。

日本国憲法に関する考え方については既にマスメディアの調査で十分に検討されているが、憲法に関する有権者の意見をより抽象的な形で尋ねる「理想的な憲法」の分析は難しい。それゆえ本章では、これらの意識を広く評価する複数の調査を組み合わせる。具体的には、2017年、2018年、2020年、2021年に実施された5回の世論調査（詳細は巻末の付録を参照）から得られた独自のデータを用いる。分析の結果は以下の3点に要約できる。第一に、有権者の半数以上は、伝統や歴史を重視した憲法よりも、立憲主義に基づいた憲法を好む。第二に、人権や政治制度に関する条項を増やすことを支持するという強い選好が見られる。このなかには、現在の日本国憲法には明文化されていないものも多く含まれる。第三に、将来の改憲を容易にするために憲法改正手続きを変更することを要望する声は小さい。詳細な憲法を求める有権者の中で特にその傾向が顕著である。

本章の最終節では、有権者の日本国憲法に対する態度に話題を戻し、憲法改正を超党派的な形で議論することが重要であると結論づける。長期的に憲法を維持するには、多数派の支持を得るだけでは不十分である。憲法が正統性を保つためには、その時々の政権を高く評価しない有権者にとっても利があるような合意が必要である。戦略的にも、自民党は長らく憲法改正を推進してきたが、野党支持者と無党派層からの賛同がなければ改正案を通過させることは難しいだろう。そこで筆者は、9条や緊急事態条項など分断を生むテーマではなく、既に強固な合意がある論点を優先して政治的な議論を展開するべきであると主張したい。例えば、環境権やプライバシー権規定の追加、公的教育の拡大、あるいは憲法裁判所の設立などがこれに含まれる。

2▸ 憲法の目的

憲法が正統（legitimate）であると認められるためには、2つの役割を果たすことが求められる。第一に、憲法は、国家の義務や権力の制約を定める実用的な取扱説明書として機能する必要がある。近代的立憲主義は、政府の権限を限定する自由権と、政府の義務を規定する社会権の優越のもとに成り立つ。国家は、これらの権利を最大限実現するために租税や法の執行を委ねられているが、その一方で、三権分立により、国家がその力を略奪的に利用することを妨げられている。基本的人権のカタログが徐々に拡張する一方で、憲法は、国家権力を統制するうえでの「実用的」な手引きでなければならない。定められた権利を守れない、国家の行き過ぎを制約できない、などの点で憲法の有効性が認められない場合、市民にとって憲法の価値は縮減するだろう。

第二に、憲法は、国家における市民の理想を体現するという規範的な機能を有する。憲法は、政治体制の道徳的な基盤を提供することで、政治家と市民が等しく憲法の原理に従うよう働きかけ、さらに違反者を処罰するインセンティブを与える[★9]。憲法の起草と制定の段階で、市民がインプットする機会があれば、憲法の規定と目標との間の整合性はより高くなる[★10]。憲法の「目標」を正確に特定することは難しいが、前文にしばしば登場する。第1章で述べたとおり、前文は憲法の権威の源泉（神、君主、民意など）や国家の目的と価値（民主主義、平等、国民統合など）に言及することが多い。

第一に指摘した憲法の実用的な機能の重要性については、研究者や政治エリートの間で異論はないと思われるが、第二の規範的な機能には、林（2018）が主張するように[★11]論争の余地がある。後者には、憲法の条文それ自体の評価とは別に、イデオロギーや党派的対立に応じて、立憲主義の概念や規定項目の優先度が政治化されうるという側面がある。この規範的な問題は、長らく日本の改憲論争の核心を占めてきた。日本の保守は、日本国憲法が前文で歴史、文化、伝統に言及しておらず、それが日本の憲法であることが伝わりにくいということを非難してきた[★12]。さらに、その発端として、連合国軍占領下に1週間で原案が作られた点にその淵源を求めることもしばしばある。安倍晋三元首相は、2019年の憲法記念日に、改憲派の集会にあてたビデオメッセージのなかで以下のように述べた。

「憲法は国の理想を語るものであり、次の時代への道しるべであります。令和元年という新たな時代のスタートラインに立って、私たちはどのような国づくりを進めていくのか、この国の未来像について真正面から議論を行うべきときに来ているのではないでしょうか。」★13

マスメディアの調査によれば、「押し付け憲法論」とも呼ばれる日本国憲法の歴史的起源に関する批判は、過去20年間で顕著に減少した。読売新聞の憲法に関する年次調査では、憲法改正への賛否だけでなく、その理由を有権者に尋ねている。改正賛成の声がピークに達した小泉純一郎政権期(2001〜2006年)には、改正を支持する理由として「アメリカに押し付けられた憲法だから」を選択した回答者が平均17.0%にのぼったが、直近の2021年の調査では7.8%にまで減少した★14。とはいえ、保守的な有権者にとっても政治家にとっても、憲法の規範的な側面は重要であり続けている。もし彼らが日本国憲法に正統性はなく、根本的な欠陥があると考えるならば、日本国憲法の原理に反する政治アクターや法律を批判しないかもしれない。万が一彼らがそう考えているならば、憲法は張子の虎でしかなく、実用的かつ立憲主義的な目的を果たすことは到底できなくなる。

それゆえ、直近の3回の調査(2017、2018、2021年)では、「「理想的な憲法」の理念について様々な意見がありますが、(A)と(B)、どちらの方があなたの憲法に対する考えに近いですか。(A)憲法とは国の歴史、理想、国家観を体現するものである。(B)憲法は政治制度を明記することで、個人の権利を守るものである。」という問いを用いて規範的な観点を評価した。(B)よりも(A)を選択する回答者が多い場合、日本国憲法に文化的・歴史的な視点を組み込む、もしくは前文を改正してしまうことが優先事項となりうるだろう★15。

正確を期せば、調査によって回答の選択肢が異なるため、これらのデータを直接比較することはできない★16。しかし、共通してみられるのは、回答

図7-1　伝統・歴史的憲法観の比率とイデオロギーの相関

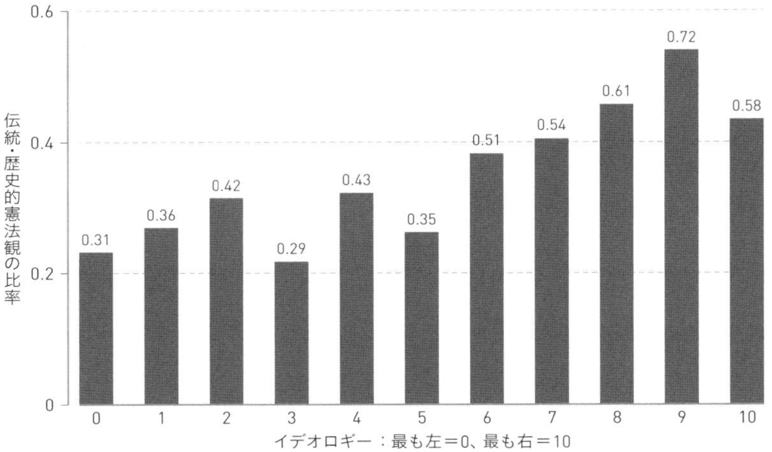

出典：2021年 “Preferences for Majoritarian vs. Consensual Institutions” 調査。

者の多くが実用的・立憲主義的な憲法観を有するという特徴である。2017年には、「どちらとも言えない」と答えなかった回答者のうち55.0%が（B）を、45.0%が（A）を選択した。2018年には、前者は55.9%、後者は44.1%であった。2021年のサーベイでも、回答者の58.8%が権利・制度に基づく憲法を、41.2%が国家観を強調する憲法を望むと答えている。留意点として、調査項目に対する回答の分布は、質問の文言によって異なることがある。例えば、境家（2021）の調査では、政府は憲法の文言にとらわれず柔軟に政策決定するべきかどうかを聞いているが、過半数がこの立憲主義的な主張に賛成していないことがわかった★[17]。国民の憲法意識をよりよく把握するためには、調査方法のバリエーションも含め、さらなる検討が必要である。

一般的には、憲法に関する信条はイデオロギー軸によって分類できる。2021年調査では、最も左の立場＝0、最も右の立場＝10とし、政治に対する立場を11段階の尺度で回答者に尋ねた★[18]。図7-1は、憲法理念は歴史・理想・国家観を体現するものであると答えた者の比率を、イデオロギー軸に

図7-2 実用的あるいは規範的な憲法を好む回答者の傾向

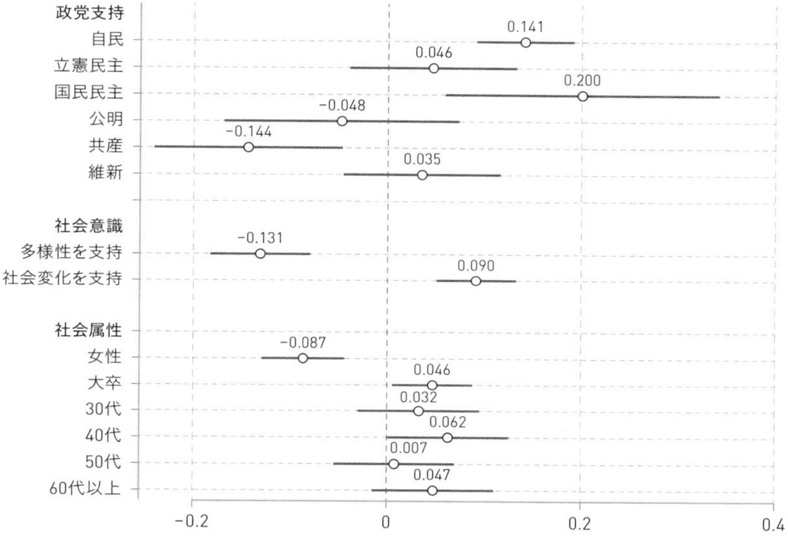

出典：2021年 “Preferences for Majoritarian vs. Consensual Institutions” 調査。

並べたものである。明らかに、賛同する者の多くは保守的である。右寄り（イデオロギー軸で6–10）の回答者のうち50%がこの立場を取るのに対し、左寄り（0–4）の回答者では38%に過ぎなかった。さらに、中道（5）を選んだ回答者のうち、この立場を取ったのは僅か35%であった。サーベイのサンプルの50%を中道が占めることに鑑みると、有権者の多くが立憲主義的な憲法を理想として想定していることが伺える。

2021年調査のデータからは、どのような回答者が実用的あるいは規範的な憲法を好むのかについて、さらに細かく検討することができる。図7-2は、最小二乗法（OLS）による回帰を用いて、回答者が規範的な憲法（A）を選択する傾向を推定した結果を示している。各変数につき、丸印は回帰係数、すなわち変数が1の値をとるときに規範的な憲法を支持する確率の変化を意味する。横棒は、95%信頼区間を示す。信頼区間が「0」をまたいでいれば、一般的には統計的に有意な差がないことを意味する。

共変量として加えたのは、以下の2値変数である。まず、党派性として、回答者が最も親近感を感じる政党のダミー変数を加えた。自民党などの保守系政党を支持するほど、文言に賛同する可能性が高いと予想される。第二に、社会意識に関する2つの変数を加えた。「多様性を歓迎し、支援すべきだ」を支持するかどうか、「どのような形であれ、政治の力で今の社会秩序を大きく変えることに、積極的だ」を支持するかどうか、である★19。最後に、基本的な社会属性に関する統制変数として、性別（女性＝1）、学歴（大卒以上＝1）、年齢（十分位ごとのダミー変数）を含めた。図7-1で用いたイデオロギー指標は、支持政党と大きく重なるため除いた。図7-2には、政党は回答者数が多かったもの（自民党、立憲民主党、国民民主党、公明党、日本共産党、日本維新の会）のみを記載したが、巻末の表7Aには、安定性を評価するために様々な変数を追加・除外した複数のモデルを含む、全ての結果を掲載している。

党派性に関する結果は概ね予想通りである。各係数は、文言に賛同した確率を無党派層と比較したものである。自民党支持者は、憲法は「歴史・理想・国家観を体現する」べきだと考える可能性が14.1ポイント（%）高かった。それと正反対なのは、日本共産党の支持者（−14.4ポイント）であった。興味深いことに、支持者の少なさゆえに信頼区間がかなり広いものの、国民民主党の支持者も文言を支持する確率が高かった（+20.0ポイント）。

社会意識に関しては、多様性を尊重し、伝統や慣習からの決別を求める者は、文言を支持する可能性が13.1ポイント低かった。さらに、社会変化を支持する者は、国の伝統に相反する意見を持つように見えるにも関わらず、実際には文言を支持する者が多かった（+9.0ポイント）。すなわち、社会変化を支持することは、現状の日本国憲法の形に異議を唱えることを意味する。近年、保守と革新、右と左といったラベルの意味が変化し、自民党が改革推進派、日本共産党などの伝統的な左翼が現状維持派と捉えられていると指摘されるが、この議論とも整合的である★20。

最後に、社会属性については、文言を支持する可能性が、女性が男性よりも8.7ポイント低く、大卒は高卒よりも4.6ポイント高かった。年齢層に関しては、差は実質的には小さいものの、高齢者層は20代の回答者と比べて文言を支持する可能性が高かった。

分析の結果、自民党を支持し多様性を必ずしも肯定しない回答者は、より伝統的で規範的な憲法を望んでいることが確認された。図7-1について論じたように、このような集団は日本では数的に少数派であるが、自民党の優位を背景として並外れた政治的影響力を持つ。しかしながら、多数派が現行憲法に適合的な立憲主義的な観点を有することを踏まえると、伝統的で規範的な憲法を望む意見を憲法に組み入れることには慎重であるべきだ。

3▸ 憲法に含むべき人権や統治機構

憲法の目的に関する有権者の意識の違いは、求める権利や政治制度に対する選好に影響を与えるのだろうか。特定の条項の改正の賛否については、アイルランド★21、イタリア★22、米国★23、日本★24などで既に盛んに研究されている。また、成文憲法の内容を定量的・定性的に分析することで有権者の選好の変化を識別する研究もある。第1章で論じたとおり、比較的新しい憲法は、消極的・積極的権利を幅広く定めており★25、さらには、連邦制★26、憲法裁判所★27、行政権や選挙制度★28などの政治制度をも細かく規定している。ところが、有権者の考える理想的な憲法にはどのような規定が含まれるのか、に関する研究は少ない。有権者が好むのは、市民の自由や権利を切り出すことで政府の行き過ぎを制約するような憲法だろうか、それとも福祉制度などの公共財の供給を政府の義務として定める憲法だろうか。そのような権利は、民主的ガバナンスを保つための抑制均衡の制度よりも優先されるべきだと考えられているのだろうか。

ここでは、2021年の“Preferences for Majoritarian vs. Consensual Institutions”インターネット調査を用いて、日本の有権者がどのような条項の明文規定を要求しているかを分析する★29。調査ではまず、「あなたは、「理想的な憲法」を想像するとき、次の政治制度や人権に関する項目を明文で規定する必要があると思いますか。それとも規定する必要はないと思いますか。憲法に明記

表7-1　理想的な憲法に求める権利や統治機構

自由権 平均規定数＝7.3		社会権、連帯・発展の権利 平均規定数＝7.9		統治機構 平均規定数＝6.7	
公正な裁判を受ける	90.3	教育を受ける	91.7	緊急時の政府責務や権限	80.4
財産の保障	87.1	医療を受ける	89.3	最高裁判所の違憲立法審査権	75.4
プライバシーの保障	87.0	年金を受ける	84.9	武力行使や軍隊保持の制限	73.6
言論の自由	86.8	良好な環境を享受する	84.9	地方自治体の財政自主権	72.6
性別で差別されない	84.0	生活保護を受ける	76.5	国会の具体的な選挙制度	72.4
安楽死の権利	74.6	良好な住宅に暮らす	76.0	財政規律	71.2
信教の自由	71.3	言語的少数派の権利	73.3	天皇の地位	64.3
団体を作る自由	64.0	芸術・文化にふれる	72.4	衆議院の解散権	63.8
デモをする権利	59.4	性的少数派の権利	72.3	政党の要件	58.6
死刑にされない権利	26.2	ストライキの権利	67.0	大臣の数	38.8

出典：2021年“Preferences for Majoritarian vs. Consensual Institutions”調査。

しなくても、法律で規定が作られることがあります。」と回答者に質問した。その上で、10の自由権、10の社会権や連帯・発展の権利、10の統治機構に関する意見を尋ねた[★30]。扱われた項目のなかには、日本国憲法では明示的に扱われていないトピックも含まれている。

表7-1では、それぞれの権利や統治機構に関する条項が理想的な憲法に含まれるべきであると考える回答者の割合を示したものである[★31]。いずれの条項についても、半数以上の回答者が賛同を示した。特に支持が多かったのは、上から順に、教育を受ける権利（91.7%）、公正な裁判を受ける権利（90.3%）、医療を受ける権利（89.3%）、財産の保障（87.1%）、とプライバシーの保障（87.0%）であった。半数の支持を得られなかったのは、大臣の数（38.8%）と死刑にされない権利（26.2%）の2つのみであった。30の条項のうち、回答者が必要と答えた条項の総数の中央値は24（平均21.8）であり、回答者の支持は、積極的権利（中央値9、平均値7.9）、消極的権利（中央値8、平均値7.3）、制度（中央値7、平均値6.7）の順に強かった。

有権者が政治制度よりも権利を重視するという点は、コンジョイント実験を用いて憲法の内容に関する有権者の態度を調査したEshima, McElwain, Takahashi, and Winkler（2022）の研究によって立証されている[★32]。このサーベイ実験では、回答者は、人権や統治機構の規定内容が異なる憲法を提示され、それらが好ましいかどうかを評価した。分析の結果、有権者が優先するのは言論の自由の保障であり、国が社会保障を提供する義務、労働者の権利がその次に重視されることが示された。統治機構に関する項目のうち唯一高い評価を受けたのは、最高裁判所の違憲立法審査権であるが、これは政府の権力濫用から人々の権利を守る目的で設けられた制度である。他方で、国会の選挙制度や地方自治体の財政自主権は最も評価が低かった。この結果は概ね表7-1の2021年調査の結果と一致する。

それでは、より詳細な憲法を好むのはどのような属性の有権者なのだろうか。図7-3は、3つのモデルにおける回帰係数と95%信頼区間を示したものである。従属（被説明）変数は、回答者が必要であると答えた項目の数を、自由権、社会・連帯・発展の権利、統治機構それぞれについて算出したものである。独立変数は、図7-2（社会意識、党派性、社会属性）で使われたものに、次の2項目を追加した。第一に、伝統・歴史重視の憲法が理想的であるかの2値変数（図7-1における従属変数）を加えた。この文言に賛同する回答者は、権利保護や政府の構造などの憲法の実用的な機能には関心が低いため、規定率が高い憲法を特に望まないと考えられる。第二に、最高裁判所への信頼を4段階の尺度で質問し、「信頼」（66.4%）と「不信」（33.6%）の2値変数に変換したものを加えた。Versteeg and Zackin（2016）によれば、近年の憲法に顕著に見られる、憲法に列挙される権利を増やすという全世界的な潮流は、為政者の裁量を狭めることを目指すものであり、この背景には、為政者が国家全体の利益よりも党派的・個人的な利益を優先するのではないかという不信感があるという。憲法の内容を詳細に規定する場合、立法府よりも司法に憲法解釈の裁量が付与されるので、最高裁判所への信頼が厚い者ほどより詳細な憲法を好むと考えられる。

図に示された係数は、文言に賛同する場合あるいはその属性に当てはまる場合に、回答者が必要であると答える項目がどれだけ変化するかを示す。便宜上、表に記載する政党は、回答者が多かった自民党、立憲民主党、日本維新の会に限定した。巻末の表7Bには、頑健性（robustness）を評価するために

図7-3

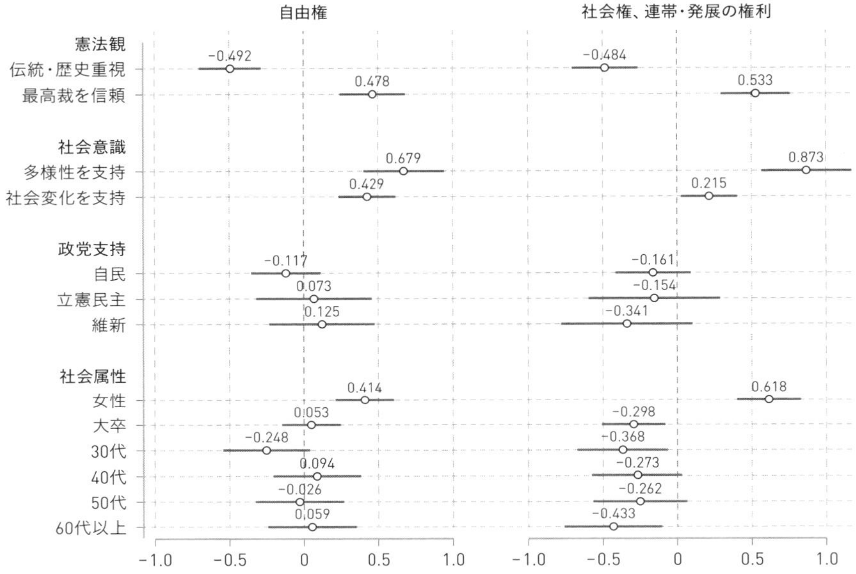

出典：2021年 "Preferences for Majoritarian vs. Consensual Institutions" 調査。

様々な変数を追加・除外した複数のモデルと、30項目を足し合わせ、回答者が必要と答えた総項目数を推定した場合の結果を含む、全ての結果を掲載した。

分析の結果、以下の3点が注目に値する。第一に、理想的な憲法は伝統や歴史を強調するべきだと考える人は、政治制度を明記し個人の権利を守る憲法を望む人に比べて、人権と制度に関する詳細な規定を望まない（10項目のうちそれぞれ約−0.5項目）。これは想定通りの結果だが、自由権、社会権、統治機構の3つのカテゴリー全てにおいて同様の結果が得られた。別の分析では、30項目それぞれを従属変数に設定した結果、伝統主義的な憲法観を有する者が詳細な規定を必要とすると考えるのは、天皇の地位に関する項目ただ1つであった。

第二に、最高裁判所を信頼すると答えた者は詳細な憲法を好み、特に政治

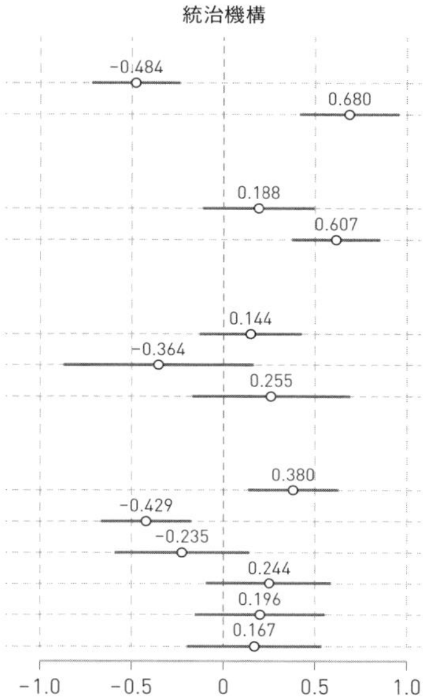

制度に関する項目においてその傾向は強かった（+0.68項目）。第6章で論じた通り、日本国憲法は選挙制度など統治機構における規定が手薄であるので、与党が自らの利益に叶うように規則を変更することができる。裁判所への信頼と重視する項目との間の因果関係を特定することはできないが、民主主義的に選出された場合でも、政治家が基本権や制度を握ることを一定の回答者が警戒していると言えそうである。

第三に、どのような項目を憲法に含むべきかの選択には社会意識が作用する。多様性（+0.68）や社会変化（+0.43）を支持する者は、自由権の記述を充実させることを望む。一方、社会権と連帯・発展の権利に関しては、多様性の支持のみが統計的に有意である（+0.87項目）。多様性を支持する者が、積極的・消極的権利の両方を含む様々な権利を憲法に明記することを欲するという結果は、特に驚くべきことではない。選択的夫婦別姓や性的少数派

(LGBT) の権利などジェンダー・家族問題に代表されるような日本社会の変化に対し、これまでの政府の対応は遅々としたものであったから、多様性を尊重する回答者がそれらの権利を憲法に明文化することで内閣・議会の裁量を狭めようと考えることは賢明である。30項目それぞれについて行った別の回帰分析では、多様性を尊重する回答者が詳細な規定を必要としないと考えたのは天皇の地位に関する項目のみであった。

対照的に、政治制度に関しては、社会変化の支持のみが統計的に有意な結果を示し、必要な規定の数はおおよそ+0.61項目と推定された。図7-2について既に述べたように、社会変化を支持する者は伝統的な憲法を好み、現状の日本の政治体制を変更したいと考えている。このような信条が政治的制度への強い関心を生むという見方は、2000年代前半に増えた統治改革支持者の考えに近いという解釈も可能である。境家によれば、1990年代後半から2000年代初頭にかけて、政治不信やバブル後の経済の低迷による有権者の不安感が高まり、首相公選制や内閣の権限強化など、9条以外の憲法改正を支持する者が著しく増加した★[33]。しかし、選挙制度や行政改革を含むこの時期の制度改革によって、憲法改正を経ずとも実質的な意味の憲法は変化し、憲法改正への支持は再び衰えた。もっとも、政治制度に関する詳細な規定を求めていることからも推察できるように、社会変化を求める者の間にはいまだにそのような感情がくすぶり続けている可能性もある。

他の共変量をみると、支持政党と憲法の内容との間の相関は比較的弱いことがわかる。自民党と日本維新の会の支持者は、より詳細な憲法を望む傾向があるが、統計的に有意な結果は得られなかった。巻末の表7Bに示した通り、これらの変数の統計的有意性は、社会変化や多様性への強い願望などの他の要因を除外しても変わることはなかった。

社会属性に関する変数については、分析の結果、女性がより詳細な憲法を好むこと、大卒の回答者は積極的権利と制度に関してより抽象的な憲法を好むことが示された。回答者の年齢層は、憲法の内容に対して一貫した影響を有さないが、20代よりも高齢者の方が積極的権利を忌避する傾向があった。これは、若い世代の方が新しい権利や多様性を尊重する見方を支持する傾向があることを反映しているものと思われる。

分析の結果、まず、伝統主義的な憲法が理想だと考える者は、憲法を、基本権、政府の責務、政治制度の構造などを保障するメカニズムとは捉えていない傾向があることがわかった。第二に、多様性を支持する者は権利を、社会変化を望む者は制度に関心を有していることが示された。第三に、党派性は憲法の内容に関する有権者の態度を根本的に左右するものではなかった。楽観的に解釈すれば、党派性の影響が小さいということは、将来の憲法改正に関して幅広く柔軟な議論が可能になることを示唆している。

4▸ 憲法の柔軟性

理想的な憲法をめぐる最後の分析として、本節では、改正手続きに着目する。先行研究によれば、定期的な改正は憲法が再制定されるリスクを抑え、長持ちさせることができる★34。制定時点では市民に支持されていた憲法も、人権規範、政治的な勢力均衡、地政学的状況などの変化に対応しなければならない。それゆえに、あらゆる憲法は改正手続きを制度化している。Comparative Constitutions Projectデータベースによると、現行憲法はいずれも、その内容を時代に合わせて変更できるように、憲法改正の手続きを定めている。そのうち、頻繁な憲法改正を経験した国として、インド（100回以上）やドイツ（60回以上）が挙げられる。

日本国憲法は、改正を経ずに長期間存続しているという例外的な事例である。2022年2月現在、日本国憲法は世界最古の未改正憲法であり、制定時から条文が一言一句そのままの状態を保っている。第3章で述べた通り、日本国憲法が1度も改正されていない主な理由として、憲法そのものが短く、特に政治制度に関する規定が少ないという点が挙げられる。選挙制度や中央地方関係に関する重要な制度的変更は、法律の改正という形で行われうるので、日本国憲法は構造的に改正の必要性が少ない。

とは言え、実際のところ、有権者は異なる憲法のあり方を望んでいるのかもしれない。表7-1が示すように、多くの回答者は、日本国憲法にも規定されていない新しい権利や制度の明記を理想的と考えている。それでは、有権者は、改正手続きを容易なものにすることで、規範、選好、需要の変化に対応して定期的に憲法を改正できるようにすることを望んでいるのだろうか？

憲法典の内容を分析したVersteeg and Zackin (2016) は、憲法の硬性化（より多くの詳細規定を含む）と柔軟性（変更のしやすさ）の間にトレードオフが存在することを指摘した[★35]。一方では、憲法典の条文は時代と共に長くなり、多くの権利や制度が規定されるようになった。これは有権者が、政府の裁量を定めることで恣意的な国家権力の行使のリスクを削減しようとしていることを反映している。他方では、詳細な規定を含む憲法は、国家のプライオリティや市民の選好の変化によって条文が陳腐化してしまう危険を孕んでいる。そのため、詳細な規定を含む憲法は、より頻繁に改正される。CCPのデータによると、憲法改正比率の年平均回数は、1850～1899年の9.1%から、1900～1949年の14.1%、1950年以降の20.1%へと増加した。

憲法は反多数決主義の原則に立脚するため、公式に定められた改正手続きは一般の法律の制定よりも難しい。典型的には、憲法の改正の条件として、議会の特別多数の同意に加え、大統領、地方政府、市民などの同意が求められる。実際には、憲法の起草者は、改正を容易にして最高法規である憲法と一般の法律の境界を曖昧にするか、改正のハードルを上げることで有権者の求める改正を妨げるようにするか、の間で釣り合いを取る必要がある[★36]。

日本国憲法第96条は、憲法改正の条件として、両院の3分の2以上の特別多数の賛成と、国民投票における単純多数の賛成を定めている。自民党は、この改正手続きはハードルが高すぎるとして、改正に必要な両院の賛成を単純多数に引き下げるべきだと主張してきた。実際に、2012年12月に自民党が政権を奪還した後、安倍晋三首相は憲法96条の改正が最優先事項であると述べた[★37]。日本維新の会も同様の手続き変更を提案している。しかしながら、第3章で述べた通り、日本国憲法の改正手続きのハードルは過剰に高いわけではない。ドイツ基本法は、1949年以降に60回以上の改正を経たが、改正には連邦議会・連邦参議院の両方における3分の2の賛成を必要とする。CCPのデータによれば、世界中の憲法のうち76%が議会の3分の2の賛成を

表7-2　憲法改正の手続きに関する世論

	全体	自民（29.2%）	維新（6.2%）	立民（15.1%）	無党派（25.9%）
現状のまま	56.0%	38.9%	44.3%	79.4%	58.3%
国民投票を必要としない	8.4%	13.1%	4.7%	4.7%	7.6%
国会の賛成を過半数に緩和する	35.6%	48.0%	51.0%	15.9%	34.1%

註：「わからない・答えたくない」の回答（全体の11.6%）は分析から除外した。
各政党の名称の下に、その政党を支持する回答者の割合を記載した。
出典：Eshima, McElwain, Takahashi, and Winkler 2018年調査。

要し、そのうち54%が憲法改正を国民投票にかけると定めている（必要条件であるとは限らない）。

そこで、Eshima, McElwain, Takahashi, and Winklerが2018年に行った調査に基づき、有権者が憲法の規定の詳細さと柔軟性の間のトレードオフを意識しているかについて検討する。当該調査では、憲法改正手続きに関する選好を回答者に尋ねた。従属変数は、「憲法96条は、憲法を改正するために、衆議院と参議院でそれぞれ3分の2以上の賛成と、国民投票で過半数以上の賛成を必要としています。96条の改正について、あなたの考えに近いものを、1つだけ選んでください」という問いに対する答えである。ここでは、回答者に最も馴染みのある日本国憲法の規定を基準として明示的に用いた。回答者は、①現状のまま、②国会の3分の2以上の賛成を残すが、国民投票を必要としない、③国会の賛成を過半数に緩和し、国民投票を残す、の3つの選択肢から回答を選んだ★38。

表7-2は、憲法改正の手続きに関する選好を、世論全体と、党派別に分けて示した。一般に想定されるように、国会での発議要件として国会の賛成を過半数に緩和するべきだとする有権者は、自民党（48%）、日本維新の会（51%）の支持者において最も多かった。反対に、立憲民主党の支持者の絶対的多数（79.4%）が、現状維持を望むと回答した。無党派の有権者のなかでは、58.3%が現状維持を望んだ。

次に、多項ロジスティック回帰分析を用い、より体系的な分析を試みる。

従属変数として用いるのは、憲法改正手続きに関する既述の3つの選択肢である。独立変数は、本章の分析で既に使われたものから、詳細さと柔軟性のトレードオフについての理論的考察を踏まえて選択する。回答者の憲法観に関わる変数は4つある。第一に、理想的な憲法とは伝統や歴史を重視するもの（1）、政治制度を明記し人権を守るもの（0）の2値を取る変数。第二に、最高裁を信用するかどうかの変数。最高裁判所を信頼する者は、現状の憲法規定に多少の不満があったとしても、解釈変更を通じて憲法を運用する裁判所のあり方を信用していると考えられる。第三に、理想的な憲法の中に含まれるべき人権・政治制度の条項の数を変数として用いる。この質問は、表7-2と図7-3で用いた変数に類似するが、2018年調査は12項目（権利7項目と制度5項目）★[39]のみを尋ねた。回答は、4段階尺度によって記録され、硬性化させる必要性が非常に高いあるいはやや高いと答えた項目（権利および制度）の数を回答者ごとに合計した（平均値は、権利が7項目中5.1、制度が5項目中3.1）。第四に、回答者の党派性と社会属性に関する変数を、統制変数として追加した。第3節で用いた多様性や社会変化に関する変数は、理想的な憲法に含まれるべき規定と相関関係にあるため除いた。

図7-4に分析の結果を示した。国民投票を必要としないという回答を選ぶ要因は、絶対数が少なく（全体の8.4%）、そもそも日本で政治争点化していないことから、割愛した。さらに、便宜上、社会属性に関する変数による変化の推定も割愛した。全ての結果は、巻末の表7Cに掲載している。係数は、各独立変数の1単位変化した場合に改正手続きの各選択肢を選択する確率の変化を意味する。

まず、伝統重視の憲法を好む回答者ほど、改正に必要な国会の賛成を単純多数に引き下げることを支持する傾向がある。伝統・歴史重視の回答者は、国会2分の1という手続きを支持する確率が5.7ポイント（%）高く、現状維持を支持する確率が8.1ポイント低かった。最高裁判所を信頼する者は、現状維持を支持する確率が5.0ポイント高く、国会2分の1という手続きを支持する確率が4.8ポイント低かった。これは、憲法の内容や運用に不具合があるなら、なるべく改正する方が良い、という考え方ではなく、多少の欠点

図7-4　憲法改正手続きに関する立場とその傾向

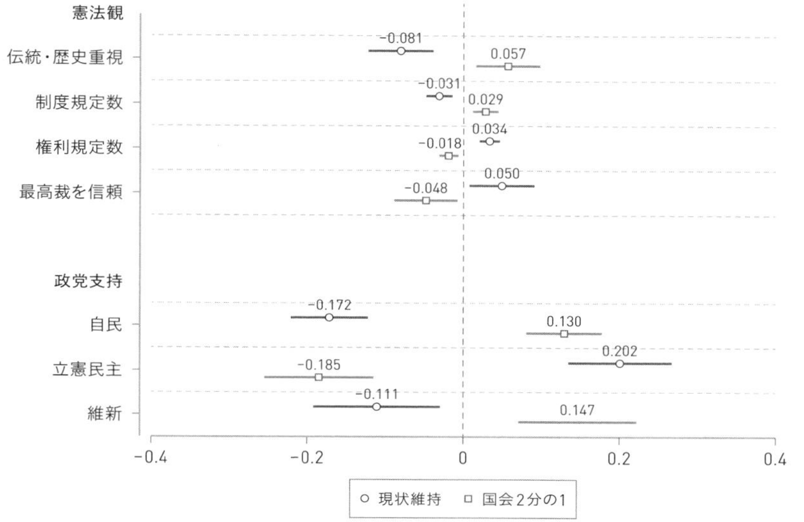

出典：Eshima, McElwain, Takahashi, and Winkler 2018年調査。

は司法による解釈変更で補う方がよい、という考え方を反映するものと思われる。さらに、党派性は予想通りの効果を示した。自民党支持者は改正手続きのハードルを下げる（−13.0ポイント）ことを望み、維新支持者も同様の傾向を示した（−14.7ポイント）が、立憲民主党は現状維持を支持する確率が20.2ポイント高かった。

上記の傾向は、憲法の項目がどれほど詳細であることを望むかにも関連している。制度に関する5項目のうち、憲法に規定すべき項目が1つ増えるごとに、憲法改正手続きのハードルを引き下げるべきだと考える確率は2.9ポイント増加するが、現状維持を求める確率は3.1ポイント減少する。5つ全ての制度の規定を望む回答者（全体の27.6%）は、制度の規定を不要とする者（12.9%）に比べて、ハードルを引き下げることを望む確率が13.8ポイント高い。権利に関しては全く逆のことが言える。憲法に規定すべき権利に関する項目が1つ増えるごとに、憲法改正手続きを国会の単純多数に引き下げるべきだと考える確率は1.8ポイント減少するが、現状維持を求める確率は3.4ポイント増加する。7つ全ての権利の規定を望む回答者（全体の42.0%）は、権利の規定を不要とする者（10.4%）に比べて、現状の憲法改正手続きを維持することを望む確率が24.7ポイント高い。これらの結果は、統計的に有意（$p<0.05$）である。

本分析は、第3章で提起した議論と整合的である。他国で行われる憲法の改正は、選挙制度、任期制限、中央地方関係などの統治機構に関するものであることが多い。これらの制度は、政策ニーズに沿って柔軟に変更するべきだと捉えられる限りにおいて、憲法で敢えて規定するのなら、改正もしやすくするべきだと有権者が望むのは理にかなっている。反対に、人権条項は、国家が国民に対して負う義務とその制約を定める、憲法の中核要素である。権利に関する条項は、権利が普遍的であって容易に変更することはできないと捉えられる限りにおいて、権利を重視する有権者はより厳しい改正手続きを求めるだろう。つまり、日本の有権者の考える「理想的な憲法」の規定密度と柔軟性のバランスが、世界の憲法典にみられる現実の傾向と一致するということが明らかになった。

5▸ いま日本国憲法に求められるもの

憲法の条文を変えることは、それ自体良くも悪くもない。憲法改正は世界中で行われており、有権者の選好や多種多様の需要を反映しているのであれば、むしろ歓迎されるべきものである。しかし、何を有権者が真に望んでいるのかを突き止めることは難しい。特に日本では、憲法改正国民投票が行われたことがないので、有権者の関心の度合い（投票するか）やその選好（何を支持するか）を突き止めるための経験的な基準が存在しない。マスメディアの調査では、改正項目を特定せず一般的な改憲の是非が問われることが多く、どの項目に関し、どのような改正を、どのような有権者が支持する・しないのか、に関する一貫した研究は少ない。本節では、独自のサーベイデータを用い、新型コロナウイルス感染症の流行により注目度が増した緊急事態条項に焦点を当ててこの問題を論じる。

本章では、基本理念として、党派を問わず支持を得られるような憲法改正の形が理想であると主張する。いうまでもなく、市民の多数派の支持を得なければ憲法改正は実現しない。しかし、憲法の長期的な正統性には、現体制の恩恵を受けている政権支持者による尊敬の念だけでなく、支持していない政権の決定を甘受する野党支持者からの支持も必要である。憲法改正がイデオロギーや政権存続のためのものと認識された場合、憲法の正統性が損なわれる危険があるからだ。

特に日本では、憲法の条文が短く、憲法の改正が1度もなされたことがないので、問題はさらに深刻である。自民党の2012年日本国憲法改正草案など、政党や政治家による改憲案は、様々な問題意識や目的を反映している。しかし一つ言えるのは、これらの草案には曖昧な（政府や国会の裁量が大きい）規定が多いということである。第5章で検討した緊急事態条項案もそうであったが、新たな権利や権限に関して、その詳細を法律に委ねるとしている提案が多い。この性格は、一見無害で有益に見えるが、解釈や適用について議会や裁判所が広範な裁量を有する場合、その結果何がもたらされるかははかり知れない。例えば、良好な環境を享受する権利（政府による環境保全の責務）やプライバシー権（個人情報の不当取得の禁止）などの革新的な新しい権利は、政府の産業政策や私企業・公的機関のデータ保護条項の合憲性に対し、様々な影響を与えることは予測できる。しかし、新規定の解釈やそれに基づく法律が、有権者が事前に想定していたものに限られる保証はない。

憲法改正の行く末が見通せない場合、有権者は誰が改正を提起したのかによって改正の目的と効果を推測する。McElwain, Eshima, and Winkler（2021）は、改正を提起するのが自民党であるか中立的な有識者会議であるかによって改正に対する支持が異なることを示している[★40]。この差は、9条の改正や家族の尊重などの、イデオロギー色が強い争点については比較的小さい。しかし、周知されておらず党派的とは考えがたい争点、例えば、環境権や国民の知る権利、に関しては、「有識者会議の提案」とした場合、回答者が改憲を好む傾向が強くみられる。

この性質は日本のみに見られるものではない。アイルランドは、憲法改正に国民投票を要する先進民主主義国の1つである。アイルランドでは、1937年の施行以来38回の憲法改正国民投票が行われ、そのうち26回は改正が承認された。歴史的に見ると、国民投票で承認されたほとんどの改正案は、最大与党と最大野党の両方の支持を得ていた[★41]。逆に、最大政党のみが推した改正、たとえば党利党略に基づいた1958年と1968年の選挙制度変更案は失敗した。有権者は、改正草案に対する政党の支持をもとに、その草案が政党の利益になるか国家全体に資するのかを判断する。憲法改正の影響がどのようなものであるか予測できない場合、この傾向はさらに強くなる。

それでは、日本で最も党派的対立が強い争点はなんだろうか。前節までは、有権者が考える「理想的」憲法について分析した。本節では、現在の日本国憲法を改正するとしたらどのように変更を加えるか、に関する有権者の考えを探る。2021年の“Preferences for Majoritarian vs. Consensual Institutions”調査では、「あなたは、日本国憲法に関する次の項目で、今の条文を改める、または新たな条文を加える必要があると思いますか。それとも改正する必要はないと思いますか。」と有権者に質問した。調査に含まれたのは、政党が公約や選挙活動において提起しており、国会での発議の可能性が高い8つの項目である。そのうち3つは、近年自民党が主張しているものであり、①憲法9条における自衛隊の明記、②緊急事態時における首相の権限の強化、③高等教育の無償化、である。次に、立憲民主党や国民民主党などの中道左派政党が提起した2つの争点として、④衆議院を解散する条件、⑤違憲審査のための特別な裁判所を設ける、を加えた。さらに、「新しい」権利のうち、自民党、左派政党、公明党を含む超党派によって提起された項目として、⑥良好な環境を享受する権利、⑦プライバシーの保障、の2つを追加した。最後に、政府の意思決定を合理化するために必要であると保守が主張しており[★42]、近年日本維新の会が提起した論点として、⑧参議院の権限を弱める、を加えた。

表7-3は、それぞれの項目を支持した回答者の割合を、支持の多い順に並

表7-3　日本国憲法を改める必要がある項目

条文	全体	自民支持（26.4%）	非自民支持（73.6%）	自民－非自民
プライバシーの保障	84.6%	80.8%	81.9%	−1.1%
良好な環境の保障	84.2%	85.3%	83.7%	1.6%
高等教育の無償化	68.3%	67.0%	68.8%	−1.8%
違憲審査の特別裁判所を設ける	65.2%	65.4%	65.1%	0.3%
9条：自衛隊明記	64.9%	77.6%	60.0%	17.6%
緊急事態時に首相権限を強化	64.6%	80.2%	58.7%	21.5%
衆議院を解散する条件	55.6%	54.8%	55.8%	−1.0%
参議院の権限を弱める	37.8%	40.1%	36.9%	3.2%

出典：2021年 “Preferences for Majoritarian vs. Consensual Institutions” 調査。

べたものである。回答は、6段階の尺度で記録され★43、本分析ではそれらを「必要がある」と「必要がない」の2値変数に変換した。表の数字は、左から、①回答者全体における支持の割合、②自民党支持者（サンプルの26.4%）における割合、③非自民支持者（73.6%）における割合、④自民党支持者と非自民支持者の割合の差、を示す。自民党支持者と非自民支持者の間の差異のうち、統計的に有意（2標本t検定、$p<0.05$）であったものを灰色で示した。

分析の結果、参議院の権限以外の項目については半数以上の回答者が改正に賛同していることが示された。支持が最も高かったのは、プライバシー権（84.6%）、環境権（84.2%）といった革新的な「新しい」権利である。これらは、超党派の政治家の強い支持を既に獲得しており、国民投票にかけられても過半数の支持を得られる見込みが高い。高等教育の無償化と衆院の解散権も半数以上の支持を獲得し、党派による明らかな差異は確認されなかった。

反対に、9条（自民党＋17.6ポイント）と緊急事態条項（自民党＋21.5ポイント）に関しては、党派に関わらず半数以上の支持はあったものの、自民党支持者と非自民支持者との乖離が大きかった。9条に関しては、自民党が結党当時から目標として掲げている争点であり、戦後日本の政党対立の軸を成す問題であるので、この結果はおそらく想定の範囲内であろう★44。より注目に値するのは、緊急事態条項に関する自民党支持者と非自民支持者の立場の乖離である。第5章で述べた通り、自民党の2012年憲法改正草案は、権力の濫用を防ぐための十分な抑制均衡を欠いたまま政府の権力を肥大化させるとして、憲法学者らから大きな反発を受けた。自然災害の専門家も、都道府県や市町村に権限を委譲し、法律や政令を用いて実地で柔軟に変化に対応するのではなく、災害時に権力を一点に集中させるのか、と疑義を呈した。

ただし、緊急事態条項をめぐる有権者の態度を分析する際、気をつけるべき点は、既存の調査の多くは踏み込んだ質問をしないことである。表7-3の調査を含め、サーベイでは一般に、「緊急事態条項を支持するかしないか」という抽象的な質問のみ提示しており、誰がどのような条件で権力を有するかなど、国家緊急権の細部について聞くことは少ない。しかし、国会での発議と国民投票ではこれらの規定が提示されることに鑑みると、緊急時の政府権限の具体的な例を提示したうえで、どれほどの有権者がそれらを支持し、憲法の正統性を揺るがしうる党派性が見られるかどうかを検証する必要がある。先ほど紹介したMcElwain, Eshima, and Winkler (2021) の研究によると、左派・無党派の有権者は、自民党草案としてではなく党派中立的な形で提示されたとき、首相により大きな権限を認めることに賛成する傾向がある。つまり、権力の一点集中のような、具体的な利点が見えにくい問題については、有権者は党派性など他の手がかりを使って賛否を判断する。

緊急事態条項に関する意見をより詳細に有権者に問うため、新型コロナウイルス感染症流行真っ只中の2020年12月に行われたISS COVID Survey (Panel 2, Wave 1) では、緊急事態条項の具体的な項目に関する選好を回答者に尋ねた。サーベイでは、「現行憲法には、有事や大災害などの【緊急事態の対応】に関する条文がなく、現在は法律で個別に規定されています。その条文を入れれば、緊急時 (たとえば、武力攻撃、社会秩序の混乱、自然災害など) に内閣総理大臣が緊急事態を宣言し、通常では不可能な非常措置をとることができます。」との文言を回答者に見せた後、以下の7項目を緊急時の政府権限として列挙した。

表7-4　緊急事態条項に求める項目

条文	支持（全体）	自民支持（26.4%）	非自民支持（73.6%）	自民－非自民
移動の自由制限	47.4%	56.2%	44.0%	12.2%
法律同等の政令制定	31.9%	45.9%	26.6%	19.3%
政府の指示無視を処罰	24.6%	31.9%	21.8%	10.1%
報道・通信規制	17.4%	24.9%	14.5%	10.4%
国民の財産を差し押さえ	13.3%	18.0%	11.5%	6.5%
政府が地方から権限取り上げ	12.0%	19.1%	9.3%	9.8%
衆議院議員の延期延長	10.6%	16.0%	8.5%	7.5%

出典：2020年12月 ISS COVID Survey (Panel 2, Wave 1)

- 外出を禁じたり移動の自由を制限したりする法律を制定できる
- 国会での議論を経ずに、内閣が法律と同じ効力がある政令を制定できる
- 政府機関の指示に従わない人を処罰することができる
- 報道や通信をコントロールする法律を制定できる
- 国民の財産を差し押さえる法律を制定できる
- 国（政府）が都道府県や地方自治体から権限を取り上げることができる
- 衆議院は解散されず、議員の任期は延長される

表7-4は、それぞれの項目を支持する者の割合を、①回答者全体、②自民党支持者、③非自民支持者、④②と③の差、に分けて示したものである[★45]。表7-3と同様に、②と③の差が統計的に有意（2標本t検定、$p<0.05$）である項目は、灰色で示した。

表7-1と表7-3からは、理想的な憲法、現状の日本国憲法というそれぞれの文脈において、有権者が概ね緊急事態条項に好意的であることが示された。しかし、表7-4によると、有権者の半数以上が賛成する具体的な項目は1つもない。最も支持が高かったのは、「外出を禁じたり移動の自由を制限したりする法律を制定できる」権限であった。これは新型コロナウイルス感

染症の流行拡大期に大きな問題となった、政府が企業の休業や自宅待機を命令できなかったという事態に直結した項目である。ただし、回答者全体での支持率は、過半数にわずかに満たない47.4%ほどであり、自民党支持者と非自民支持者との間の支持率の差異も12.2ポイントと顕著であった。その次に支持が高かったのは、「国会での議論を経ずに、内閣が法律と同じ効力がある政令を制定できる」権限であったが、この項目は党派間の差異が19.3ポイントにものぼった。当面、自民党を含まない内閣が成立することは考えにくく、この項目が自民党支持者にとって問題となることはないだろう。一方、非自民支持者は絶大な権力を政府に与えることに危機感を感じているようで、支持した者はわずか26.6%に留まった。

そのほかの項目は、4分の1以下の賛成に留まり、党派性が明確であった。最も支持が低かったのは「衆議院議員の任期延長」であるが、これは大規模な自然災害時など物理的に選挙を行うことができない場合に、衆議院選挙の実施を延期することを可能にするため自民党が主張しているものである。第5章で論じた通り、危機対応が不十分であっても現政権を民主的に追放することができなくなるので、この権限を付与することには大きなリスクがある。

以上から、有権者は緊急事態条項という概念それ自体には好意的であるが、具体的な変更事項を提示されるとその必要性には懐疑的な姿勢を示すことがわかった。有権者の支持政党によって大きく意見が異なることから、現状では、緊急事態条項は党派間の対立を生じさせ、日本国憲法に対する恒常的な尊敬の念を傷つける可能性があると著者は考える。

6▸ 改憲論議はどうあるべきか

本章では、改憲に対する日本の有権者の立場を調査してきたが、重要な点を以下にまとめる。第一に、多くの有権者は、伝統や歴史を重視した簡潔な憲法よりも、人権や制度を細かく明記した立憲主義的憲法を好む。第二に、将来の改憲を容易にするために憲法改正手続きを変更することを、有権者は必ずしも望んでいない。改正手続きの変更に反対する者は、権利カタログを充実させることを望む人や最高裁判所を信頼する人に多い。これは有権者が、憲法改正手続きを重要なものと考えており、党派的な思惑を避ける特別多数の制度のもとに置くべきであると考えていることの証左である。第三に、日本国憲法の改正について、プライバシーや環境に関する新しい権利については超党派的な合意が見られる。支持の程度は下がるものの、高等教育の無償化と憲法裁判所にも同様の傾向がある。しかし、戦後日本の左右対立軸の1つとなってきた9条問題や、近年注目が集まっている緊急事態条項に関しては、自民党支持者と非自民支持者の間に大きな乖離が見られた。

この政党間対立をめぐる問題は、将来の憲法改正をめぐる議論の要となるだろう。2017年以降、自民党は9条への自衛隊の明記、緊急事態条項、公教育の充実、参議院の合区解消を求めてきた。しかし、特に9条問題と緊急事態条項は、党派制で意見が大きく異なることから、世論を炎上させかねない。その場合、党派どうしが歩み寄る動機を失うことで、憲法改正が困難になりうる[★46]。そして、憲法をめぐる議論は、改憲するかしないかの2択に陥り、どのような改憲が日本国憲法をよりよくするかに関する議論は行われにくくなる。

言うまでもなく、有権者が憲法についてより真剣に考えるようになることは良い兆候だろう。谷口によれば、有権者が投票時のトップ3重点政策として憲法を選ぶ割合は、第二次安倍政権時代に徐々に増加し、2017年衆議院選挙では30%を超えた[★47]。しかし、その時々の出来事に反応して憲法への関心が一時的に高まることは、これが初めてではなく、例えば、緊急事態条項を支持する声は、東日本大震災の後に増加した[★48]。読売新聞の調査によると、緊急事態条項を求める有権者の割合は、2005年から2010年にかけては平均12%であったが、2012年には22%にまで増えた。ただし、2014年には再び13%にまで減少した。とすると、第二次安倍政権における憲法問題への関心の高まりも、首相のコミットメントと争点の政治化による一時的なものであったのかもしれない。つまり、憲法問題への関心が強くない首相が政権につけば、日本国憲法の改正に関する世論は再び踵を返すかもしれな

図7-5　2021年総選挙で「憲法改正」と「コロナ対策」を争点とした有権者のイデオロギー傾向

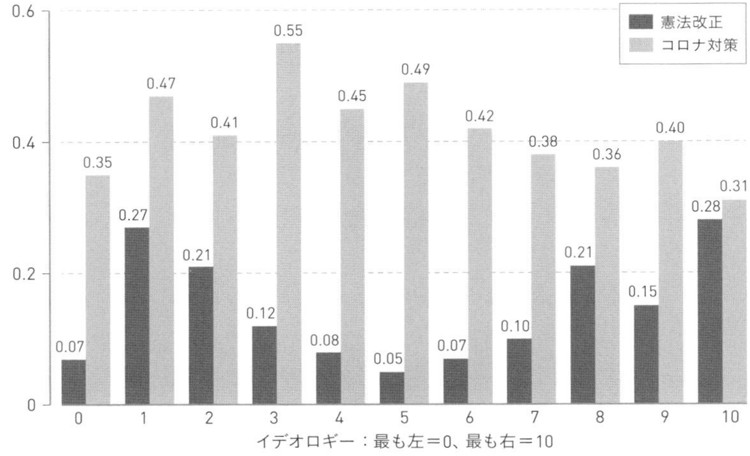

出典：2021年11月 ISS COVID Survey (Panel 2, Wave 3)

い。

実際、2021年衆議院議員総選挙では、憲法改正への関心が衰えていることが確認できる。2021年11月に実施したISS COVID Survey (Panel 2, Wave 3)では、投票先を決めるのに重要な政策を16項目の中から3つ選ぶように回答者に求めた。図7-5は、実際に衆議院選挙で投票した者のうち、3大争点の1つに「憲法改正」と「コロナ対策」を選んだ回答者を、11段階のイデオロギー軸に並び替えたものである。全般的には、コロナ対策（最も多くの45.0%の有権者が選択）に関心を有する有権者は、イデオロギー軸の全範囲に満遍なく存在し、中道のほか左派有権者に若干多い。一方、憲法改正（16項目中11番目に多い8.6%が選択）を求める有権者は、極右と極左に固まっていることがわかる。イデオロギー軸の「5」（中道）を選択した者は回答者の48%を占めたが、そのうちコロナ対策に関心を持つ者は49%に上ったにも関わらず、憲法改正に関心があると答えたのは5%に過ぎなかった。

データが示す通り、多くの有権者にとって憲法問題は優先順位が低いので、憲法改正を急がせるのは時期早々であると筆者は考える。中道の有権者に関心を持ってもらうことは特に重要な課題となるが、McElwain, Eshima, and Winkler（2021）が示す通り、憲法のどの条項をいつ改正するのかについて党派を超えた合意を確立できれば、解決できるかもしれない。しかし、ある改正草案が、特定の政党やイデオロギーを反映したり押し付けたりするものであると認識したとき、有権者の多くは支持することをためらうだろう。

市民に尊敬・尊重の念を抱かせる憲法は、より有効であって、長い間存続する可能性が高くなる。政治エリートもそのことを知らないわけではない。長く衆議院憲法調査会会長を務めた自民党衆議院議員の中山太郎は、同調査会において、少数意見こそじっくり聞くべきとして各党派の発言時間を議席数によって配分するのではなく均等にし、また十分な主張と反論の機会を担保するために全ての会派に何回でも発言を許すルールを設けた。これは中山ルール（中山方式）と呼ばれ★49、憲法改正草案が与党によって強行的に採決されることなく、野党の協力を得つつ入念に審議せねばならないことを謳ったものである。

憲法改正を政局に絡めないことは、国民の理解を集めることに資するので、結果的には国民投票で承認を得るために必要である。しかし、第二次安倍政権の後半、とりわけ2015年の安保法制改正問題と2018年に表面化した森友・加計問題以降、中山ルールの精神は大きく損なわれた。来るべき改憲議論のためにも、その復活は極めて重要であろう。戦略的なレベルで言えば、中山ルールに沿うことで、改憲推進派は国民投票においてより多くの支持を獲得することにつながる。規範的なレベルでは、憲法改正の正統性を担保し、長く尊敬・尊重されるものであり続けるために、中道的なプロセスを形成することは必須と言える。

原則として、憲法は問題が生じる前に改正することが好ましい。危機が起きてから慌てて政治体制の構造を大幅に変えようとしても議論を尽くせないおそれがある。なぜ憲法を改正する必要があるのかを有権者に納得させるのは、改憲の提案者の重要な責務である。改憲派は、自らの政党の支持者だけではなく、穏健派やイデオロギーが真逆の有権者に対しても、なぜ改正が必要なのかを丁寧に説得するべきである。まずは、すでに超党派的な合意がある分野から始めてみてはどうか。環境権、プライバシー権、さらに、教育への公的支出の増額や憲法裁判所の設立などは、中道・左派政党の一部にも支持されており、中山ルールを満たすものである。また、これらは日本の有権者が「理想的な憲法」の構成要素として挙げる論点でもある。逆に、9条の変更や緊急事態条項の追加は、有権者のコンセンサスを得るまでにもっと時間をかけて熟議を重ねる必要があるだろう。

註

★1——Young, Ernest A (2008). "The Constitutive and Entrenchment Functions of Constitutions: A Research Agenda." *University of Pennsylvania Journal of Constitutional Law* 10: 399-411.

★2——Hardin, Russell (1989). "Why a Constitution." Bernard Grofman, and Donald Wittman, eds. *The Federalist Papers and the New Institutionalism*. New York: Agathon Press, 100-200.

★3——Elkins, Zachary, Tom Ginsburg, and James Melton (2009). *The Endurance of National Constitutions*. Cambridge: Cambridge University Press. La Porta, Rafael, Florencio López-de-Silanes, Cristian Pop-Eleches, and Andrei Shleifer (2004). "Judicial Checks and Balances." *Journal of Political Economy* 112 (2): 445-470. Tsebelis, George, and Dominic J. Nardi (2016). "A Long Constitution is a (Positively) Bad Constitution: Evidence from OECD Countries." *British Journal of Political Science* 46 (2): 457-478.

★4——庄司前掲書、273〜278頁。山崎友也「日本国憲法の誕生（1）——新憲法の制定過程」駒村圭吾、吉見俊哉編『戦後日本憲政史講義——もうひとつの戦後史』法律文化社、2020年、40〜44頁。

★5——境家史郎『憲法と世論』筑摩書房、2017年。駒村・吉見前掲書。Winkler, Christian G. (2011). The Quest for Japan's New Constitution: An Analysis of Visions and Constitutional Reform Proposals (1980-2009), Routledge.

★6——三輪洋文、境家史郎「戦後日本人の憲法意識——世論調査集積法による分析」『年報政治学』2020年71巻1号、34〜57頁。

★7——谷口将紀『現代日本の代表制民主政治——有権者と政治家』東京大学出版会、2020年、55〜58頁。

★8——Liff, Adam P., and Ko Maeda (2019). "Electoral incentives, policy compromise, and coalition durability: Japan's LDP–Komeito Government in a mixed electoral system." *Japanese Journal of Political Science* 20 (1): 53-73.

★9——Elazar, Daniel J (1985). "Constitution-making: The Pre-eminently Political Act." In

The Politics of Constitutional Change in Industrial Nations: Redesigning the State, edited by Keith G. Banting and Richard Simeon, 232-248. London: The MacMillan Press Ltd.

★10 ── Eisenstadt, Todd A., A. Carl LeVan, and Tofigh Maboudi (2017). *Constituents Before Assembly: Participation, Deliberation, and Representation in the Crafting of New Constitutions, Comparative Constitutional Law and Policy*. Cambridge: Cambridge University Press.

★11 ── 林知更「憲法の概念」宍戸常寿、林知更編『総点検：日本国憲法の70年』岩波書店、2018年。

★12 ── Winkler 前掲書。

★13 ── 首相ビデオメッセージ全文「2020年に新憲法の気持ちに変わりない」産経新聞、2019年5月3日配信（https://www.sankei.com/article/20190503-E2ZXAVZSRJI4JNUKH4M76XF2BA/）。

★14 ── 読売新聞は、①改正に賛成・反対の割合（%）、②賛成・反対を選んだ者のうちその理由を選択（5～6つの選択肢から複数回答可）した割合（%）、の2つを算出している。ここでは、この2つの割合をかけた数字を使用している。例えば、2021年には、回答者の56%が改憲に賛成であり、そのうち14%が「アメリカに押し付けられた憲法だから」を選択した。この2つの数字をかける（0.56 x 0.14）と、0.078あるいは7.8%という数字が得られる。

★15 ── 各調査の詳細は巻末の付録を参照。

★16 ── 2017年、2018年調査では、「どちらとも言えない」を含む5段階のリッカート尺度で回答者に意見を尋ねたが、2021年調査では、中間点なしの6段階のリッカート尺度を用いた。比較を可能にするため、ここでは2017年・2018年調査の「どちらとも言えない」を無視した。さらに、(A) ないし(B)を支持する又はその傾向があるかに応じて2値変数に変換した。いずれの調査でも、「わからない・答えたくない」という選択肢を設けたが、分析からは除外している。

★17 ── 境家史郎「“非”立憲的な日本人──憲法の死文化を止めるためにすべきこと」中央公論、2021年12月号、94～103頁。

★18 ── 質問文：「政治の立場を「左」－「右」の言葉で表現することがよくあります。このものさしで、あなたの立場を示されるとしたらいかがですか。最も左の立場を0、最も右の立場を10としてお答えください。」

有権者の真の政策選好を評価するうえで、イデオロギーに関する問いを自己申告かつ一次元的な形で問うことは必ずしも理想的とはいえないが、ここではデータの体裁を簡素化するために敢えて用いた。イデオロギーの測定方法に関する包括的な議論としては、谷口前掲書、48～52頁を参照。

★19 ── 1つ目の項目は、「この2つの文章のうち、どちらの方があなたの考えに近いですか。（A）社会の多様性を歓迎し、支援すべきだ。（B）伝統を守り、社会の統一性を重視すべきだ。）と尋ねた。2つ目の項目は、「どのような形であれ、政治の力で今の社会秩序を大きく変えることに、あなた自身は積極的ですか、それとも消極的ですか。」と尋ねた。いずれも、6段階のリッカート尺度を用いて回答者に尋ねたうえで、2値に変換した。

★20 ── 遠藤晶久、ウィリー・ジョウ『イデオロギーと日本政治──世代で異なる「保守」

と「革新」』新泉社、2019年。

★21——Elkink, Johan A., David M. Farrell, Sofie Marien, Theresa Reidy, and Jane Suiter (2020). “The death of conservative Ireland? The 2018 abortion referendum.” *Electoral Studies* 65: 1-11.

★22——Pasquino, Gianfranco, and Marco Valbruzzi (2017). “Italy says no: the 2016 constitutional referendum and its consequences.” *Journal of Modern Italian Studies* 22 (2): 145-162.

★23——Soule, Sarah A., and Susan Olzak (2004). “When Do Movements Matter? The Politics of Contingency and the Equal Rights Amendment.” *American Sociological Review* 69 (4): 473-497.

★24——境家前掲書。

★25——Law, David, and Mila Versteeg (2011). “The Evolution and Ideology of Global Constitutionalism.” *California Law Review* 99 (5): 1163-1257.

Jung, Courtney, Ran Hirschl, and Evan Rosevear (2014). “Economic and Social Rights in National Constitutions.” *The American Journal of Comparative Law* 62 (4): 1043-1094.

★26——Lehmbruch, Gerhard (1985). “Constitution-making in Young and Aging Federal Systems.” In *The Politics of Constitutional Change in Industrial Nations: Redesigning the State*, edited by Keith G. Banting and Richard Simeon, 30-41. London: The MacMillan Press Ltd.

★27——Arjomand, Saïd Amir (2003). “Law, political reconstruction and constitutional politics.” *International Sociology* 18 (1): 7-32.

★28——Abramson, Scott F., and Michael J. Barber (2019). “The Evolution of National Constitutions.” *Quarterly Journal of Political Science* 14 (1): 89-114.

★29——科学研究費・基盤研究B（課題番号：20H01448「憲法改正における多数派形成の多様性に関する国際比較研究」）。

★30——自由権、社会権や連帯・発展の権利という区別はおおよそのものである。ここでは、30の項目を大まかに分類するために便宜的に区分を設けた。

★31——回答者は、各条項について、とても必要 (4)、やや必要 (3)、あまり必要ない (2)、全く必要ない (1)、わからない・答えたくない (99)、という4段階の尺度で必要性を回答した。本分析では、この4段階の尺度を、必要がある (1)、必要がない (0) という2値変数に変換し、わからない・答えたくないと答えた者は分析から除外した。

★32——Eshima, Shusei, Kenneth Mori McElwain, Ai Takahashi, Christian G. Winkler. 2022. “Constitutional Design Preferences: An Experimental Approach.” (Working Paper)

★33——境家前掲書。

★34——Lutz, Donald (2006). *Principles of Constitutional Design*. Cambridge University Press. Elkins, Ginsburg, and Melton 前掲書。

★35——Versteeg, Mila, and Emily Zackin (2016). “Constitutions Unentrenched: Toward an Alternative Theory of Constitutional Design.” *American Political Science Review* 110 (4): 657-674.

★36——Lutz 前掲書。

★37——ケネス・盛・マッケルウェイン「憲法改正」アジア・パシフィック・イニシア

ティブ編『検証　安倍政権――保守とリアリズムの政治』文春新書、2022年。

★38――この調査では、国会の賛成を過半数に緩和したうえで国民投票を必要としない、という選択肢は設けなかった。一般の法律の制定とほぼ同じ手続きになってしまい、多くの国で非現実的であるためである。

★39――権利に関する項目は、①言論の自由の保障、②信教の自由の保障、③プライバシーの保障、④国が社会福祉を提供する義務、⑤労働者の権利、⑥良好な環境を享受する権利、⑦性別により差別されない権利、の7つである。制度に関する項目は、①国会の具体的な選挙制度、②市町村や都道府県の財政自主権、③緊急事態時の政府の責務や権限、④最高裁判所の違憲立法審査権、⑤武力の行使や軍隊の保持の制限、の5つである。

★40――McElwain, Kenneth Mori, Shusei Eshima, and Christian G. Winkler (2021). "The Proposer or the Proposal? An Experimental Analysis of Constitutional Beliefs." *Japanese Journal of Political Science* 22 (1): 15-39.

★41――Gallagher, Michael (1999). "The Changing Constitution." In *Politics in the Republic of Ireland*, edited by John Coakley and Michael Gallagher, 71-98. London: PSAI Press.

★42――Winkler 前掲書。

★43――回答者に提示された選択肢は、「必要があると：とても思う、思う、やや思う、あまり思わない、思わない、全く思わない、わからない・答えたくない (DKNA)」の7つであり、最後の選択肢 (DKNA) は表3の分析から除外した。

★44――境家前掲書。

★45――質問は、5段階リッカート尺度で行われた。表7-4は、条文の改正を支持する者の割合を示したものであり、中立的、あるいは否定的な意見を有する者は支持しない者とみなした。

★46――マッケルウェイン前掲書。

★47――谷口前掲書、86～93頁。

★48――McElwain, Kenneth Mori, and Christian G. Winkler (2015). "What's Unique about Japan's Constitution? A Comparative and Historical Analysis." *Journal of Japanese Studies* 41(2): 249-280.

★49――マッケルウェイン前掲書。清水真人『憲法政治――「護憲か改憲か」を超えて』ちくま新書、2022年、23～26頁。

あとがき

私の研究者としてのアイデンティティは、憲法学ではなく政治学にある。もともとの専門は選挙制度や政党政治で、比較憲法学には2010年頃から取り組み始めた新参者である。妻に言わせると、10年以上やっていても新人を名乗るのは学者だけだそうだが、法学者の研究と接するたび、まだまだ自分は勉強が必要だと思うことも多い。そんな私が定量的憲法分析の世界に足を踏み入れたきっかけは、3つある。

まず、性格的な要因がある。私は取扱説明書がとても好きで、子供のころ、テレビゲームを買ってもらうと、帰りの電車の中でまず説明書を読んだ。今も、冷蔵庫でも洗濯機でも、買ったら必ず説明書に目を通す。基本的に、モノの機能をすべて把握しないと気がすまない性分なのだが、説明書を読んでいて苦痛に感じたことは1度もない。本書の研究においても、日頃はあまり脚光を浴びない国々の憲法を読むのがとても楽しかった。面倒な性格と言われればその通りだが、こういう人間は一家に1人いると便利だと思う。いずれにせよ、私の志向は子どもの頃から一貫しており、それがこの研究の支えとなった。

2つ目の要因はタイミングだ。2009年にElkins・Ginsburg・Meltonの*Comparative Constitutions Project*がリリースされた。CCPは18世紀以降に制定された全ての成文憲法を収集し、英語に翻訳し、データベース化するという気の遠くなるような作業から生まれたリソースであり、これがなければ、憲法の定量的分析に着手することはなかっただろう。また、2012年に発表された自由民主党の「日本国憲法改正草案」も重要な起点だった。憲法改正は戦後日本政治の大きな争点の1つであり、第二次安倍晋三政権下でその重要性はさらに増した。この改正案と、自民党の2005年「新憲法草案」は、国内外の研究者の関心を呼び起こし、当時アメリカで教鞭をとっていた私に新たな研究テーマを与えてくれた。

3つ目は、人との縁だ。このプロジェクトを始めた当初、私はミシガン大学で教えており、憲法学、政治学、社会学、歴史学、方法論の専門家から、研究の長期的な方向性に関して重要なフィードバックをもらった。また、同大学のAsia Libraryにある占領期の一次資料は、憲法設計の過程を理解する上で不可欠だった。ミシガンでの学会でクリスチャン・ウィンクラー氏に出会ったことも、欠かせない転機となった。ウィンクラー氏は憲法改正を中心とした戦後政治思想史の第一人者であると同時に、東京の焼鳥屋のエキスパートでもあり、会った瞬間に意気投合した。この10年間、多くの論文を共著で書いてきたが、彼の協力なしには、本書を完成させることはなかっただろう。我々の研究を発表する機会を与えてくれた多くの海外機関の中で、特にハーバード大学のConstitutional Revision Research ProjectとProgram on U.S.-Japan Relations、オックスフォード大学のNuffield CollegeとSt. Antony's College、German Institute for Global and Area Studiesに感謝の意を表したい。

2015年に東京大学・社会科学研究所に移ってから、さらに多くの方々と仕事をする機会に恵まれた。政治学畑の人間なので、当初、公法や憲法の専門家との面識はあまりなかったのだが、アウトサイダーである私を多くの人々が暖かく迎え入れてくれた。社会科学研究所や法学政治学研究科の同僚はもちろん、研究会や勉強会にご招待くださった筒井清忠、久保文明、船橋洋一、粕谷祐子、横大道聡、新井誠、竹中治堅、河野勝、筒井清輝の各氏には大変お世話になった。また、本書の軸となる研究を発表する機会をいただいたメディアの方々、特に大石格、池田伸壹、吉田貴文、中西恵子、久保庭総一朗、桑野洋平、西村敦子の各氏に謝意を表したい。

最大の転機は、間違いなく千倉書房の神谷竜介氏に出会ったことである。そもそもこの本の話を頂いたのは2016年で、日本国憲法公布70周年の2017年を出版目標に掲げていた。しかし、他の業務と私の筆の遅さが重なり、気がつけば憲法公布75周年になっていた。その間、私の研究話に辛抱強く耳を傾けていただいたおかげで、本書は完成にこぎ着けることができた。東京都中央区京橋の千倉書房に足を向けて眠れないと同時に、神谷さんのような素晴らしい編集者と出会えた強運に感謝したい。

本書の分析の多くは共同研究から始まったもので、前述のクリス・ウィンクラーに加え、Jean Clipperton、吉川智志、高橋愛、江島舟星のおかげでここまでたどり着けた。執筆においては、3人の優秀な若手研究者のご協力をいただいた。私は日本生まれだが、研究者人生の大半を海外で過ごしていたため、日本語の文章力が足りず、初稿も英語・日本語併用で書いていた。その難解な文書を校正してくれた板山真弓、向山直佑、萬屋杏菜の各氏の協力がなければ、この本は出版できなかっただろう。また、研究を進めるにあたり、University of Michigan Center for Japanese Studies、Japan Foundation Fellowship Program、JPSP科研費（20H01448、17H02478）、東京大学卓越研究員制度助成金、東京大学若手研究者国際展開事業、東京大学社会科学研究所所内プロジェクト経費の支援に大変感謝している。

私は比較的若くして両親を亡くしたが、妻の家族や私のアイルランドと青森の親戚（実は19組の叔父叔母と40人以上の従兄弟がいる）に支えられてきた。父・Seamus McElwainと母・盛節子にこの本を直接見せられないのは残念だが、同時に両親（2人とも学者）からは、本を1冊書いたぐらいであぐらをかくなと言われるに違いない。この（私の想像上の）叱咤激励を励みにこれからも頑張っていきたい。

最後に、本書を出版するにあたり、最近よく考えるようになった「定量的憲法研究」の意義について一言述べておきたい。憲法は、各国の歴史や状況に応じ、その内容は様々である。データだけで「最適な憲法」を定義することは難しいが、憲法制定後の政治・社会の変化を手がかりに、「避けるべき」もしくは「リスクが高い」規定や構造を探ることは可能だと考える。その意味で、本書は憲法の「軌跡」に注目しながらも、日本国憲法の具体的な改正案については控えめな提言にとどめている。しかし、私が最も懸念するのは、統治機構の規律密度の低さが、政治アクターによる恣意的な制度操作を可能にしていることである。これは民主主義の根本的な問題であり、日々感じられる不具合がなくとも、政治代表制の質を低下させる可能性がある。これを理解ないし回避するためには、憲法学者と政治学者の対話を深め続けることが必要であり、そのような研究協力の1つの道を、これからも提示していきたい。

2022年4月

ケネス・盛・マッケルウェイン

参考文献一覧

Abramson, Scott F., and Michael J. Barber. 2019. "The Evolution of National Constitutions." *Quarterly Journal of Political Science* 14 (1):89-114.

Arjomand, Saïd Amir. 2003. "Law, political reconstruction and constitutional politics." *International Sociology* 18 (1):7-32.

Banting, Keith G., and Richard Simeon. 1985. "Introduction: The Politics of Constitutional Change." In *The Politics of Constitutional Change in Industrial Nations: Redesigning the State*, edited by Keith G. Banting and Richard Simeon, 1-29. The MacMillan Press Ltd.

Bednar, Jenna. 2011. "The Political Science of Federalism." *Annual Review of Law and Social Science* 7:269-88.

Carlson, Matthew. 2007. *Money Politics in Japan: New Rules, Old Practices*. Lynne Rienner Publishes.

Carlson, Matthew, and Steven R. Reed. 2013. "Election law violations as campaign effort: turnout in Japan's House of Councillors elections." *Democratization* 20 (7):1243-1267.

Carlson, Matthew M., and Stephen R. Reed. 2018. *Political Corruption and Scandals in Japan*. Cornell University Press.

Charlot, Jean, and Monica Charlot. 1992. "France." In *Electioneering: A Comparative Study of Continuity and Change*, edited by David Butler and Austin Ranney, 133-155. Clarendon Press.

Cordeiro, Jose Luis. 2008. "Constitutions around the world : A View from Latin America." In *IDE Discussion Papers*: Institute of Developing Economies, Japan External Trade Organization (JETRO).

Cox, Gary W. 1997. *Making Votes Count: Strategic Coordination in the World's Electoral Systems*. Cambridge University Press.

Cox, Gary W., and Jonathan N. Katz. 2002. *Elbridge Gerry's Salamander: The Electoral Consequences of the Reapportionment Revolution*. Cambridge University Press.

Dixon, Rosalind, and Tom Ginsburg. 2011. "Deciding not to decide: Deferral in constitutional design." *International Journal of Constitutional Law* 9 (3-4):636-672.

Eisenstadt, Todd A., A. Carl LeVan, and Tofigh Maboudi. 2017. *Constituents Before Assembly: Participation, Deliberation, and Representation in the Crafting of New Constitutions, Comparative Constitutional Law and Policy*. Cambridge University Press.

Elazar, Daniel J. 1985. "Constitution-making: The Pre-eminently Political Act." In *The Politics of Constitutional Change in Industrial Nations: Redesigning the State*, edited by Keith G. Banting and Richard Simeon, 232-248. The MacMillan Press Ltd.

Elkink, Johan A., David M. Farrell, Sofie Marien, Theresa Reidy, and Jane Suiter. 2020. "The death of conservative Ireland? The 2018 abortion referendum." *Electoral Studies* 65:1-11.

Elkins, Zachary, and Tom Ginsburg. 2021. *Characteristics of National Constitutions, Version 3.0*. Comparative Constitutions Project.

Elkins, Zachary, Tom Ginsburg, and James Melton. 2009. *The Endurance of National Constitutions*. Cambridge University Press.

Elklit, Jørgen, and Palle Svensson. 1997. "What Makes Elections Free and Fair?" *Journal of Democracy* 8 (3):32..

Estevez-Abe, Margarita. 2006. "Japan's Shift Toward a Westminster System: A Structural Analysis of the 2005 Lower House Election and Its Aftermath." *Asian Survey* 46 (4):632-651.

Farrell, David M. 2006. "Political Parties in a Changing Campaign Environment." In *Handbook of Party Politics*, edited by Richard Katz and William Crotty, 122-133. Johns Hopkins University Press.

Farrell, David M., and Rudiger Schmitt-Beck, eds. 2002. *Do Political Campaigns Matter? Campaign Effects in Elections and Referendums, Routledge / ECPR Studies in European Political Science*. Routledge.

Gallagher, Michael. 1999. "The Changing Constitution." In *Politics in the Republic of Ireland*, edited by John Coakley and Michael Gallagher, 71-98. PSAI Press.

Gelman, Andrew, and Gary King. 1993. "Why Are American Presidential Election Campaign Polls So Variable When Votes Are So Predictable?" *British Journal of Political Science* 23(4):409-451.

Gerber, Alan S. 2004. "Does Campaign Spending Work? Field Experiments Provide Evidence and Suggest New Theory." *American Behavioral Scientist* 47(5):541-574.

Go, Julian. 2003. "A Globalizing Constitutionalism? Views from the Postcolony, 1945-2000." *International Sociology* 18(1):71-95.

Hammond, Thomas H., and Gary J. Miller. 1987. "The Core of the Constitution." *American Political Science Review* 81(4):1155-1174.

Handley, Lisa, and Bernard Grofman, eds. 2008. *Redistricting in Comparative Perspective*. Oxford University Press.

Harada, Masataka, and Daniel M. Smith. 2014. "You have to pay to play: Candidate and party responses to the high cost of elections in Japan." *Electoral Studies* 36:51-64.

Hardin, Russell. 1989. "Why a Constitution. " Bernard Grofman, and Donald Wittman,

eds. *The Federalist Papers and the New Institutionalism*. Agathon Press, 100-200.
Holtz-Bacha, Christina, and Marion R. Just, eds. 2017. *Routledge Handbook of Political Advertising, Routledge Handbook of Political Advertising*. Routledge.
Horiuchi, Yusaku, and Jun Saito. 2003. "Reapportionment and Redistribution: Consequences of Electoral Reform in Japan." *American Journal of Political Science* 47 (4):669-682.
Horowitz, Donald L. 2002. "Constitutional Design: Proposals Versus Processes." In *The Architecture of Democracy: Constitutional Design, Conflict Management, and Democracy*, edited by Andrew Reynolds, 16-36. Oxford University Press.
Hussey Papers 24-C-4-1, "Committee on the Diet, Draft 1" http://www.ndl.go.jp/constitution/shiryo/03/002_47/002_47_043r.html
Inglehart, Ronald. 1977. *The Silent Revolution: Changing Values and Political Styles Among Western Publics*. Princeton University Press.
Inglehart, Ronald. 1997. *Modernization and Postmodernization: Cultural, Economic, and Political Change in 43 Societies*. Princeton, Princeton University Press.
Jacobson, Gary C. 1990. "The Effects of Campaign Spending in House Elections: New Evidence for Old Arguments." *American Journal of Political Science* 34(2):334-362.
"Thomas Jefferson to Samuel Kercheval (July 12, 1816)". Accessed Nov 10th 2021. http://www.let.rug.nl/usa/presidents/thomas-jefferson/letters-of-thomas-jefferson/jefl246.php
Johnston, R.J., and C.J. Pattie. 1995. "The Impact of Spending on Party Constituency Campaigns at Recent British General Elections." *Party Politics* 1 (2):261-273.
Jung, Courtney, Ran Hirschl, and Evan Rosevear. 2014. "Economic and Social Rights in National Constitutions." *The American Journal of Comparative Law* 62 (4):1043-1094.
Kavanagh, Dennis. 1992. "The United Kingdom." In *Electioneering: A Comparative Study of Continuity and Change*, edited by David Butler and Austin Ranney, 70-87. Clarendon Press.
Ko Maeda "DID% of Japan's single-member districts, after the 2017 redistricting." http://politicalscience.unt.edu/~maeda/
Krauss, Ellis S., and Benjamin Nyblade. 2005. "'Presidentialization' in Japan? The Prime Minister, Media, and Elections in Japan." *British Journal of Political Science* 35:357-368.
Krauss, Ellis S., and Robert J. Pekkanen. 2011. *The Rise and Fall of Japan's LDP: Political Party Organizations as Historical Institutions*. Cornell University Press.
La Porta, Rafael, Florencio López-de-Silanes, Cristian Pop-Eleches, and Andrei Shleifer. 2004. "Judicial Checks and Balances." *Journal of Political Economy* 112 (2):445-470.
Law, David, and Mila Versteeg. 2011. "The Evolution and Ideology of Global Constitutionalism." *California Law Review* 99(5):1163-1257.

Law, David, and Mila Versteeg. 2012. "The Declining Influence of the United States Constitution." *New York University Law Review* 87(3):762-858.

Law, David, and Mila Versteeg. 2013. "Sham Constitutions." *California Law Review* 101 (4):863-952.

Lehmbruch, Gerhard. 1985. "Constitution-making in Young and Aging Federal Systems." In *The Politics of Constitutional Change in Industrial Nations: Redesigning the State*, edited by Keith G. Banting and Richard Simeon, 30-41. The MacMillan Press Ltd.

Liff, Adam P., and Ko Maeda. 2019. "Electoral incentives, policy compromise, and coalition durability: Japan's LDP–Komeito Government in a mixed electoral system." *Japanese Journal of Political Science* 20 (1):53-73.

Lijphart, Arend. 2004. "Constitutional Design for Divided Societies." *Journal of Democracy* 15 (2):96-109.

Linz, Juan J. 1994. "Presidential or Parliamentary Democracy: Does It Make a Difference?" In *The Failure of Presidential Democracy: The Case of Latin America*, edited by Juan J. Linz and Arturo Valenzuela, 3-87. Johns Hopkins University Press.

Loveman, Brian (1993) *The Constitution of Tyranny: Regimes of Exception in Spanish America.* University of Pittsburgh Press.

Lutz, Donald. 2006. *Principles of Constitutional Design*. Cambridge University Press.

McElwain, Kenneth Mori. 2008. "Manipulating Electoral Rules to Manufacture Single Party Dominance." *American Journal of Political Science* 52 (1):32-47.

McElwain, Kenneth Mori. 2012. "The Nationalization of Japanese Elections." *Journal of East Asian Studies* 12 (3):323-350.

McElwain, Kenneth Mori, and Jean Marie Clipperton. 2013. "Adapting to Obsolescence: How Significant Amendments Shorten Constitutional Lifespans." Annual Meeting of the Midwest Political Science Association, Chicago, IL, April 11-14.

McElwain, Kenneth Mori, and Jean Marie Clipperton. 2014. "Constitutional Evolution: When Are Constitutions Amended Versus Replaced?" Annual Conference of the Midwest Political Science Association, Chicago, IL.

McElwain, Kenneth Mori, Shusei Eshima, and Christian G. Winkler. 2021. "The Proposer or the Proposal? An Experimental Analysis of Constitutional Beliefs." *Japanese Journal of Political Science* 22 (1):15-39.

McElwain, Kenneth Mori, and Michio Umeda. 2011. "Party Democratization and the Salience of Party Leaders." *Journal of Social Science (Shakai Kagaku Kenkyu)* 62 (1):173-193.

McElwain, Kenneth Mori, and Christian G. Winkler. 2015. "What's Unique about Japan's Constitution? A Comparative and Historical Analysis." *Journal of Japanese Studies* 41 (2):249-280.

Miskin, Sarah, and Richard Grant. 2004. "Political Advertising in Australia." Politics and Public Administration Section, Parliamentary Library, accessed Feb. 5, 2012. http://www.aph.gov.au/library/pubs/rb/2004-05/05rb05.htm#bans.

Oates, Wallace E. 1972. *Fiscal Federalism*. Harcourt Brace Jovanovich.

Ohta, Takaaki. 2008. "Fairness versus Freedom: Constitutional Implications of Internet Electioneering for Japan." *Social Science Japan Journal* 11 (1):99-115.

Ong, Kian-Ming, Yuko Kasuya, and Kota Mori. 2017. "Malapportionment and democracy: A curvilinear relationship." *Electoral Studies* 49:118-127.

OSCE / ODIHR (2019). "Kingdom of Belgium: Federal Elections 26 May 2019 OSCE/ODIHR Election Assessment Mission Report." Office for Democratic Institutions and Human Rights. Organization for Security and Co-operation in Europe

Pasquino, Gianfranco, and Marco Valbruzzi. 2017. "Italy says no: the 2016 constitutional referendum and its consequences." *Journal of Modern Italian Studies* 22 (2):145-162.

Pinto-Duschinsky, Michael. 2001. *Handbook on Funding of Parties and Election Campaigns*. International IDEA.

Rakove, Jack N. 1996. *Original Meanings: Politics and Ideas in the Making of the Constitution*. Alfred A. Knopf.

Riker, William H. 1975. "Federalism." In *Handbook of Political Science*, edited by Fred Greenstein and Nelson W. Polsby, 93-172. Addison-Wesley.

Sakaguchi, Toshihiro, and Junichiro Wada. 2008. "Automating the Districting Process: An Experience Using a Japanese Case Study." In *Redistricting in Comparative Perspective*, edited by Lisa Handley and Bernard Grofman, 237-248. Oxford University Press.

Scarrow, Susan E. 2008. "Political Finance in Comparative Perspective." *Annual Review of Political Science* 10:193-210.

Simmons, Beth A., and Zachary Elkins. 2004. "The Globalization of Liberalization: Policy Diffusion in the International Political Economy." *American Political Science Review* 98 (1):171-189.

Siniawer, Eiko Maruko. 2008. *Ruffians, Yakuza, Nationalists: The Violent Politics of Modern Japan, 1860-1960*. Cornell University Press.

Smith, Daniel M., and Steven R. Reed. 2018. "The Reed-Smith Japanese House of Representatives Elections Dataset." V1 ed: Harvard Dataverse.

Soule, Sarah A., and Susan Olzak. 2004. "When Do Movements Matter? The Politics of Contingency and the Equal Rights Amendment." *American Sociological Review* 69 (4):473-497.

Stepan, Alfred, and Cindy Skach. 1993. "Constitutional Frameworks and Democratic Consolidation: Parliamentarism versus Presidentialism." *World Politics* 46 (1):1-22.

Stevenson, Randolph T., and Lynn Vavreck. 2000. "Does Campaign Length Matter?

Testing for Cross-National Effects." *British journal of political science* 30 (2):217-235.
Taagepera, Rein. 2002. "Designing Electoral Rules and Waiting for an Electoral System to Evolve." In *The Architecture of Democracy: Constitutional Design, Conflict Management, and Democracy*, edited by Andrew Reynolds. Oxford University Press.
Taagepera, Rein, and Matthew Soberg Shugart. 1989. *Seats and Votes: The Effects and Determinants of Electoral Systems*. Yale University Press.
Tiebout, Charles M. 1956. "A Pure Theory of Local Expenditures." *The Journal of Political Economy* 64 (5):416-424.
Tsebelis, George. 2002. *Veto Players: How Political Institutions Work*. Princeton University Press and Russell Sage Foundation.
Tsebelis, George, and Dominic J. Nardi. 2016. "A Long Constitution is a (Positively) Bad Constitution: Evidence from OECD Countries." *British Journal of Political Science* 46 (2):457-478.
Vasak, Karel. 1977. "A 30-year struggle; the sustained efforts to give force of law to the Universal Declaration of Human Rights." *The UNESCO Courier* XXX (11):29-32.
Versteeg, Mila, and Emily Zackin. 2016. "Constitutions Unentrenched: Toward an Alternative Theory of Constitutional Design." *American Political Science Review* 110 (4):657-674.
Wada, Junichiro and Yuta Kamahara. 2018. "Studying Malapportionment using Alpha-Divergence." *Mathematical Social Sciences* (93): 77-89
Winkler, Christian G. 2011. *The Quest for Japan's New Constitution: An Analysis of Visions and Constitutional Reform Proposals (1980-2009)*. Routledge.
Winkler, Christian G. 2017. "The Amendment Debate through Public Eyes" at *Constitutional Revision Conference 3: Debating Japan's Constitution: On the Streets, In Parliament, and In the Region*, Harvard University
Young, Ernest A. 2008. "The Constitutive and Entrenchment Functions of Constitutions: A Research Agenda. " University of Pennsylvania Journal of Constitutional Law 10: 399-411.
Zackin, Emily. 2013. *Looking for Rights in All the Wrong Places: Why State Constitutions Contain America's Positive Rights*. Princeton University Press.

国立国会図書館「日本国憲法の誕生」http://www.ndl.go.jp/constitution/gaisetsu/00gaisetsu.html
衆議院憲法調査会事務局『「緊急事態」に関する資料（衆憲資第 87 号）』2013年
衆議院調査局第二特別調査室『選挙制度関係資料集』2002 年

大村華子「選挙制度と統治のデザイン――政治学の視点から」駒村圭吾、待鳥聡史編

『統治のデザイン――日本の「憲法改正」を考えるために』弘文堂、2020年
粕谷祐子「「一票の格差」をめぐる規範理論と実証分析――日本での議論は何が問題なのか」『年報政治学』2015年66巻1号、90～117頁
小林良彰「議員定数不均衡による民主主義の機能不全――民意負託、国会審議、政策形成の歪み」『選挙研究』2012年28巻2号、15～25頁
佐藤令、丸本友哉「我が国の選挙運動規制の起源と沿革――大正 14年普通選挙法制定の帝国議会における議論を中心に」『レファレンス』2010年 11月号、75～91頁
清水唯一朗「日本の選挙区はどう作られたのか――空間的政治制度の始点を考える」『年報政治学』2016年67巻2号、13～26頁
初宿正典「ドイツ連邦共和国」初宿正典、辻村みよ子編『新解説世界憲法集（第4版）』三省堂、2017年、165～234頁
辻村みよ子「フランス共和国」初宿正典、辻村みよ子編『新解説世界憲法集（第4版）』三省堂、2017年、235～284頁
富永健「国家緊急権の法制化について」『憲法論叢』1996年3巻、71～90頁
根本俊男「一票の格差のリスク実測による衆議院小選挙区制見直しへの考察」『選挙研究』2012年28巻5号、51～61頁
濱本真輔、根元邦朗「個人中心の再選戦略とその有効性――選挙区活動は得票に結び付くのか？」『年報政治学』2011年62号2号、70～97頁
マッケルウェイン、ケネス・盛「憲法改正」アジア・パシフィック・イニシア ティブ編『検証 安倍政権――保守とリアリズムの政治』文春新書、2022年
三輪洋文、境家史郎「戦後日本人の憲法意識――世論調査集積法による分析」『年報政治学』2020 年 71 巻 1 号、34～57頁
山崎友也「日本国憲法の誕生（1）――新憲法の制定過程」駒村圭吾、吉見俊哉編『戦後日本憲政史講義――もうひとつの戦後史』法律文化社、2020年
横大道聡「戸別訪問の禁止」長谷部恭男ほか編『憲法判例百選（第7版）』有斐閣、2020年
吉川智志「選挙制度と統治のデザイン――憲法学の視点から」駒村圭吾、待鳥聡史編『統治のデザイン――日本の「憲法改正」を考えるために』弘文堂、2020年
吉川智志「選挙競争と憲法：試論的考察」『法律時報』日本評論社、2020年8月号、44～49頁
吉川智「ノルウェー王国憲法とその特徴について」『日本政教研究所紀要』13 号、1989年、59～106頁
リッフ、アダム・P、ケネス・盛・マッケルウェイン「独自調査：日本の国際秩序観」船橋洋一、G・ジョン・アイケンベリー編『自由主義の危機――国際秩序と日本』東洋経済新報社、2020年

阿川尚之『憲法改正とは何か――アメリカ改憲史から考える』新潮社、2016年

アジア・パシフィック・イニシア ティブ編『検証 安倍政権――保守とリアリズムの政治』文春新書、2022年
芦部信喜著、高橋和之補訂『憲法（第6版）』岩波書店、2015年（第7版、2019年）
安西文雄、巻美矢紀、宍戸常寿『憲法学読本（第2版）』有斐閣、2014年（第3版、2018年）
石田勇治『ヒトラーとナチ・ドイツ』講談社現代新書、2015年
岩井奉信『「政治資金」の研究――利益誘導の日本的政治風土』日本経済新聞出版、2014年
遠藤晶久、ウィリー・ジョウ『イデオロギーと日本政治――世代で異なる「保守」と「革新」』新泉社、2019年
大宮武郎『議会制度と議員定数の是正』北樹出版、1992年
粕谷祐子『比較政治学』ミネルヴァ書房、2014年
議会制度研究会『国会がわかる本――議会制度100年』第一法規、1990年
駒村圭吾、待鳥聡史編『統治のデザイン――日本の「憲法改正」を考えるために』弘文堂、2020年
駒村圭吾、吉見俊哉編『戦後日本憲政史講義――もうひとつの戦後史』 法律文化社、2020年
境家史郎『憲法と世論』筑摩選書、2017年
清水真人『憲法政治――「護憲か改憲か」を超えて』ちくま新書、2022年
初宿正典、辻村みよ子編『新解説世界憲法集（第4版）』三省堂、2017年（第5版、2020年）
庄司克宏『日本国憲法の制定過程――大友一郎講義録』千倉書房、2017年
杣正夫『日本選挙制度史――普通選挙法から公職選挙法まで』九州大学出版会、1986年
竹中治堅『首相支配――日本政治の変貌』中公新書、2006年
竹中治堅『参議院とは何か　1947～2010』中公叢書、2010年
谷口将紀『現代日本の代表制民主政治――有権者と政治家』東京大学出版会、2020年
辻村みよ子『選挙権と国民主権――政治を市民の手に取り戻すために』日本評論社、2015年
長谷部恭男『憲法（第6版）』新世社、2014年（第8版、2022年）
長谷部恭男ほか編『【合本】憲法判例百選（第7版）』有斐閣、2020年
ハミルトン、A、J・ジェイ、J・マディソン著、齋藤眞、武則忠見訳『ザ・フェデラリスト』福村出版、1991年
船橋洋一、G・ジョン・アイケンベリー編『自由主義の危機――国際秩序と日本』東洋経済新報社、2020年
レイプハルト、アレンド著、粕谷祐子、菊池啓一訳『民主主義対民主主義――多数決

型とコンセンサス型の36カ国比較研究（原著第2版）』勁草書房、2014年

索引

サ行

ヤ 行

ラ 行

ワ 行

参 考 資 料

第3章付録

◆仮説1（憲法の寿命）の検証

図3-6は、コックス比例ハザードモデル（Cox Proportional Hazards）をもとに推定されている。分析の従属変数は各憲法の寿命（制定から再制定までの年数、もしくは観察終了時点＝2013年）、独立変数は憲法制定時の人権規定率と統治機構規定率である。統制変数として、その憲法の制定年と改正率、さらに同国のそれ以前の憲法数と平均憲法寿命を加えている。

以下の表3Aはモデル推定値を表している。各変数の値はハザード比で、1より小さい値は、その変数が高い値をとると再制定の確率が下がる（寿命が伸びる）ことを示し、1より大きい値は、高い値をとると再制定の確率が上がる（寿命が縮む）ことを示す。括弧内は標準誤差である。モデル（1）では人権規定率のハザード比は0.267で、規定率が高いほど憲法の寿命が伸びる傾向があることを表している。統治機構規定率のハザード比も0.901で1より小さいが、統計的に有意ではない。

比例ハザード仮定（ハザード比が時間によらず一定であること）の検定方法はいろいろあるが、ここではSchoenfeld残差を利用して確認した。検定結果からは、憲法改正率と歴代憲法寿命においては比例ハザード仮定が支持されないことが示唆された。モデル（2）はこれら2変数を除外した分析を示している。統治機構規定率のハザード比が小さくなるものの（0.464）、モデル（1）同様、統計的に有意ではない。

表3A　図3-6「人権項目の規定率と憲法典の耐久性」補遺

	(1)	(2)
人権規定率	0.267*** [0.0878]	0.286*** [0.0896]
統治機構規定率	0.901 [0.554]	0.464 [0.266]
憲法制定年	0.999 [0.001000]	0.998* [0.000995]
憲法改正率	0.137*** [0.0534]	
歴代憲法の平均寿命（同国）	0.0135*** [0.0122]	
歴代憲法数（同国）	1.028** [0.00952]	1.047*** [0.00892]
N	590	599

註：図3-6はモデル（1）をもとに作成
値はハザード比
括弧内は推定量の標準誤差。 * p<0.05、** p<0.01、*** p<0.001

◆仮説2(憲法の改正頻度)の検証

憲法の改正頻度は、憲法の寿命に依存する。例えば、仮定として10年ごとに1回改正されるような内容の憲法でも、5年目に再制定されれば、改正する機会がそもそも現れない。基本的には、憲法の寿命が短いほど、改正頻度も低いはずである。そのため、ここでは改正回数や改正比率を最小二乗法(OLS)モデルなどで分析するのではなく、ゼロ過剰負の2項回帰モデル(zero-inflated negative binomial regression, ZINB)を用いた。

従属変数は各憲法の「改正回数」(改正が行われた年数)である。ZINBは2つの推定式で構成される。第1式(zero-inflated portion)は、憲法の寿命を説明変数(独立変数)とし、改正回数が1以上である確率(閾値)をロジスティック回帰で推定する。第2式(negative binomial portion)では、憲法改正数が推定される。独立変数は人権規定率と統治機構規定率、統制変数としては、Elkins, Ginsburg, and Melton(2009)の分析でも使われている4変数(予想改正率、制定時＝民主主義、制定時＝占領期、司法審査の有無)を用いた。

表3Bは、ZINBの推定結果を示している。まずZero-Inflation Portionを見ると、憲法寿命が伸びるほど、改正回数がゼロである確率が低くなることがわかる。次にNegative Binomial Portionを見ると、統治機構規定率(係数2.444)は有意な正の効果をもっている。いずれの係数も、独立変数1単位あたりの従属変数*$exp(\beta)$*倍の増減を意味する．例えば、統治機構

表3B　従属変数：憲法の改正回数

	(1)
Negative Binomial Portion	
統治機構規定率	2.444* [1.154]
人権規定率	-0.802 [0.495]
予想改正率	0.686** [0.228]
制定時：民主主義	0.598*** [0.176]
制定時：占領期	0.131 [0.311]
司法審査の有無	-0.207 [0.232]
切片	0.654 [0.385]

	(1)
Zero-Inflation Portion	
憲法寿命	-0.428*** [0.0498]
切片	2.681*** [0.362]
Overdispersion (ln alpha)	0.222* [0.108]
N	413

註：ゼロ過剰・負の2項回帰モデル
括弧内は推定量の標準誤差。
* p<0.05、** p<0.01、*** p<0.001

規定率の標準偏差は0.11なので、改正回数に与える効果は$exp(2.444 \times 0.11) = 1.308$倍となる。政治制度の規定密度が高い憲法ほど、改正回数も高いことを示唆している。対象的に、人権規定率の係数は統計的に有意ではなく、改正回数とは強い相関を持たないことを示している。

第4章付録

図4-5は、コックス比例ハザードモデル(Cox Proportional Hazards)をもとに推定されている。手法は第3章の図3-6と同様で、分析の従属変数は各憲法の寿命（制定から再制定までの年数、もしくは観察終了時点＝2013年）である。しかし、独立変数は憲法制定時の人権規定率と統治機構規定率ではなく、日本国憲法との人権マッチ率と統治機構マッチ率である。統制変数として、その憲法の制定年と改正率、司法審査の有無、制定時の政治制度（民主主義、占領期)、同国のそれ以前の憲法数と平均憲法寿命を加えている。

表4Aはモデル推定値を表している。各変数の値はハザード比で、1より小さい値は、その変数が高い値をとると再制定の確率が下がる（寿命が伸びる）ことを示し、1より大きい値は、高い値をとると再制定の確率が上がる（寿命が縮む）ことを示す。括弧内は標準誤差である。モデル（1）では人権規定率のハザード比は0.313で、規定率が高いほど憲法の寿命が伸びる傾向があることを表している。統治機構規定率のハザード比も2.764で1より大きいが、統計的に有意ではない。

表4A　図3-6「人権項目の規定率と憲法典の耐久性」補遺

	(1)	(2)
人権マッチ率	**0.313****	**0.348****
	[0.128]	**[0.123]**
統治機構マッチ率	**2.764**	**1.493**
	[3.029]	**[1.438]**
憲法制定年	0.997*	0.997**
	[0.00127]	[0.000993]
憲法改正率	0.162***	
	[0.0707]	
司法審査の有無	1.070	
	[0.138]	
制定時：民主主義	0.743*	0.700**
	[0.102]	[0.0868]
制定時：占領期	0.958	0.878
	[0.258]	[0.203]
歴代憲法の平均寿命(同国)	0.0195***	0.0145***
	[0.0191]	[0.0128]
歴代憲法数(同国)	1.025*	1.027**
	[0.0101]	[0.00902]
N	505	593

註：値はハザード比

括弧内は推定量の標準誤差。 * p<0.05、** p<0.01、*** p<0.001

比例ハザード仮定（ハザード比が時間によらず一定であること）をSchoenfeld残差で検定した。検定結果からは、憲法改正率と司法審査の有無においては比例ハザード仮定が支持されないことが示唆された。モデル（2）はこれら2変数を除外した分析を示している。統治機構規定率のハザード比が小さくなるものの（1.493）、モデル（1）同様、統計的に有意ではない。それ以外のハザード比と標準誤差には大きな違いはない。

第7章付録……1/4

第7章で用いたインターネット調査の概要は、以下の通りである。各調査では、国勢調査に基づいた人口構成比（性別、年齢、居住地）で割付を行っている。ただし、インターネット調査の回答者は、国勢調査に比べて大都市居住者や高学歴者が多い傾向があることに留意する必要がある（大森翔子「インターネット調査のサンプル特性：国勢調査・面接調査との比較」NIRAワーキングペーパーNo.1、2021年11月を参照）。

また、各調査は東京大学社会科学研究所の研究倫理審査委員会の承認を得て実施された。

2017年調査：McElwain, Eshima, Winkler 2021

- 調査期間：2017年6月1～7日
- 回答標本数：2635
- 調査会社：日経リサーチ
- 参考文献：McElwain, Kenneth Mori, Shusei Eshima, and Christian G. Winkler. 2021. "The Proposer or the Proposal? An Experimental Analysis of Constitutional Beliefs." Japanese Journal of Political Science 22(1):15-39.

2018年調査：Eshima, McElwain, Takahashi, Winkler 2022

- 調査期間：2018年4月23日～5月2日
- 回答標本数：2422
- 調査会社：日経リサーチ
- 参考文献：Eshima, Shusei, Kenneth Mori McElwain, Ai Takahashi, Christian G. Winkler. 2022. "Constitutional Design Preferences: An Experimental Approach." (Working Paper)

2020年調査：ISS COVID Survey (Panel 2, Wave 1)

- 調査期間：2020年12月18日～21日
- 回答標本数：7080
- 調査会社：クロス・マーケティング

2021年A調査：Preferences for Majoritarian vs. Consensual Institutions

- 調査期間：2021年2月27日～3月4日
- 回答標本数：2666
- 調査会社：楽天インサイト
- 参考：科学研究費・基盤研究B（課題番号：20H01448「憲法改正における多数派形成の多様性に関する国際比較研究」）

2021年B調査：ISS COVID Survey (Panel 2, Wave 3)

- 調査期間：2021年11月1日～10日
- 回答標本数：4808
- 調査会社：クロス・マーケティング

表7A　図7-2「理想の憲法観：歴史・理想・国家観を体現する憲法」補遺

	(1)	(2)	(3)	(4)
切片	0.419***	0.349***	0.484***	0.419***
	[0.0274]	[0.0290]	[0.0373]	[0.0386]
支持政党				
自民		0.172***		0.141***
		[0.0244]		[0.0258]
立憲民主		0.0399		0.0461
		[0.0436]		[0.0442]
国民民主		0.233***		0.200**
		[0.0701]		[0.0723]
公明		-0.0530		-0.0482
		[0.0581]		[0.0622]
社民		0.182		0.122
		[0.163]		[0.177]
れいわ		0.0446		-0.00205
		[0.0880]		[0.0847]
共産		-0.124**		-0.144**
		[0.0471]		[0.0497]
維新		0.0317		0.0352
		[0.0402]		[0.0414]
多様性を支持			-0.150***	-0.131***
			[0.0269]	[0.0268]
社会変化を支持			0.105***	0.0902***
			[0.0210]	[0.0212]

	(1)	(2)	(3)	(4)
女性	-0.126***	-0.0986***	-0.105***	-0.0871***
	[0.0205]	[0.0208]	[0.0217]	[0.0220]
大卒以上	0.0506*	0.0456*	0.0504*	0.0464*
	[0.0208]	[0.0206]	[0.0217]	[0.0215]
年齢：30代	0.0364	0.0428	0.0251	0.0323
	[0.0311]	[0.0309]	[0.0323]	[0.0322]
年齢：40代	0.0550	0.0663*	0.0501	0.0624*
	[0.0305]	[0.0303]	[0.0316]	[0.0317]
年齢：50代	0.0117	0.0134	0.00613	0.00662
	[0.0306]	[0.0304]	[0.0320]	[0.0320]
年齢：60代以上	0.0324	0.0449	0.0359	0.0473
	[0.0310]	[0.0309]	[0.0324]	[0.0324]
N	2374	2374	2146	2146
adj. R-sq	0.021	0.049	0.046	0.066

註：図7-2はモデル（4）をもとに作成
最小二乗法（OLS）モデル。参照カテゴリー：無党派で大卒未満の20代男性。
括弧内は推定量の標準誤差。 * $p<0.05$、** $p<0.01$、*** $p<0.001$
出典：2021年 "Preferences for Majoritarian vs. Consensual Institutions" 調査。

第7章付録……3/4 ①

表7B　図7-3「理想の規定数：自由権・社会権・統治機構」

	統治機構			消極的権利		
	(1)	(2)	(3)	(4)	(5)	(6)
切片	6.288***	6.233***	6.049***	7.060***	7.016***	6.307***
	[0.203]	[0.212]	[0.261]	[0.162]	[0.169]	[0.225]
伝統重視の憲法	-0.380**	-0.416***	-0.484***	-0.542***	-0.504***	-0.492***
	[0.122]	[0.123]	[0.129]	[0.102]	[0.103]	[0.108]
最高裁を信頼	0.860***	0.796***	0.680***	0.508***	0.529***	0.478***
	[0.137]	[0.138]	[0.141]	[0.111]	[0.111]	[0.115]
支持政党						
自民		0.318*	0.144		-0.0266	-0.117
		[0.142]	[0.148]		[0.119]	[0.124]
立憲民主		-0.268	-0.364		0.194	0.0735
		[0.271]	[0.270]		[0.204]	[0.201]
国民民主		-0.273	-0.196		-0.224	-0.209
		[0.386]	[0.390]		[0.370]	[0.380]
公明		0.139	0.0140		-0.177	-0.352
		[0.378]	[0.385]		[0.306]	[0.320]
社民		-0.941	-0.935		-1.988	-2.158
		[1.054]	[1.241]		[1.223]	[1.388]
れいわ		0.437	0.212		0.316	0.113
		[0.425]	[0.422]		[0.298]	[0.305]
共産		-0.103	-0.358		0.819**	0.587*
		[0.282]	[0.298]		[0.260]	[0.263]
維新		0.492*	0.255		0.283	0.125
		[0.214]	[0.225]		[0.176]	[0.183]
多様性を支持		0.188			0.679***	
			[0.161]			[0.143]
社会変化を支持		0.607***			0.429***	
			[0.125]			[0.103]

積極的権利			全項目		
(7)	(8)	(9)	(10)	(11)	(12)
7.950***	7.990***	7.183***	21.48***	21.36***	19.72***
[0.176]	[0.182]	[0.244]	[0.484]	[0.504]	[0.663]
-0.583***	-0.527***	-0.484***	-1.475***	-1.446***	-1.470***
[0.112]	[0.114]	[0.119]	[0.302]	[0.306]	[0.318]
0.530***	0.572***	0.533***	1.835***	1.824***	1.603***
[0.119]	[0.119]	[0.123]	[0.332]	[0.331]	[0.339]
	-0.170	-0.161		0.201	-0.0830
	[0.129]	[0.136]		[0.345]	[0.358]
	-0.0565	-0.154		0.116	-0.212
	[0.233]	[0.234]		[0.638]	[0.629]
	-0.804*	-0.693		-0.847	-0.587
	[0.407]	[0.414]		[1.137]	[1.139]
	0.113	-0.0266		0.280	-0.214
	[0.292]	[0.300]		[0.879]	[0.914]
	-0.467	-0.580		-3.044	-3.724
	[1.362]	[1.723]		[4.096]	[5.300]
	0.150	0.0676		0.958	0.436
	[0.427]	[0.432]		[0.853]	[0.868]
	0.528	0.371		1.200	0.526
	[0.275]	[0.281]		[0.743]	[0.754]
	-0.172	-0.341		0.788	0.201
	[0.218]	[0.227]		[0.526]	[0.553]
	0.873***			1.751***	
		[0.161]			[0.419]
	0.215			1.217***	
		[0.113]			[0.303]

218～219頁に続く

第7章付録……3/4②

216～217頁から

	統治機構			消極的権利		
	(1)	(2)	(3)	(4)	(5)	(6)
女性	0.320**	0.377**	0.380**	0.415***	0.426***	0.414***
	[0.124]	[0.126]	[0.129]	[0.0992]	[0.101]	[0.105]
大卒以上	-0.292*	-0.303*	-0.429***	0.109	0.0968	0.0528
	[0.124]	[0.124]	[0.127]	[0.101]	[0.101]	[0.105]
年齢：30代	-0.185	-0.215	-0.235	-0.298*	-0.325*	-0.248
	[0.188]	[0.190]	[0.192]	[0.151]	[0.151]	[0.153]
年齢：40代	0.251	0.217	0.244	-0.0109	-0.0548	0.0943
	[0.177]	[0.179]	[0.184]	[0.144]	[0.145]	[0.148]
年齢：50代	0.211	0.187	0.196	-0.173	-0.205	-0.0259
	[0.182]	[0.184]	[0.188]	[0.148]	[0.150]	[0.154]
年齢：60以上	0.149	0.152	0.167	0.0103	-0.0404	0.0594
	[0.184]	[0.186]	[0.189]	[0.150]	[0.153]	[0.158]
N	2123	2123	1976	2092	2092	1939
adj. R-sq	0.034	0.036	0.044	0.035	0.041	0.062

註：図7-3はモデル（3）、（6）、（9）をもとに作成。
最小二乗法（OLS）モデル。参照カテゴリー：無党派で大卒未満の20代男性。
括弧内は推定量の標準誤差：* p<0.05、** p<0.01、*** p<0.001
出典：2021年 “Preferences for Majoritarian vs. Consensual Institutions” Survey.

積極的権利			全項目		
(7)	(8)	(9)	(10)	(11)	(12)
0.671***	0.649***	0.618***	1.357***	1.426***	1.369***
[0.108]	[0.110]	[0.114]	[0.296]	[0.299]	[0.305]
-0.271*	-0.270*	-0.298**	-0.470	-0.488	-0.715*
[0.110]	[0.110]	[0.113]	[0.298]	[0.297]	[0.305]
-0.355*	-0.393*	-0.368*	-1.022*	-1.112*	-0.989*
[0.157]	[0.157]	[0.162]	[0.445]	[0.449]	[0.456]
-0.375*	-0.413**	-0.273	-0.213	-0.340	-0.0123
[0.159]	[0.159]	[0.162]	[0.428]	[0.433]	[0.437]
-0.392*	-0.407*	-0.262	-0.501	-0.571	-0.190
[0.160]	[0.162]	[0.168]	[0.441]	[0.447]	[0.455]
-0.433**	-0.468**	-0.433*	-0.573	-0.684	-0.545
[0.163]	[0.165]	[0.171]	[0.446]	[0.454]	[0.464]
2181	2181	2020	1965	1965	1838
0.053	0.054	0.074	0.047	0.047	0.065

第7章付録……4/4

表7C　図7-4「憲法改正のプロセス」

ベースライン：	国民投票なし			国会2分の1		
現状維持	(1)	(2)	(3)	(1)	(2)	(3)
伝統重視の憲法	2.008***	1.847***	1.612**	1.691***	1.624***	1.422***
	[0.331]	[0.315]	[0.280]	[0.168]	[0.165]	[0.151]
理想の制度規定数		1.140	1.106		1.200***	1.166***
		[0.0798]	[0.0787]		[0.0503]	[0.0505]
理想の権利規定数		0.734***	0.767***		0.840***	0.877***
		[0.0364]	[0.0386]		[0.0274]	[0.0296]
最高裁を信頼		1.035	0.871		0.904	0.778*
		[0.171]	[0.150]		[0.0897]	[0.0820]
支持政党						
自民			2.481***			2.161***
			[0.509]			[0.281]
立憲民主			0.511*			0.369***
			[0.154]			[0.0653]
維新			0.832			1.967***
			[0.365]			[0.380]
希望			1.584			1.139
			[0.848]			[0.466]
公明			1.110			0.810
			[0.714]			[0.298]
共産			0.395			0.628*
			[0.213]			[0.139]
民進			2.132			0.721
			[1.144]			[0.353]
その他			0.401			0.534
			[0.407]			[0.262]

ベースライン：	国民投票なし			国会2分の1		
現状維持	(1)	(2)	(3)	(1)	(2)	(3)
女性	1.174	1.224	1.374	0.936	0.945	1.040
	[0.196]	[0.206]	[0.239]	[0.0941]	[0.0961]	[0.111]
大卒以上	0.951	1.027	1.033	0.624***	0.667***	0.674***
	[0.166]	[0.183]	[0.189]	[0.0627]	[0.0677]	[0.0715]
年齢：30代	1.898	1.830	2.055*	1.364	1.357	1.518
	[0.644]	[0.641]	[0.721]	[0.282]	[0.286]	[0.328]
年齢：40代	0.984	0.990	1.180	1.458	1.483	1.707*
	[0.352]	[0.366]	[0.438]	[0.295]	[0.307]	[0.365]
年齢：50代	1.159	1.213	1.496	1.446	1.484	1.808**
	[0.414]	[0.448]	[0.560]	[0.297]	[0.310]	[0.391]
年齢：60以上	1.134	1.287	1.575	1.160	1.205	1.509
	[0.397]	[0.472]	[0.586]	[0.237]	[0.251]	[0.327]
N	2096	2096	2096	2096	2096	2096

註：図7-4はモデル（3）をもとに作成。表内の数値はオッズ比
多項ロジスティック回帰分析モデル。参照カテゴリー：無党派で大卒未満の20代男性。
ベースラインカテゴリー：現状維持。
表内は回帰係数。括弧内は推定量の標準誤差：* $p<0.05$、** $p<0.01$、*** $p<0.001$
出典：Eshima, McElwain, Takahashi, and Winkler 2018年調査。

著者略歴

ケネス・盛・マッケルウェイン（Kenneth Mori McElwain）

東京大学社会科学研究所教授

1977年日本生まれ、アイルランド国籍。米プリンストン大学卒業。スタンフォード大学大学院政治学博士課程修了（PhD）。ハーバード大学日米関係プログラム研究員、ミシガン大学助教授などを経て2015年から現職。専門は憲法の制度設計、選挙法、比較政治制度、政党政治。平成28年度東京大学卓越研究員。Social Science Japan Journal 編集委員長。

主要論稿に“The Proposer or the Proposal? An Experimental Analysis of Constitutional Beliefs”, Japanese Journal of Political Science 22(1), 2021 (with Shusei Eshima and Christian G. Winkler); “The Japanese Constitution”, In The Oxford Handbook of Japanese Politics, edited by Robert J. Pekkanen and Saadia M. Pekkanen, Oxford University Press, 2021; “Manipulating Electoral Rules to Manufacture Single-Party Dominance”, American Journal of Political Science 52(2), 2008; “What's Unique about Japan's Constitution? A Comparative and Historical Analysis”. (with Christian Winkler) Journal of Japanese Studies, 41(2), 2015. などがある。

著者ホームページ：https://www.kennethmcelwain.com/

日本国憲法の普遍と特異——その軌跡と定量的考察

2022年 6月17日 初版第1刷発行

著　者　ケネス・盛・マッケルウェイン

発行者　千倉成示

発行所　株式会社 千倉書房

〒104-0031 東京都中央区京橋3-7-1

電話 03-3528-6901（代表）

https://www.chikura.co.jp/

造本装丁　米谷豪

印刷・製本　精文堂印刷株式会社

ISBN 978-4-8051-1121-5 C3032

乱丁・落丁本はお取り替えいたします